# Divine Order

Dr. Linda C. Lariscy

King James Version (KJV).
The KJV is public domain.

New King James Version (NKJV).
The Holy Bible, New King James Version, Copyright © 1982 Thomas Nelson. All rights reserved.

New American Standard Bible (NASB)
New American Standard Bible
Copyright © 1960, 1971, 1977, 1995, 2020
by The Lockman Foundation, La Habra, Calif. All rights reserved.

New International Version (NIV)

Holy Bible, New International Version®, NIV Copyright© 1973, 1978, 1984, by International Bible Society. Used by permission of Zondervan. All rights reserved.

The Living Bible (TLB)

The Living Bible copyright © 1971 by Tyndale House Foundation. Used by permission of Tyndale House Publishers Inc., Carol Stream, Illinois 60188. All rights reserved.

©Copyright 2021 by Dr. Linda C. Lariscy
All rights reserved

No part of this publication may be reproduced, stored ina retrieval system or transmitted in any form or by any means, electronic, mechanical, photocopying, recording, scanning, or otherwise except as permitted under Section 107 or 108 of the 1967 United States copyright Act, without either the prior written permission of the Publisher. Requests to the Publisher for permission should be addressed to the Permissions Department, Holding Forth The Word of Life Ministries, 112 Broad Street, Wrens, Georgia, 20820. Call 706-547-0403.

Printed in the United States of America.

# Acknowledgment

First and foremost, praises and thanks to Jesus Christ, my Lord, for His showers of blessings throughout my research work to complete this book successfully.

I appreciate Teresa King for her continued support and efforts to complete this assignment. I offer my sincere thanks to Holding Forth the Word of Life Ministries for their support in making this book a reality.

Finally, I express my deepest gratitude to my caring and loving husband, Race, and my daughter, Hope. I am thankful for their love, understanding, prayers, and constant support in my life and that of the ministry.

# CONTENTS

Acknowledgment ..................................................................... iii

About the Author .................................................................. viii

Introduction............................................................................ix

Chapter One: Divine Order for the Body, Soul, and Spirit .......... 1

Division.................................................................................... 4

Your Choice ............................................................................. 6

God Takes Order Very Seriously ............................................... 9

God is a God of Peace and Order, Not Confusion .................... 12

Disturbances Lead You to Make a Decision ............................. 18

Jesus Is a Picture of Divine Order ............................................ 19

Jesus Was Sent. Are You Sent? ................................................ 24

Chapter Two: Recognizing Government ................................... 28

God's Will for Your Life ........................................................... 30

A Cataclysmic Event ............................................................... 33

God Is Always Working to Bring Order ................................... 37

Watch the Blame Game .......................................................... 39

Jesus Makes Us One Again ........................................................ 41

The Work of the Holy Spirit ...................................................... 46

Do You Have a King? ................................................................ 48

Power Comes by the Spirit, ...................................................... 50

Not the Law ............................................................................. 50

God Moves Through People .................................................... 52

Chapter Three: Believers Must Walk by Faith ....................... 57

Who Are You? ......................................................................... 59

You Have to BE in Order to DO .............................................. 63

The Old Testament Is for Our Learning ................................... 64

The Lord Doesn't Change ........................................................ 65

Return to the Lord .................................................................... 66

Can You Take Orders? ............................................................. 71

Samuel and Eli: A Look at Samuel .......................................... 71

Samuel and Eli: A Look at Eli ................................................. 75

It's a Serious Matter to Misrepresent God ............................... 79

Offices in the Church Today .................................................... 80

David and Absalom .................................................................. 82

Lucifer, Adam, and Rebellion .................................................. 83

Rebellion Is the Sin of Witchcraft ................................................. 85

Authority .......................................................................................... 87

Chapter Four: The Mystery of God's Will ................................. 92

Chain of Command ......................................................................... 97

This Is Not Your Home ................................................................ 100

We Are His Offspring .................................................................. 101

The Principle of Seed .................................................................. 102

Chosen Out of the World ............................................................ 109

The World Is Going to Die in Its Sin ........................................ 110

The Spirit Returns to God Who Gave It .................................. 111

Abide in God's Word ................................................................... 114

Putting First Things First ........................................................... 117

Chapter Five: Let's Get Back in Proper Order ......................... 123

The Government of God Is an Unseen Government ................ 125

The Holy Spirit Leads Us into ALL Truth ............................... 128

Train and Practice ....................................................................... 131

I Never Knew You ....................................................................... 132

Notions about Jesus .................................................................... 134

Sons of God Are Led by the Spirit of God ............................... 137

Order My Steps by Your Word .................................................. 141

Give God Your Agenda ............................................................ 144

Satan Wants to Devour You ..................................................... 149

Have You Robbed God? ........................................................... 152

We Devour One Another .......................................................... 155

Chapter Six: The Law of Love .................................................. 157

Order in Relationships .............................................................. 160

Distinction Between Public Sin and Private Sin ....................... 171

Divine Order Brings God's Favor ............................................. 173

Discernment and Confirmation ................................................. 175

False Witnesses ......................................................................... 179

Godly Leaders Are Shepherds .................................................. 184

Prayer ........................................................................................ 192

# About the Author

    Active in ministry for over forty years, Apostle and Teacher, Linda C. Lariscy, is the founder of Holding Forth the Word of Life Ministries. HFWL is a discipleship ministry with a focus on community and multimedia outreach. Linda holds a BS degree in Psychology, M. Ed. and Th.D. She resides in Wrens, Georgia, with her husband and daughter. Stay up to date with her latest posts by subscribing to her HFWL ministries YouTube channel or website and by visiting her at "lindalariscyministries.com."

### *Other Books by the Author*

    Song of Solomon.

    Five-Fold Ascension Gifts.

# Introduction

How can anyone deny the divine design of the universe? God's creation has a structure that functions in precise movement. The sun, stars, and moon faithfully execute their roles. The sea ebbs and flows to a constant rhythm. The environment itself testifies to a benevolent Creator by its rivers that flow and plants that grow as every creature lives in an ecosystem of order. Nature proclaims the glorious harmony of God!

Systems of government are necessary to alleviate undue suffering caused by anarchy and strife. Do you see the difference in how nations rule? When righteousness reigns in your land, you enjoy protection and justice. God's divine order is His government in your life. When you gladly submit to it, peace will increase in your life to the full degree.

God's Kingdom reflects His order. Jesus Christ heads the Church of God, which the gates of hell will not prevail. The Lord wants you to understand the importance of Heavenly stability so you can reap its benefits in your life. Order is synonymous with peace. Confidence and godly direction guide your life because of peace. If you are not in proper order, you are not living the way God would have wanted you to live. Disorder and every evil thing result from inner confusion with God's design for your life.

Misalignment dooms you to an orbit of emotional pain and unrest. Sin turns every human being into fragments. A divided person is not whole and cannot consistently move by faith in his life to get victory. But praise is to God, who brings order out of chaos. When you make a quality decision to unify with Jesus, a lifelong process of transformation begins. The love of Christ brings wholeness to your being as you surrender your will to Him. His way becomes your way.

Are you in divine order, walking in God's unique plan and arrangement for your life? Do you desire a stable life, one consistent with peace and prosperity? God's divine flow will bless your career, finances, relationships, and health. The Holy Spirit desires to be your helper, the governor of your life. He will teach you who Jesus is, and you will grow through Him. You will turn from desires for immediate gratification, which eventually harms you, to embracing what, in the long run, will benefit you.

Say yes to God's order in your life. I hope that this book will aid you in choosing wisely in this life. Be blessed, my friend, beloved of God!

# Chapter One

## Divine Order for the Body, Soul, and Spirit

*"And the very God of peace sanctify you wholly; and I pray God your whole spirit and soul and body be preserved blameless unto the coming of our Lord Jesus Christ!"*

*-Thessalonians 5:23 KJV*

God sets divine order. We will begin by looking at the way God made us. It is a fact that we are body, soul, and spirit. But that is an improper order.

If the needs of your body dictate what you are going to do, you're out of order. For example, when you wake up on Monday morning for work, and your body is saying, just roll over and sleep a little longer, and you listen to your body, you are out of order.

It is the same thing with your soul. When you let your emotions dictate you, it's easy to get discouraged. Once you get discouraged, you can start to feel like nobody cares. If you let your own understanding of things lead you, it is easy to give up.

The Bible says that we need to keep on sowing and not faint.

We will reap a harvest *at the right time if* we do not faint. Persistence is the key.

> *"Let us not become weary in doing good, for at* the *proper time we will reap a harvest if we do not give up."*
>
> *-Galatians 6:9 NIV*

There are a lot of talented people that are unsuccessful in this world because they lack persistence. I can't help but think that many times the thoughts that come into our minds prevent us from continuing. When we listen to suggestions that the enemy puts in our minds, we often cannot press forward.

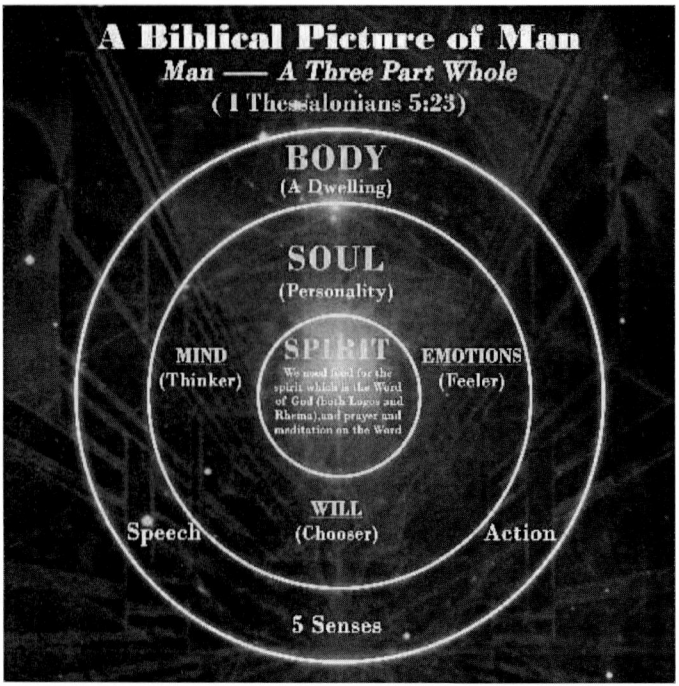

# DIVINE ORDER

So, if we are *not* to allow our bodies or our minds to rule us, what should we allow to govern us? Our spirit man should guide us. The proper order in your life is this: your spirit, then your soul (your mind, your intellect, and your personality are all a part of your soul), then your body. You make your body obey. You bring it under your soul. If your soul is in proper alignment with your spirit, your body will follow suit.

It is important to realize that you are a spirit-being and a spirit-being requires food. We all understand that our body needs food, but so does the spirit. What is the food of the spirit? The spirit man needs to feed on the Word of God. The spirit man also needs prayer and meditation on the Word. The Word of God is *Logos*, the written Word, but also the *Rhema* Word, the spoken Word. You will not hear God talking to you unless you learn to get quiet, go into your holy place, go before God and expect God to speak to you. That's what feeds your spirit.

Many of us would never think about going one day without feeding our bodies. But many of us go from day to day without feeding our spirit. This is out of order.

To get in order, you must make a decision that you're going to let the Lord dictate to your spirit what to do. When you follow the Holy Spirit's guidance in your life, you decide to make your mind come under obedience to what the Holy Spirit says. It takes a lot of discipline to do that.

DR. LINDA C. LARISCY

## Division

Jesus taught us that a kingdom divided against itself cannot stand.

*"Jesus knew their thoughts and said to them, "Every kingdom divided against itself will be ruined, and every city or household divided against itself will not stand."*

-Matthew 12:25 NIV

Divided is the key word. Let's look at places where we find government. Is a household a system of government? It absolutely is. Does a city have a system of government? It absolutely does. What about churches? Do churches have a system of government? Yes, they do.

Jesus said that a kingdom or a system of government, whether it's in your home, within your church, or your city government, cannot stand if division within it exists. Disunion will ruin it. Think about that.

If we as individuals are not in proper order, we are not working the way God would have us to work. If we are not in proper alignment, we get out of order and experience division within ourselves. A divided person is not whole and cannot consistently move by faith in this life to get victory.

It's important to understand that division isn't always a bad thing. Jesus taught that at the end time, He would divide the goats from the sheep (the false from the true). Jesus Himself will divide and separate them.

Do you need to separate yourself from certain people and situations in your life? If you have mixed the good with the bad, you cannot stand when trouble comes against you. Until you divide the two, you cannot clearly see the difference between the right and wrong choices in your life. Division brings clarity between the truth and the lie so you can act accordingly. Maturing in Christ depends on being able to see the things in yourself that are fighting against each other. You must understand the will of God and divide your fleshly desires from the desires of the Holy Spirit in order to make wise choices.

The struggle against sin within you represents Adam (the old man) and Christ (the new man). Have you ever felt like a part of you was saying "yes" to God's will while another part was saying "no"? Is there a war going on inside of you? One day you're one way, and then the next day, you're another way. Jesus taught that if you're that kind of person, you will not stand. You're divided against your own self. A fractured soul prevents peace with yourself and with people around you. If you're not at peace, you abide in a state of flux, and that's a problem. Basically, you need to say to yourself, "I am out of order! And I need to get in order." The essence of order is peace.

God wants you to have peace today. He wants you to look at your life and be honest with yourself. You can say, *"Father, show me the areas that I am out of order so I can stabilize and stand for you. I want to go on in faith for you. I want to move in you."*

## Your Choice

*"If we live in the spirit, let us also walk in the spirit."*

*-Galatians 5:25 KJV*

If you are a Christian, then you have the Holy Spirit in you. He lives in you; therefore, you are living in Him. If He lives in you and you live in Him, then you need to walk in Him.

I have heard Christians say, *"Well, I just can't walk in the spirit."* That is not true. You can walk in the Holy Spirit. You choose. People who do not choose to walk in the Spirit have chosen instead to have it their own way. That's what happens sometimes. When we choose to do it our way instead of God's way, we're like the sign on the bathroom door that reads, "*Out of Order.*"

When you walk contrary to the Holy Spirit, everything around you and everything you touch is going to be rocky. When you're complaining that you don't have any peace and are unhappy and you're pointing the finger that it's everybody else's fault, you are not walking in the Spirit. But the truth is you are out of order because you choose not to come under the Government of God. The Government of God is how the Holy Spirit leads you. If you choose to remain under His leadership, then you're in divine order. You are in divine order when you learn to walk in the Holy Spirit.

Now read again what the scripture says. "IF"—and that's the key, *"IF we live in the spirit, let us also walk in the spirit."*

Do you see that the choice is yours? YOU must decide. Right now, you can say, "Father, I am tired of having a nominal Christian life. I'm very serious about Your Kingdom. I'm very earnest about living for you. I make a decision that I'm going to choose to walk in the spirit." When you decide on something, you also divide something.

When you first walk in the Spirit, your emotions and intellect will bombard you because of the situations you will face. These situations will frustrate you, and they will tempt you to walk in the flesh of doing it your way. Here's the other part of that. Many times, you're going to fail. That's a part of growth. The difference is that you will not cover over your sin and pretend everything is fine. Instead, you will confess your failures and ask God to deliver you from them.

It's a good sign if you know you've failed because many Christians don't know or care whether they are walking in the

Spirit or not. When you sin, immediately go to the Father and say, "I've made a decision to walk in the Spirit. I know that I have sinned, Father; please forgive me." Here is the good news. He's going to forgive you because you recognized your sin and brought it back to Him. When you confess your sin, He forgives you so you can start again without guilt, fear, or condemnation.

Honestly, many professing Christians don't care to diligently seek the Lord. Their mindset is "once saved, always saved," they are going to Heaven, so it does not matter if they mature in the Lord or not. So, they don't have to be kind to people if they don't feel like it. They don't have to remain patient if they don't care to do so. They can be rude, yell, and scream, because they think it doesn't matter how you treat people. They assume they can act any way they want. At the point of death, because they "believe in Jesus," they will go to Heaven. In reality, death is their savior rather than Jesus. But that's not what the scripture teaches us. And if we walk that way, we are out of order.

When you begin to see this, and you start to honestly go to God and say, "Lord, I want my life to get in order." That doesn't mean you're going to be perfect. But you'll recognize it when you are not in order, and you'll want to get in order. And the Lord will teach you. He will teach you through your mistakes. Yes, He will work through your faults.

# DIVINE ORDER

Let's take a minute to look at our mistakes and what they do. Do you agree that, at times, you can start to feel very spiritual? When you are growing in the things of God, you can tend to walk in spiritual pride. When you fail because of pride, it is a good thing because you get knocked down a little bit. When you sin, it *humbles* you. It brings you back down to where you really are in the Lord. Then you can see what you did. You are able to receive forgiveness and move forward.

About who you are in Jesus Christ, you will please the Lord. He sees your faith and knows your heart, and because you are trusting Him, He will reward you.

## God Takes Order Very Seriously

God takes this issue of order very seriously. God has His commandments (order). There are some Christians who feel they can live their life pretty much by what they choose as long as they try to be good and go to church on Sunday. If they go to the Wednesday evening prayer service, they are really great. But as far as building the Kingdom of God goes, they couldn't care less. As long as they have a good reputation and are in church, everything is fine. Well, let me tell you something, it's not! Because one day, they are going to encounter the judgment seat of Jesus Christ. What they did on earth, though they may have been nice and have been in church, is not going to cut it.

The Lord is near. He is watching us. Have you given yourself over to the power of the Holy Spirit? Some people don't want the Holy Spirit to fill them. They don't want the label of being a fool for Jesus. Is this the truth or not? Many people like to find neutral ground in their form of Christianity. People may think them strange otherwise.

Folks who ignore God's divine order are not getting away with it because they will have to give an account of their life on the earth.

This is a courtroom situation. We're talking about the judgment seat. God has order in His court! When you come into God's courtroom, Jesus Christ will be on the throne. He will judge the way you've lived your life on earth.

*"For we must all appear before the judgment seat of Christ, so that each of us may receive what is due us for the things done while in the body, whether good or bad."*

-*2 Corinthians 5:10 NIV*

It won't help to say to Jesus, "I was in church on Sunday mornings." Don't do that. He's not interested in the things you did to make yourself look good in front of people.

He will be asking you, "Did you learn to love?" "Did you work the works of God?" "Were you obedient to me?" "Were you led by the Holy Spirit in your life?" "Did you surrender your life to me, Jesus Christ?" "Did you say, 'I no longer want the control of my life; I give you control of my life'." Will you be able to truthfully say, "Lord Jesus, on earth you were not just my Savior, you were my Master?" These are the things Jesus will be looking at when you come into judgment.

Look at the church today. Do you think that most people in the church are under the Lordship of Jesus Christ? What's your judgment?

We need to be sober in mind. Does God take order seriously? If you don't think God takes order seriously, just study the Old Testament.

If you *touched* the Ark of the Covenant, and you were out of order, do you know what would happen to you? You would drop dead! (See 2 Samuel 6) Order, to God, is a serious matter. And God is the same yesterday, today, and forever. So, don't think that God has no interest in you having order in your life, in your family, and in your church. Saints of God, there are a lot of churches that are out of divine order, and God's not winking at that. If God is serious about order, then we need to be serious about order, too.

Is proper alignment a good thing? It is wonderful. Let me ask another question. How do you feel when your house or office is tidy? How do you feel when everything is in its place? It's good, right? Let's go in the opposite direction now. How do you feel when things around you are a real mess?

Is your spirit, soul, and body house in order? If it is, you feel good, don't you? You need to get in order with God. Your family needs to get in order with God. Your marriage needs to get in order with God. Your relationships with people need to get in order. Your church needs to get in order because, when it gets in order, it is a good thing.

# God is a God of Peace and Order, Not Confusion

As we look at God, we see He is a God of peace.
*"For God is not the author of confusion, but of peace as in all churches of the saints."*

-I Corinthians 14:33 KJVl

Peace characterizes God. Confusion and disorder do not characterize God. He *is* the God of peace.

*"Now the God of peace, be with you all. Amen."*

-Romans 15:33 KJV

When you think of God, think about His nature and His character. He is peaceful. And that word 'peace' means to make one again. God wants to bring you into order. And if you want to come in order, ask Him to bring you into divine order, in Jesus' name. If you earnestly pray for Him to bring you into divine order, you are also praying for peace.

Confusion always brings unrest. Confusion brings disturbance and tumult. Remember the movie, *The Passion of the Christ*, when they were calling out, "Crucify Him. Crucify Him." that was an image of confusion and tumult. Ungodly passions stirred up the people, and those people were out of order. Do you know why they were rowdy? Because they refused the Government of God.

*"Jesus came unto His own, and His own received Him not."*

*-John 1:11 KJV*

You know, it's the same today. God sends people into our lives to teach us the Word of God, to preach, and minister. Many do not recognize them as coming from God. The very people they are sent to do not acknowledge them.

There's a right way to do things, and there's a wrong way to do things. Many believers do not recognize the Holy Spirit of God, the teacher. What is the Holy Spirit teaching us? Whatever the Holy Spirit guides and instructs you to do is the Government of God. A refusal to submit to the leadership of the Holy Spirit is like those people in the movie *The Passion of Christ*. They were frenetic and confused because they did not want to come under the divine order of God.

Let's look at this idea of disturbance. Considering the movie. Jesus was at the center of that disturbance, was He not? Could you basically say that Jesus was the cause of the disturbance? In a real way, He was. Jesus disturbed the people through His teachings. They were upset at the fact that He said, "I and my Father are one (John 10:30)."

I want you to know something. Jesus *IS* the cause of the disturbance in your life many times, and it's not because He is against peace. It's because you're not at peace, and you're not walking in the truth. When Jesus presents himself to you, you must make up your mind. Are you going to cling to your false mindset, your system of beliefs that are contrary to God's Word? Or are you going to divide that from yourself and embrace the truth? What will you do?

You cannot embrace the Holy Spirit and remain in false doctrine and error in the Word of God without having great disturbances in your life. You've got one foot in the world and one foot in the Lord. You will be going this way and that way, living a disrupted life.

Jesus is like the agitator in your washing machine, separating the clean from the unclean. He's bringing you to a point where you've got to choose sides. Doesn't that go back to what God said to the people of Israel? Consider what was said in these scriptures.

*"But if serving the LORD seems undesirable to you, then choose*

# DIVINE ORDER

*for yourselves this day whom you will serve, whether the gods your ancestors served beyond the Euphrates, or the gods of the Amorites, in whose land you are living. But as for me and my household, we will serve the LORD."*

-Joshua 24:15 NIV

*"This day I call the Heavens and the earth as witnesses against you that I have set before you, life and death, blessings and curses. Now choose life, so that you and your children may live."*

-Deuteronomy 30:19 NIV

Beloved, let me tell you a truth: it's the same today as it was then. You have a blessing in front of you. You have a curse in front of you. You have life in front of you. You have death in front of you. Choose THIS day who and what you will serve.

The folks in the movie *The Passion of the Christ* chose death. They not only chose death, but they also chose a curse. You say to me, "How in the world could people choose a curse?"

People choose curses every day, and some of us have chosen a curse. Yes, people choose curses over blessings every day because they refuse to come under the Government of God. I know single mothers who are hard workers that care for their children. Regrettably, they choose to live with a man who is not their husband, who drinks and is deceitful. They choose a curse over a blessing.

You need to ask, "God, am I choosing death over life?" If so, you can renounce that curse and receive the blessing of God. You can accept the divine order of God. If there's a disturbance in your life, look in your life and find out the reason why. Let me show you what I mean by that.

*"Therefore, to you who believe, He is precious. But to those who are disobedient, the stone which the builders rejected has become the chief cornerstone and a stone of stumbling and a rock of offense. They stumble being disobedient to the word, to which they also were appointed."*

*-1 Peter 2:7-8 NKJV*

"To you who believe, He is precious." Jesus is precious. "But to those who are disobedient, the stone which the builders rejected has become the chief cornerstone." Now meditate on this, "A stone of stumbling and a rock of offense." Is Jesus Christ offensive to people? Yes, He definitely is.

You might say that you are a Christian and think that Jesus is not offensive to you. But oh, my, Jesus can be extremely offensive even to people who are Christians. Jesus is offensive to people who are disobedient. And even those who claim to be Christians can be very disobedient.

It may surprise you how offensive Jesus can be. If Jesus Christ came into your church sanctuary and overturned the offering plates, communion table, and pews, how many of you would get upset? Some of you are getting upset with me right now just by saying this. I'm serious. Can you think for just a minute? If He would come into your church and start doing that, would that offend some of you who are Christians? Did He do something similar? He did! See Matthew 21:12, Mark 11:15, and John 2:15. But you could say, "That was them! We're not like that." Really? Think about what I am saying.

Jesus will always be offensive to you in any area of your life in which you're disobedient. That's a good thing if it causes you to look at yourself. If it bothers you, ask yourself, "Why does that sermon disturb me as it does? Why do I want to reject everything that's being said here?" Wait for the answer, which could cause you to change.

Has anybody ever said something to you that rubbed you the wrong way, but you knew in your heart it was true? It's good if it causes you to look at that and say, "Father, I'm not in order. I want to get in order. Lord, help me change."

Can we admit that there are things in our life that are false? *I* can accept that. Hallelujah, I am so glad that God is patient with me. He is still working on me. This is a work in progress, and I can admit there are some false beliefs, and I don't want them there. The first thing *you* need to do is agree they are there. Admit that it's there, then bring it to God and say, "Lord, get me in order."

# Disturbances Lead You to Make a Decision

The disturbances in your life are there to lead you to make a decision. Are you going to keep lying against the truth? Are you going to stay in denial that you don't have a problem, but everybody else does? Are you going to repent and embrace the truth and get in proper order? The Holy Spirit leads us to repentance through godly sorrow. Remember, Jesus is the Rock of Offense. He is often a stone of stumbling.

The movie, *The Passion of the Christ* has offended some people. The world has absolutely raged over that movie. If Mel Gibson had portrayed Jesus as one path to God, among many ways to God, the world would have said very little of anything about it. They may have said it was a beautiful poetical expression of art. Instead, Mr. Gibson spoke the truth and came under attack for it. The world raged over this movie, and they hated it because Jesus is the rock of offense. It causes people to say, "Is this true, or is it a lie?" They don't want to face the truth. They don't want to look at the truth and say, "Jesus took my sins for me." They want to say, "I'm good enough to get to Heaven in my own way." That's the problem.

# DIVINE ORDER

You and I need to understand that as we come to Christ, He is calling on us. He is commissioning us to do more excellent work, not just to eat and sleep, and go to work, and then eat, sleep, and work again the next day and the next. There's more to life than that. God has got a higher call on your life, and He wants to bring you into proper order.

## Jesus Is a Picture of Divine Order

What is divine order? If you want a definition of divine order, look at Jesus Christ and then look at yourself, conformed to His image.

*"For those He foreknew, He also predestined to be conformed to the image of His Son, that he might be the firstborn among many brethren. Moreover, whom He predestined, these He also called; whom He called, these He also justified; and who He justified, these He also glorified."*

*-Romans 8:29-30 KJV*

Your destiny is to be like Jesus Christ, to act like Jesus Christ. "Sure, the Bible says that," you say, "but do you really think God desires to conform me to the image of Jesus Christ?" Yes, I do.

When you go before the judgment seat of Christ, and you

will, He's going to look at you to see if you conformed to His image. It will not be good for you to say that you thought He was just joking about that. This is serious. God is serious about order in your life. His perfect will is to make you holy, even as He is holy. Your destiny in God awaits you only in the image of Christ. Are you fulfilling the destiny of God in your life? Can you say that you are manifesting your purpose for being because you have surrendered your will to God? Do you thank Him for daily conforming you to the likeness of Christ?

"Moreover, whom He predestined, these He also called."

Most people today think that only preachers are called, but that's not what the scriptures say. The scriptures say that YOU are called, so you need to say, "I am called." It is the church that has caught and taught the idea that only the preachers are called. Yes, they've taught you that. Somehow, we've missed the concept. Of course, missionaries and preachers are called. But *you* are also called. That means God has work for you.

"Whom He called, He also justified and whom He justified, these, he also glorified."

Jesus will justify you in the destiny He calls you to fulfill. You will see your gifts flourish and your desires come to pass as you take on His assignment for your life on earth. No matter how you feel and no matter what people think of you, Jesus will vindicate you for the choices you made to obey Him. It takes faith for you to believe that He has, in fact, justified you. By your faith, Christ makes you whole and vindicates you of sin. Such faith is a gift of God and results from your born-again spirit. If you cannot believe that Christ justifies and delivers you of sin, you will not experience the wonderful life God planned for you. Faith saves you by what you believe. Do you believe you're justified—just as if you've never sinned? If yes, then you're in an intimate relationship with Christ and on your journey to experience God every day of your life. That's what faith is.

God predestined us. He called and justified us. He will also glorify us, as Romans 8:29-30 says.

So again, if you want to know what God's divine order is, look at Jesus Christ. Understand that God your Father conforms you to the image of His Son. If Jesus was under divine order, then we must also be under divine order. If God conforms us to the image of Jesus Christ, you must be under *orders,* and you must be able to take orders. Are you under the authority of the Most-High God? And are you able to obey orders? That's what Jesus did.

*"Then Jesus said unto them, 'When you lift up the Son of Man, then you will know that I am He and that I do nothing of myself; but as My Father taught Me, I speak these things. And He who sent Me is with Me. The Father has not left Me alone, for I*

*always do those things that please Him."*

*-John 8:28-29 KJV*

The above verses are what He said about Himself.

'When you lift up the Son of Man' Jesus was talking about the crucifixion. Jesus Christ said, "I do nothing of myself." Isn't that what we should say about ourselves, that we do nothing by ourselves? But we have another idea. We think Jesus could do anything and that He was a wonderful miracle worker. He was able to heal the lame and heal the sick because He was God. But according to the scripture, what did Jesus say about the things He did? He was not operating of Himself, but He was being operated by a higher power. He was performing by the power of the Holy Spirit in what God showed Him to do. In whom do you operate?

Jesus walked upon the earth just as we do. He said He could do nothing of himself, and we can do nothing of ourselves. We, too, should be doing all things by the power of God. That's what He is teaching us.

He said, "I do nothing of myself, but as my Father taught me, I speak these things. And He who sent me is with me. The Father has not left me alone, for I always do those things that please Him."

Jesus only taught what His Father told him to teach. When

## DIVINE ORDER

He healed the sick, His Father told Him to heal the sick. Was He under orders? Yes, Holy Spirit was instructing Him.

So, let's look at John 7:16-19.

*"Jesus answered, 'My teaching is not my own. It comes from the one who sent me. Anyone who chooses to do the will of God will find out whether my teaching comes from God or whether I speak on my own. Whoever speaks on their own does so to gain personal glory, but he who seeks the glory of the one who sent him is a man of truth; there is nothing false about him. Has not Moses given you the law? Yet not one of you keeps the law. Why are you trying to kill me?"*

*-John 7:16-19 NIV*

Think about what Jesus was saying. He said that His teaching came from the One who sent Him. He was bringing glory (honor) to the one who sent Him. Jesus was not about gaining honor for Himself. Dying a horrible death on a cross was not about bringing honor to somebody's self, was it? Jesus did not bring glory to Himself by dying a degrading, painful death on the cross. But God honored Him by giving Him a name above all names. At His name, all creation will bow.

"He who speaks on his own does so to gain honor for himself. But he who works for the honor of the one who sent him is a man of truth. There is nothing false about him."

And so, Jesus taught those words, Jesus healed, Jesus cast out demons, Jesus exhorted people, He preached the good news, not on His own accord, but to glorify and honor His Father.

Was Jesus sent? Yes. Who sent Jesus? God, our Father, sent Him. That's what I want you to think about. When you understand God sends you, you receive a deeper revelation of divine order. You're not working for your own gain. You're not in this for any purpose of your own. You're in this because God has sent you. He's given you a task to do, and you do the work of God. That's how we demonstrate divine order.

## Jesus Was Sent. Are You Sent?

*"For God so loved the world that He gave His one and only Son, that whoever believes in Him shall not perish but have eternal life."*

*-John 3:16 NIV*

For God so loved the world that He what? He gave. He sent.

Think about your own life. Look at where you are. Have you been sent to your town, your neighborhood, your church, your family? Now, if you can't answer that question, you're in a world of hurt!

Some of you may say that you weren't sent because you were born in the place in which you are living. But I ask again, where did you originate? See, we don't think right. God sent you. Don't you think God had a hand in where you were born? God has sent you into that home. And if you can't understand that you're sent, you can't come under divine order. It's about Who sent you. It's not about you. That's divine order.

Are you a representative of Jesus Christ? Jesus Christ represented God, His Father, when He lived on earth. We need to see that our life is to exemplify Jesus Christ. Are you ready? Are you ready to say today with your mouth, "Lord Jesus, I am your representative on earth?"

When you speak that, understand that you can never be His representative unless you understand His divine order. Is there a scripture that shows Jesus sends us?

*"And Jesus came and He spake unto them saying, All power is given unto Me in Heaven and in earth. Go ye therefore, and teach all nations, baptizing them in the name of the Father, and of the Son, and of the Holy Ghost: Teaching them to observe all things whatsoever I have commanded you: and, lo, I am with you always, even unto the end of the world. Amen."*

*-Matthew 28:18-20 KJV*

Do you believe the Word? Is it true that Jesus was given all power? Now, what does He tell His disciples? Jesus told His disciples to GO and to TEACH. Are you His disciple? Has He sent you? If so, you need to be going. Who are you teaching? Every time you open your mouth, you are teaching. Any time you are talking to people, you're teaching people, either for the good or the bad. You are teaching whether you know it or not.

"Teaching them to observe all things whatsoever I have commanded you and lo, I am with you always even till the end of the world. Amen." So, you see, Jesus has sent us, and when He sends us, He means for us to represent Him.

Our desire should be to have oneness with Christ. Our flaming passion in life should be to love, know, and serve our Lord. To represent Him, you must be able to understand divine order. If you get into your spirit the revelation that you are sent from God to earth, you will do this. You will fulfill this great commission.

Jesus was not known during His time of visitation. Do you know you are only visiting here? You are not going to stay on earth forever. You will leave, and you will go to God. You will see His order.

He says what He says; He means what He says, and He is true. You will face Him. You will face Christ and give an account for your visitation on the earth. Are you ready?

This teaching is sent by God to you to prepare you for eternity. Let's conclude this chapter with this.

# DIVINE ORDER

*"So Jesus said to them again, 'Peace to you! As the Father has sent Me, I also send you."*

*-John 20:21 NKJV*

Our Father has an overwhelming passion. Jesus Christ has a passion for you and for me. He clung to the cross. Jesus' love for the world magnetized Him to the cross. He embraced it because He knew that was the only way He could deliver us from sin and justify and glorify us. Do you have a passion for Him? Your entire purpose in life is to know Him, to understand Him, and to understand His ways. That should be our passion.

## Chapter Two

### Recognizing Government

When you think of the Divine Order of God, think of it as the Government of God. Jesus said a lot about the Kingdom of God and the Kingdom of Heaven. The Kingdom of God is about the Government of God. The Kingdom of Heaven is about the Government of Heaven.

Are you under the Government of Heaven? Are you allowing the Holy Spirit to govern your life? That is the question that we need to ask ourselves because it's an important thing. It is a very serious thing to God. The Bible speaks of Jesus Christ as being the Prince of Peace. It also speaks of Jesus Christ as being the King of kings and the Lord of lords. The Bible uses these terms so you can understand that there is a Government of God.

We recognize earthly governments. We recognize the United States of America and its government. We recognize it every time April the 15$^{th}$ comes around. But there's something more significant, and that is the Government of God.

The Bible speaks of God as being a God of Peace and Jesus as The Prince of Peace. Peace is about order. The word peace means to set at one again. Peace is wholeness. The world is a broken place. No one can live in this world without experiencing pain and suffering. Sin fractures every human being.

The God of peace desires to make you one again with Him and yourself. He wants you to live a life of order.

Have you or anyone you know ever broken a bone? When you have a broken bone, the doctor resets the bone, does he not? He realigns the bone so that it will set correctly so the bone will be *one again*. It was once whole, and you broke or fractured it, causing much pain and disorder. Our bodies malfunction when we break our bones. Sins break our souls and shatter our spiritual lives. Without the peace of God in our lives, humanity breaks down.

It's very difficult to do the works of God and to be happy in the Christian life if you are not at peace because you're not in order with God. The Lord wants us to function in the power of the Holy Spirit and in peace. He wants to reset things. We shouldn't have to strain to do the work of God. Do you have to strain to serve the Lord? If you do, something is out of order in your life. God is not the God of disorder but of peace. And peace brings order out of chaos.

DR. LINDA C. LARISCY

## God's Will for Your Life

Examine your life. God wants to bring your life to completion. That's what perfection means. We think of perfection as doing everything right and not making a mistake. Spiritual perfection is about coming into wholeness or maturity. When we relinquish our wills to Christ, He puts us in the process of sanctification. Over time, as you cooperate with Him, He will bring order out of disorder in your life. God's ultimate will is to make us one, to sum up, everything and everybody in Heaven and earth into one, into Jesus Christ.

There is coming a day when this earth system that we live in will be entirely in order because Christ Jesus will be ruling and reigning on earth. Earth and Heaven, the Bible teaches, will be one. That is the heart of God. God is moving toward that right now. And His will for your life is that you and Jesus be one in thought and purpose. He's sweeping away disarray, and he's bringing order into your life. Look at the scripture, Ephesians 1:9-10.

*"Having made known unto us the mystery of His will, according to his good pleasure which He hath purposed in himself, that in the dispensation of the fullness of times He might gather together in one all things in Christ, both which are in Heaven, and which are on earth; even in him."*

*-Ephesians 1:9-10 KJV*

"Having made known unto us the mystery of his will." Let's stop right here and look at this. The Bible speaks of God's will as being a mystery. Have you ever heard this saying, "God works in mysterious ways?"

The scripture says that His will is mysterious, but on the other hand, the scripture also says that He has made known to us the mystery of His will. So, what is the 'mystery of His will'? What is the overarching will of God? Let's read further,

"Having made known unto us the mystery of His will according to His good pleasure which He has purposed in himself, that in the dispensation of the fullness of times, He might gather together in *one*, all things." Does that include me? Does that include you? It says all things, so that includes everything on this earth and everything in Heaven, everything below and beneath. If it includes all things, then you and I are also part of that. "In Christ, both of which are in Heaven and which are on earth, even in Him."

This is what God is doing. This is what God is all about. God wants to make you at peace with yourself.

Some people say, "I want to have peace with God." To make peace with someone indicates there has been a schism between the two. God is not in opposition with you if you choose to surrender your life to Christ. You reconciled with Him as your Father because you believe in and have received His son, Jesus

Christ. This is good news and a reason to stay excited!

Even now reconciled with God through Christ Jesus, would you attest you are unhappy? How many times can you say that you get discouraged? Where is the problem? It is not with God. You might want to point your finger and point to people or situations as the source of your problem, but in reality, you must point to yourself. Jesus Christ is the Prince of Peace at all times. He always walks in peace, and when you partake with Christ, you are also going to walk in peace. The problem is within us.

The struggle within you creates the problem. The nature of Adam, your old nature, and the nature of Christ, your new nature, are leading you. You cannot serve two masters at one time. God's desire is to bring you to be *one* again. You've got to separate yourself from the old way of thinking and all of those things that divide you from the presence of God. Essentially, your old man must die. Learn to cast down sinful habits and patterns of thought to embrace the Spirit of God within you. That's your struggle and the root of your difficulty. Again, God is a God of peace, and He wants to move you into order. He has a Government. He has a way of doing things, and we have to learn to follow His way and not our way. It is always God's plan that we come into peace with Him.

DIVINE ORDER

# A Cataclysmic Event

Look at the Old Testament. Let's go to the first chapter in the book of Genesis, to the very beginning of all things. When the scripture says that the Spirit of God moved on the face of the water, He brought order out of disorder.

Do you understand that when God does something, He always does it perfectly? He never does a half-hearted job. If we agree that God never does anything halfway, have you ever wondered why the scripture says that the earth was without form and void? Have you considered why God created the earth without form and void? Why would He do that?

"The earth *WAS* without form and void." If you read this in Hebrew, the word 'was' is 'became.' "The earth BECAME without form and void." Now, would that make better sense? Absolutely.

What could have happened to the earth to cause it to become without form and void? If you start reading Ezekiel 28 and Isaiah 14, you're going to learn about an angel of light, and his name was Lucifer. The scripture says that Lucifer was in the very presence of God. He was an archangel. That meant he had angels that followed him. Archangels are commanding angels. Michael is an archangel. Gabriel is an archangel. Would that make sense to you? God is a God of order. So indeed, He would have leadership in Heaven. People follow certain leaders. An effective military has a chain of command. Rank and file characterize any successful army. Jesus is our commander in chief.

Lucifer was a very high-ranking angel, but he had a problem. He was prideful and rebellious because he did not want to submit to the Government of God. As a matter of fact, the scripture teaches us in Isaiah 14: 14, that Lucifer said, "I will be like the Most-High God." He wanted to become God.

Now before you start saying, "How could he be so stupid to want to become like God?" Isn't that our real problem? Don't we want to be our own god? Who among us loves to be told what to do? Why is it that when you tell children what to do, they prefer to do just the opposite? We enter earth programmed to be our own authority. We want to do it our way, and we don't want to be told what to do. That was the nature of Adam. That is the nature of man. That was also the nature of Lucifer.

The Bible teaches that a great cataclysmic event happened as the result of Lucifer's fall from Heaven. He was thrown out of Heaven along with one-third of the angels following him. Have you ever heard of the term *fallen angels*? It's true. They were cast down.

Where do you find Satan in the book of Genesis? He's in the garden. He was there before Adam and Eve were there because he was cast out of Heaven to this earthly sphere. And that is why I believe that the earth *became* without form and void.

# DIVINE ORDER

The scripture says in the very beginning that the Holy Spirit brooded over the waters, and He brought life. God brought life. Now, if you are wondering where I'm getting that, think about this. Why did God say to Adam and Eve, "go and replenish the earth"? Think about it.

When you open your cabinet door, and you don't have the cream of mushroom soup, you can't make green bean casserole, can you? So, you've got to go to the grocery store and replenish. You *had* cream of mushroom soup, but it's not there anymore. So that's what God told Adam and Eve. He said I want you to go forth and *replenish* the earth. There's a reason why God said that.

Go back to the very beginning when God did His marvelous work, and He brought things back in order again. The absolute author of confusion and disorder is Lucifer, who we know as the devil. So, when the enemy was cast to the earth, the earth became without form and void. There was great devastation.

But God came on the scene, and God is always moving to make things right. So, he created Adam and Eve. You know the story. God's purpose for them was to take dominion over the earth.

The Garden of Eden was a paradise. It was perfect. Everything was in order. But there was an enemy in the Garden of Eden. That enemy is still here on earth. He's always at work in your life as a believer to bring you out of order into chaos. The enemy brought disorder into the Garden of Eden. When the enemy came to Eve, he said, "Oh, you can eat of this fruit because God knows that when you eat of the Tree of the Knowledge of Good and Evil, you will be like the most-high God."

It is so incredible that she would believe that, but she did! You know the story she took of the fruit. With Adam by her side, he also ate the forbidden fruit, and sin came into the world. The scripture teaches that sin came not through Eve but through Adam because Satan deceived Eve. Adam understood fully what he was doing when he ate the fruit. And when he accepted it, things were never the same. Let's look at that now.

What did sin do to Adam and Eve's relationship? Do we not find when God spoke to Adam that he turns against his wife and says, "She did it; not me. It was the woman that YOU gave to me." In other words, "God, it's really Your fault because if you hadn't given her to me, I wouldn't have done it." Can anybody relate? Let's play the blame game.

In the garden, there was perfect order. There was purity and wonderful symmetry. We know that God and Adam walked together in the cool of the day. They were in an intimate relationship. But disorder came into the relationship as Adam yielded to the temptation of the devil and rebelled against God's Word. A fracture occurred in their relationship, and there was an immediate division.

Let's not just stop with Adam. Let's talk about Adam and Eve's children. It goes from one generation to the next. Tell me about Cain and Abel. Were they in division? Were they at odds? Were they in disorder because of sin?

It wasn't that way from the beginning. God created a paradise. It was perfect, and it would have remained so if sin had not entered into it. And it's the same with us today.

## God Is Always Working to Bring Order

I want you to begin considering something. Let's look at the whole of the Bible. There are many ways you can look at the Bible. If you look at it from a whole perspective, Genesis through Revelation, you can see how God has always been at work to bring order out of disorder.

Let's move to Noah. What was the purpose of the flood? Was that not God's solemn act of moving toward bringing order out of disorder? Noah was a preacher of righteousness. If anyone was willing to turn to God, he or she could have boarded the ark with Noah. The boat was big enough. But only Noah's family believed in God and escaped the flood.

Consider Abraham. He believed in God and trusted Him

with his life. He came out of idol worship to serve the true God. By faith, he left his homeland to go where God directed him. God made a covenant of peace with Abraham. That was God's blessing. That was God's way of bringing order out of disorder.

How about the Israelites? They were in slavery. They were in bondage. They were in mental and physical pain. The Bible says that God heard their cries from Heaven. They were crying out to God for deliverance. Moses was the man God chose to bring the Israelites out of Egypt. He brought them into order out of chaos.

Let's look at the Ten Commandments. Was that not God's way at that time to govern His people to bring order into their lives?

The message of the prophets was order. So, if you really look at the Bible, you will see this theme over and over again, bringing order out of disorder. God is all about order because He wants us to be at peace. He wants us to be at one again. God wants us balanced in harmony with one another.

It all culminates in one person, and His name is Jesus the Christ, our Lord, and our Savior. We can't have a relationship with the law, can we? I can't wrap my arms around the law and say, "I love you." I can't have a personal relationship with the law, but I can have a relationship with The Law Giver and Keeper. How about you? As I give my life over to Christ, I'm going to experience peace, and I'm going to experience order.

# DIVINE ORDER

## Watch the Blame Game

We like to play the blame game. We like to say, "It's not my fault. If only things were better. If only this would happen. If only that person didn't do that." We begin to point our fingers. But if you want to live in the peace that Jesus gives, you have to admit something about yourself. You need to get real and say, "Lord, it's my problem. The reason why I don't have peace is that there's something in me that's rebelling against Your order; Your Government. Lord, I believe you're for me. You're not against me. You want me to have peace. You want to bless me. You want me to prosper. You want me to have joy. You want me to have relief. You want to deliver me this day, and instead of looking at what the problem is, I'm going to look to you and say, 'Father, show me. What is it within me that is the problem? What is it in me that is not submitting to you? What is it, Father?'"

Look at the scripture. We were talking about Adam and Eve. With this blame-game thought in mind, think about what disorder does. "Then the Lord God called to Adam and said to him, 'Where are you?' So, he said, 'I heard Your voice in the garden, and I was afraid.'"

Do you understand that disorder makes you afraid of God? Have you ever thought, "I don't know what will happen if I give my entire life to God? He might send me to some unknown place."

If you are afraid of giving your life to God, then you're out of order. Fear does not come from God. It comes from the enemy.

The Bible says Adam was afraid, "Because I was naked, and I hid myself." You know, many times we hide when we are in disorder. We don't want to admit things are not in order with us. We want to blame it on other people instead and hide from God.

I'll tell you something else you want to do. You want to isolate yourself. Have you ever felt like saying, "I'm not going to church today? I can't face anybody." Sometimes we just want to conceal our insecurities, do we not? Do you ever feel like you just want to hide under the covers when you wake up in the morning? You don't want to wake up and face the day. It is an indication that things are out of order when you want to withdraw from the people of God and from God. That's what Adam did.

He said, "'I was afraid and hid myself.' Then God said, 'Who told you that you were naked? Have you eaten from the tree of which I commanded you that you should not eat?' Then the man said, 'the woman, whom You gave to me to be with me, SHE gave me of the tree, and I ate.'" So, basically, Adam said, "Lord, it's not my fault. I don't have to take responsibility." Read Genesis 3:23-24 to examine this truth.

DIVINE ORDER

## Jesus Makes Us One Again

Again, sin fractures and sets people against each other and against one's own self. Jesus Christ brings us into an abiding intimacy with God. What Adam had before the fall, we now can have in Christ Jesus. You can walk with The Creator of the Universe in the cool of the day. You can talk to Him. You can love Him. You can tell Him, "Lord Jesus, kiss me with the kisses of righteousness and peace." That's the kind of intimacy the Lord Jesus wants to have with you and with me. And it's made possible through our relationship with Jesus Christ. He has made us one with Him again. And if we're not walking in peace, it's not because of what God has done; it's because of our way of thinking.

*"For He, Himself is our peace, who has made the two groups one and has destroyed the barrier, the dividing wall of hostility, by setting aside in his flesh the law with its commands and regulations. His purpose was to create in himself one new humanity out of the two, thus making peace and in one body to reconcile both of them to God through the cross, by which he put to death their hostility. He came and preached peace to you who were far away and peace to those who were near. For through Him we both have access to the Father by one Spirit."*

*-Ephesians 2:14-18 NIV*

The scripture says in Ephesians 2:14-18, "For He, Himself, is our peace." Are you looking for peace in your bank account?

Are you looking for peace in your marriage or in your friendships? Are you looking for peace with success in life? Are you looking for peace in good health? Did you know that you could have peace and still not have good health? But, you see, the world equates good health with peace. I'm certainly for good health. But good health and peace are two different things because real peace is not found in your circumstances. There's only one place you're going to find peace, and that is in Jesus Christ.

"For He, Himself, is our peace which was made and has made the two groups one and has destroyed the barrier, the dividing wall of hostility…"

Fully accept and believe that God loves you. He is not angry with you. The dividing wall of hostility that sin placed between you and God came from man's inability to keep the Law and the Commandments. Do you understand we are not always going to obey the commandments? Do you know that you're going to break God's law every now and then? When you break the law, do you think God is mad at you? Think about what I am saying. According to the scripture, is He mad at you? How can He be mad at you when you've accepted Jesus Christ? By your acceptance of the Lord Jesus Christ and through faith in Him, He saves you. And

# DIVINE ORDER

the Bible says that He forgives your sins. Jesus' blood cleanses you of your sins, including your future sins, as you confess them and receive forgiveness. On the cross, Jesus tore down the dividing wall of hostility.

When you sin and you fall short of His grace, run to Him and say, " Forgive me, Father, fix me, daddy. Make it right for me. Help me." That is something that the law and following rules and regulations can never do for you. But a personal relationship with Jesus Christ can do that for you. And the more and more you love the Lord and have that relationship with Him, the less and less you will sin.

Let's read Ephesians 2: 14-18 again. "For He Himself is our Peace." Jesus, you are our peace! "who has made the two one and has destroyed the barrier, the dividing wall of hostility by abolishing in his flesh the law with its commandments and regulations. His purpose was to create in Himself one new man out of the two thus making peace and in one body to reconcile *both of them* to God through the cross, by which he put to death their hostility. He came and preached peace to *you who were far away and peace to those who were near*. For through Him we both have access to the Father by one Spirit."

The best way to explain the above scripture is to provide an illustration. Some people were brought up in church, while some people were not brought up in church. In a sense, those brought up in the church are closer to God, while those not brought up in the church are far away from God. But in reality, we are all in the same boat, whether we were brought up in church or not. Basically, you have two groups of people. One group is far away from God, and the other group is religious.

Sometimes people not brought up in a religious system are better off than religious people. When you receive a revelation of Jesus, you may need to unlearn some things people taught you.

If people have indoctrinated you with things that do not line up with the Word, you will have an adjustment phase to what is true. Religious folks might say something like, "Well, you know, I don't know about that now. That isn't what my preacher or Sunday School teacher taught me."

When Jesus comes on the scene, none of this matters. He becomes our salvation. Being a good person or a person who was in church every Sunday won't give you an advantage. That's not going to save you! Only Jesus can deliver you. It's about a relationship with Christ.

The above passage reflects the truth about the Jewish nation and the Gentiles. According to the scripture, non-Jews were far away from God, out of the covenant of God. The Jews are God's chosen people, not the Gentiles. So, you've got two groups of people. You've got the Gentiles, who were away from God, and you've got the Jews, a people chosen by God, but both groups need salvation. The way to salvation is not by keeping the law or being ethical and moral people. Salvation is through a person named Jesus. Through Him, you can submit to the Government of God, which brings salvation.

"He is our peace. He has made the two one, destroyed the barrier of the wall of hostility by destroying in His flesh the law with its commandments and regulations. His purpose was to create in Himself one new man out of the two, thus making peace. And in this one body to reconcile both of them to God through the cross." The only way we reconcile to God is through the cross. Our morality, our good standing in society, cannot save us. We may be nice people, but the bloody cross is what saves us.

"By which He put to death their hostility. He came, and He preached peace to you who were far away and peace to those who were near. For through Him we both have access to the Father by one Spirit." Only through our relationship with Jesus and through the Holy Spirit do we have access to our Father God. It doesn't matter which group we are in because only Christ Jesus makes us whole.

## The Work of the Holy Spirit

I hear people say things like, "I'm not ready to give my life to the Lord." I genuinely hope you do not think it was your bright idea to receive salvation. If you do believe it was your notion to "get saved," you are foolish, and I say that with no hesitation. The Holy Spirit convicts people and leads them to receive Jesus Christ.

Have you ever heard a person say, "I'm too young to accept Christ? Yeah, yeah, I know what you're saying. I know I'm supposed to accept Jesus, but I've got to live a little. I'll accept Jesus when I get older. I want to live the life I want for now.

" That's foolishness because that person thinks it's up to him to decide whenever to receive Christ. It's not up to him! When the Holy Spirit is convicting you to surrender your life to Christ, and you say, "No" to the Holy Spirit, you are in grave danger of hellfire.

You have no guarantee that the Spirit of God will convict you again because God is God, and you are not. It is His pleading for your soul that saves you.

When the Spirit of God is on you and telling you to do something, don't say, "I'll do it later," because later may never come. If the Spirit of God is moving you to make some kind of commitment, obey Him. If He leads you to go lay hands on a person, do it. If He gives you a word for someone, go to that person and give it in faith. You are to obey on behalf of the Government of God. Do not say, "Well, I don't want to do it right now. Let me wait." Just forget it because the Holy Spirit will lift that conviction off of you. You have lost your opportunity. It's gone, and it's unlikely to return.

You have to move when God tells you to move because at that moment, you have the anointing on you. You might say, "Well, I'll just go to that person later when there's nobody around." You can go to that person, and you can talk to that person, but it will be of little value because the anointing is not there. You've chosen to do it your way and not God's way. Please stop and consider the timing of God.

When God moves you to give a message to the church, and you sit there and say, "I can't. I'm too shy. I might embarrass myself. I can't say that," then you've been disobedient to God. You've missed a blessing, and not only have you missed the blessing, but the people of God have missed it too. Do you understand what I'm saying? We must have respect for the Government of God and how God operates in our world today.

What is true freedom then? True freedom is following the Holy Spirit, not a bunch of rules and regulations. It is about having a relationship with the Holy Spirit. It is about learning to cooperate with the Holy Spirit. You don't have to worry about the law anymore. If you follow the Holy Spirit, you will fulfill the law. But you've got to know who the Holy Spirit is. Can you hear His voice? Do you even expect to hear His voice? You need to be submitting yourself to His Government, believing that He will speak to you.

## Do You Have a King?

*"There is a way which seemeth right unto man, but the end thereof is death."*

*-Proverbs 14:12 KJV*

    The scripture says in Proverbs 14:12, "There is a way which seemeth right unto man, but the end thereof is death." The way that seems right to you will end with no fruit or blessing. To move in the Government of God is to say, "I'm going to give up what seems right to me, and I'm going to start listening to what the Holy Ghost says."

*"In those days, Israel had no king, and because they had no king, everyone did as he saw fit."*

*-Judges 17:6 KJV*

In Judges 17:6, we read the following, "In those days, Israel had no king. And because they had no king, everyone did as he saw fit." Do you see what the Word of God says? Everyone not under spiritual authority does what is right in their own eyes.

# DIVINE ORDER

In the church today, do we act like we have NO king? We don't. We have a King, and His name is Jesus. If Jesus is truly our Lord, we will not do what we see fit. We have to do what the King sees fit. Because what we think is right ends up in death. That is what the scripture says. But if we will listen to His instructions and follow His voice, we will end up in life.

There are so many people today doing whatever they want. Do you know that's why the divorce rate is the same today in the church as it is in the rest of the world? Do you know that's why we have Christian men and women committing adultery, doing pornography, that they are just doing what they think is right?

Let's read that again, "In those days, Israel had no king, and because they had no king, everyone did as he saw fit." That is not the Government of God. That is not the Way of God.

*"Be not wise in thine own eyes. Fear the Lord and depart from evil. It shall be health to thy navel and marrow to thy bones."*

*-Proverbs 3:7-8 KJV*

The scripture says in Proverbs 3:7-8 that we are not to be wise in our own eyes. We are to fear the Lord and depart from evil. This will be health to our naval and marrow to our bones.

Do you understand that if we come under the Government of God, we will be healthier? I'm telling you straight. If we were more obedient to God, our physical bodies would be in better health. Don't take my word for this; just look at the scripture. It is talking about your physical body. It's talking about the core of your body. Where is your naval? It's talking about the center of your body, in your belly.

"It will be health to your navel and marrow to thy bones." The marrow produces your blood. Life is in the blood. You may think you're right, but you must step back and say, "Lord show me what to do."

The Lord weighs the spirit. The Lord goes to the spirit man. He sees what you can't see. Can we admit that we could be dead wrong?

## Power Comes by the Spirit, Not the Law

*"Submit yourselves, then, to God. Resist the devil, and he will flee from you. Come near to God, and he will come near to you. Wash your hands, you sinners, and purify your hearts, you double-minded."*

*-James 4:7-8 NIV*

James 4:7-8 talks about being in submission, and I would like to explain something to you about submission. If you are not in submission to God, you can rebuke the devil all day long, but it will do you no good. You can bind the devil. You can cast the devil out. You can plead the blood of Jesus. But if you're not in submission to God, you are wasting your time. The Bible says first submit to God, then resist the devil, and THEN he will flee from you. Let's get it in proper order, amen? We've got to begin to subject ourselves to God.

Talk to God and ask Him, "Lord, where did I go wrong? What did I do? Father, where did I get out of your plan? Where did I get out of order? Show me, Father, because I want to come into submission to you."

If you can't get in submission to God, you can't hear from God. If you can't submit yourself to God, you're not going to be in a position to listen to His voice. It's essential that you and I hear His voice. You're not going to get victory unless you can hear the voice of God. Do you think you're going to gain victory in this life without hearing His voice? There's no way.

So you say, "Well, I'll just read my Bible." Let me tell you something about your Bible. You can read your Bible, but if you're not anointed by the Holy Ghost to receive what the Word of God is saying, it will profit you naught. You can't divorce God's Word from His Holy Spirit! That is disorder, and some people will build a doctrine on what God's Word says, and they will hate their brother. They will take the Bible and say, "This is what the Bible says!" Boing! And that's supposed to be God. That's not God!

You can't divorce the Word of God from the Spirit of God. It's the SPIRIT, NOT the LETTER OF THE LAW. And if we don't get this in our spirit, we're lost in the church today. The Spirit of God is moving, and He's saying, "Join the Word with my Spirit, and then you will have power." But knowledge of the word without the guidance of the Holy Spirit is a form of godliness that has no power to change people. I want you to see this in the scripture. We have to come under the anointing of God. We have to approach the Word of God through the Holy Ghost. Have you ever tried to approach the Word of God only through your intellect? Do you read God's Word academically? You have to submit yourself to God when you go to the Word. You need to ask the Holy Spirit to speak to you and to make the Word alive to you.

## God Moves Through People

Your first teacher was a person. If you were blessed, you had two parents that first taught you. God will minister through people to teach and lead. Children are to obey their parents. Pay attention to this. Proper obedience protects. Godly parents teach their children right from wrong, what to do, and what not to do. Now sometimes, parents drop the ball. People are born into families that do not have righteous, spirit-led parents. Children born into religious families that divorce the Spirit from the Word grow up hating the church because they're made to go. There is no life because the Holy Spirit is absent. You must understand that. You can be religious and not follow the Holy Ghost, and your children will suffer for it. Parents need the guidance of the Holy Spirit. Now, the Bible says if children obey their godly parents, parents that are led by the Holy Spirit, they will live a long life (Ephesians 6:1-3). In other words, if children will submit to the Government of God through their parents, the Bible promises them a quality life and protection. But do all children obey their parents? Do all children submit to the government of their godly parents? I'm talking about Spirit-filled parents. We know they don't. And when they choose to walk out from under that protection, they are in grave danger. Let's look at the scripture:

*"Children, obey your parents in the Lord, for this is right. 'Honor your father and mother' - which is the first commandment with a promise - that it may go well with you and that you may enjoy long life on the earth."*

*-Ephesians 6:1-3 NIV*

God has a way of moving through people. Ephesians 4:11-13 says that God placed in the church, apostles, prophets, evangelists, pastors, and teachers to equip believers and to bring them to spiritual maturity.

*"Obey your leaders and submit to their authority. They keep*

*watch over you as men who must give an account. Obey them so that their work will be a joy, not a burden for that would be of no advantage to you."*

*-Hebrews 13:17 NIV*

Obey your leaders and submit to their authority, for God ordains them to watch over your souls. Now, I'm not talking about blanket submission. You might have a leader who may not be under the Holy Ghost. You might have a pastor who is led by the flesh. You don't want to submit to a flesh-ruled pastor, do you? You should not submit to any leader who's not under the authority of God. Would you say we've had leaders in churches, in the general sense, who did not submit to the Holy Ghost?

The kind of leaders you need to submit to would be leaders that keep watch over you. In other words, they have your best interests at heart. They're serving you. They love you. They want to see you move on in the Spirit of God. They want to help you. They want to lay hands on you and pray for your healing. They want to move you into a greater depth of God. "They keep watch over you as men who must give an account."

Let me tell you something—your leadership will give an account to God. They will stand before the Judgment Seat of Christ, and they will answer to God regarding how they led you. Leaders influence many people. If they're not influencing them in the right way, they're going to suffer loss for it on Judgment Day.

"Obey them so that their work will be a joy, not a burden."

When you don't obey true spiritual leaders, when you scoff at their guidance, when you won't do what they ask you to, it becomes a burden to your leaders. Your leaders may say, "Why? Why can't they just trust the Spirit of God in me? Why can't they do this?" It becomes a burden and not a joy. But when you obey your leaders, and you support your leaders, it becomes a joy.

The Bible says, "Obey them so that their work will be a joy, not a burden, for that would be of no advantage to you." If you don't submit under proper leadership, you are at a disadvantage personally and also a liability in the Body of Christ. You will miss out. God wants you to be at an advantage, not at a disadvantage.

The Lord loves us. The Lord desires for us to come under subjection to Him. Let us approach God in Spirit. Let us approach Him in truth. Let us approach Him as led by the Holy Spirit. Let us submit ourselves to God and to others.

*"Furthermore, we have had fathers of our flesh which have corrected us, and we gave them reverence: shall we not much rather be in subjection unto the Father of spirits, and live?"*

*-Hebrews 12:9 KJV*

Closely examine Hebrews 12:9. Do you want to live in

fullness? Submit yourself unto the Father of spirits.

Let's pray,

*"Father, we praise You, and we thank You for Your Word, Lord. We know that it is true. We repent, Lord, of divorcing Your Word from the Holy Spirit. We desire to follow the Holy Spirit, not to follow a pattern of legalism, but to follow the Spirit of Truth. Lord, we submit this teaching to you. We believe the Holy Spirit will bring it to fruition. We believe the Holy Ghost will bear witness to the truth, and Father, we stand in the name of Jesus, and we command the birds of the air not to come and steal this Word away from the heart of the people of God. Father, I decree the Word will be bread for the eater, and it will be the seed for the sower. It will not return void. I say it, believe it, and declare it to be a thing in the name of Jesus Christ. Amen."*

# Chapter Three

## Believers Must Walk by Faith

We have firmly established the fact that God is a God of order. Now, if God is the God of order, what do you think Satan is? Satan indeed is the god of disorder or the god of confusion. And anything that moves out of disorder cannot have the blessing of God on it. Think about that.

Is it possible to look like you're being blessed when in fact, you're not? The Bible says that servants of the Lord are not to judge by what they see with their eyes or hear with their ears. Instead, the servants of the Lord are to discern by the Spirit of God within their hearts. We are not to walk by sight but by faith. Things aren't always the way they appear, and we need to remember that when we make judgments without the full perspective of things. We, who are a people of faith, and who God is moving into the Government of God, need to understand what it means to be in submission to His Government.

Now, look at our country today. Do you believe that God is in charge of this country? Does it look like God is in charge of the universe? The reality is that God *is* in charge. It may not look like He is in charge because things aren't always what they seem to be. The Bible speaks of the fact that the Government is on the shoulders of Jesus Christ. God's Government is on Christ's shoulders, and His Government will never come to an end.

Even though we can't see God's Government with our natural eyes, we must realize it and be willing to submit to it in our own personal lives. We can recognize God's Government now or be in for an enormous shock later. In this time of our life, we cannot live by what we see with our physical eyes. We must live by what we see with our spiritual eyes. While living on earth, it behooves us to live by faith and not by sight. If you're going to please God, you will live by faith.

If you are a Christian, it is because you have received Jesus Christ by faith, not by seeing Him with your natural eyes. You do not believe in Jesus Christ because you have seen Him. You believe in Him because of faith. Is that true? One day, you and I will see Jesus Christ in the flesh. And there won't be any need for faith at that time because you will stand right in front of Him. And when the Son of God is standing in front of you, it won't take faith to believe that He's the Son of God.

You can enter now into the unseen realm and come into the spirit world by the eyes of faith. Your spiritual eyes can see Jesus even as He now sees you. You can submit to God's Government now, which is unseen through your faith in Christ. Just because His Government is invisible doesn't mean it is unreal. The scripture teaches that the unseen things are eternal things. What you see right now if you look at yourself is a flesh and blood body. But what you see is not eternal. This flesh body, the one that you're now living in, is not eternal. It appears to be real, but it is not everlasting. Therefore, it is not real. But there is something within your body that is real. The part you cannot see is eternal.

God's Government is real because it is eternal. Many people don't submit to the Government of God because they can't see it. If you want to please God, you must walk by faith. So, God is saying to you, "Are you submitting to My Government?" And some of us say, "No, Lord. I'm really not because I can't see Your Government." We need to see it not with our physical eyes but we need to see it with the eyes of our hearts.

## Who Are You?

*"...For we all will stand before God's judgment seat. It is written: "'As surely as I live,' says the Lord, 'every knee will bow before me; every tongue will acknowledge God'" So then, each of us will give an account for ourselves to God."*

*-Romans 14:10-12 NIV*

The scripture says that we will all stand before God's judgment seat. The judgment seat means His throne. Do you realize that 'all' means you and me, with no exceptions? You're going to stand before God one day, and I'm going to stand before God. Will there be any excuses on Judgment Day? Oh, yes. There will be plenty of reasons. People will see God and will give every excuse in the book. But you know what? It's God's judgment seat, and He's going to tell you what's true and what's false. So, though there may be excuses from our lips, God will mete out righteous judgment.

Continuing with the scripture, "For we all will stand before

God's judgment seat. It is written as surely as I live," emphasizes that God underscores this in your life and in my life.

"But surely as I live, says the Lord, EVERY knee will bow."

Does that mean that Hitler's knee is going to bow? Did you know that Hitler's body would rise from the grave? Hitler is going to stand before God, and he will bow to God.

*"...and every knee will bow before me, and every tongue will acknowledge God. So then, each of us will give an account of ourselves to God."*

Each of us will give an account of ourselves. I think that is interesting. I want you to look at that. Do you notice God is not saying you're going to have to give an account of your ACTIONS, although you will? He is saying that primarily, you're going to give an account of who you are. He's going to look at you, and He's going to say, who are you? You will have to answer that, and so will I. Does that mean that I cannot hold on to my pastor's coattail? No, we will each give an account of who we are. This is important because you have to get this question right. Who are you? If you don't get that question right, you will not *do* what is right. Because actions that flow out of you come from who you believe you are.

Some people want to make sure everything is right, so they will know who they are. That's the wrong order. You've got to KNOW who you are before you can do what you're supposed to do.

We are not human doings. We are human beings. We have to BE before we can DO.

Jesus knew who He was. Did Jesus have a mission? Was Jesus on an assignment? Was He sent to earth? Did Jesus DO what he was supposed to do? Absolutely yes! But He could only do it because He knew who He was. He knew.

If I ask you that question, "Who are you?" the way you answer reveals is a lot about what you do. If you respond and say, "I am a disciple of Jesus Christ." Or you answer, "I am a son of the living God" that's going to tell me a lot about how you're living your life.

If I ask, "Who are you?" And you say, "I'm the CEO of such and such corporation." That tells me where your investments and interests in life are. If you say, "I'm the wife of so and so" or "I am the husband of so and so," that would tell me how you view yourself. Who you believe you are, is going to dictate what you do with your life.

When you go before God to give an account for who you are, it would be unwise to say something like, "Lord, I was the member of the largest congregation in my town. That's who I am."

Who are we? Are we on an assignment? Has God sent us to earth? Are we living under the Government of God? Do we have a mission? Are we going to fulfill our mission? If you believe we have come from God, you must understand that we are going back to God. And when we go back to God, we will have to give an account of OURSELVES.

When you and I say we are Christians, we should really be saying we are Disciples of Christ. To be a Christian is to be a little Christ, which means your life is conforming to Jesus Christ, and God expects that. People don't seem to understand what it really means to be a Christian today. Do we know that the Church of God is God's representative on the earth? Do you realize that YOU ARE a representative of God on this earth? Meditate on that just for a minute. When you stand before God, He WILL require you to give an account of how you represented Him. This is something we really need to think about.

## You Have to BE in Order to DO

First, let's proceed with the principle of BEING before doing. Some churches' interests today are in what they are doing instead of what they are being. Let's consider this for a moment. I think we're much more interested in giving the impression that we are doing, doing, doing, doing, but what are we being? Are we being that spirit-filled vessel of God? Are we individually being the representatives of Jesus Christ?

Let's not get the cart before the horse. Church *BE* first, then do. If we will BE first, then naturally, the DOING will flow from what we are being. The majority of people believe that you have to do in order to be. That is the wrong order. You have to BE in order to DO.

You can do good work, and many of you want to do everything right because you think that you'll feel good by doing everything right. But that never works. Jesus makes you righteous, and that is what counts.

He makes you right when He establishes you in His righteousness. Please understand this. Believe who you are in Christ Jesus, and the doing will flow out of that without force or obligation. The works you accomplish will come by the Spirit of God.

## The Old Testament Is for Our Learning

*"For whatsoever things were written aforetime were written for our learning, that we through patience and comfort of the scriptures might have hope."*

-Romans 15:4 KJV

In the above passage, Apostle Paul is talking about the Old Testament. Through the Old Testament, we can learn, and through patience and the comfort of the scriptures, we can have hope. The examples of people in the Old Testament teach us many lessons.

Observe the Old Testament and see how people lined up under God. Some people lined up under God's Government, and others did not. There are people in the church today that are not lining up with God's Government. From the Old Testament, we can gather a lot of information about how God would have us to live and how we should live today under His authority.

## The Lord Doesn't Change

*"For I am the LORD, I change not; therefore, ye sons of Jacob are not consumed. Even from the days of your fathers ye are gone away from mine ordinances and have not kept them. Return unto me, and I will return unto you, saith the Lord of hosts. But ye said, 'Wherein shall we return?'"*

-Malachi 3:6-7 KJV

The scripture says in Malachi 3, "For I am the Lord. I change not." So, the God in the Old Testament is the same today. God's method of operation has not changed. Have His ways changed? Have His thoughts changed? No, and no. "For I am the Lord. I change not. Therefore, ye sons of Jacob are not consumed."

God is not moody, and He is slow to wrath. Therefore, He

does not consume us in His anger. Aren't you glad that God doesn't change? We do not serve an unstable God. If He was temperamental, we could be at the mercy of an unpredictable God. He is the same yesterday, today, and forever. That's the point of the scripture.

"For I am the Lord. I change not. Therefore, ye sons of Jacob are not consumed. Even from the days of your fathers, ye have gone away from My ordinances and have not kept them."

## Return to the Lord

Do you see what the Spirit of God is saying? God instructed the people how to live, but how were they living? They were not living under His ordinances. They were not living in His ways. They were doing their own thing. And when we do our own thing, are we near to God? No, we're not.

So, God says, "Return unto me, and I will return to you." Isn't that wonderful? The good news is that you can be in a backslidden condition, you can be outside of the ordinances of God, and God will return to you if you return to Him. You're not living for the purposes of God if you're living in your objectives. If you're not living under the will of God, you're living under your will, the way you see fit. Start seeking God, and ask Him, "Father, why was I born? Who am I? Who am I, really?" You can begin to see that there's more to you than what meets the eye. You can say, "I am more than a spouse. I am more than a parent. I am more than a factory worker. I am more than a retiree. I am God's representative on the earth."

As a mother or a father, stay conscious that you are representing God to your child. Do you understand that your children don't belong to you? Do you realize that one day when you go to Heaven, your children will become your sisters and your brothers in the Lord? That should happen even before you go to Heaven. There's a certain time when you need to acknowledge your grown children as being in the Lord as you are.

We have a tendency to identify with the wrong things. If you identify with the wrong things, you will not live your life according to the will of God. You've got to identify with who you really are.

So, if you are someone that has been living your life on your own terms, the Lord says, "RETURN unto Me, and I will return to you." That's a beautiful thing, and that's what the Spirit of God would have the people of God do in this hour.

"'Return unto Me, and I will return unto you,' sayeth the Lord of Hosts. But ye said, 'Wherein shall we return?'"

Some of us don't want to return. We don't know the way back, and we don't WANT to know the way back because we're quite happy with the way we're living our lives. Some people say,

"Just get me to Heaven, Lord; that's all I'm asking of you. I don't really care to know you here on earth, but if you can open the gates of Heaven for me, I'll be happy." I listen to what people say, and it boggles my mind. Our words betray us.

When a loved one dies, instead of saying, "She's gone to be with Jesus," people will say, "She's gone to be with her husband, she's gone to be with her daughter, she's gone here, gone there." Who is our God? Where does He live? When we die, we don't need to be going to be with our earthly husband who's up there in Heaven. Foremost and primarily, we want to be with Jesus. God designed marriage as a type or shadow of the intimate relationship between Christ and His Church, the bride of Christ.

Who are we really? Why do we call ourselves Christians? The whole purpose of being a Christian is to be an apprentice of Jesus Christ. An apprentice is someone who learns a particular trade. We are to learn Jesus and live in every way that He did. Do you know that when you choose to surrender to God, He will conform you to the image of Jesus? Have you chosen full commitment to Christ to be His follower? Everything is naked to the eyes of God. He sees everything we do, so we are not fooling God at all. Are we fooling people or just ourselves?

Once we make a decision, "Lord, I want to be your apprentice," and once somebody points their finger at us and says,

## DIVINE ORDER

"I want to know who you are." You can, without reserve, say, "I want you to know that I am a child of the living God. I want you to know that I represent Jesus. I am a follower of Christ." That is going to say a whole lot about you.

Once you're at that place, you're growing in your devotion to the Lord. If you're going to be His representative, then you're not representing your own interests. You're representing the interests of Jesus. So, you submit yourself to Him. He is your master.

When Jesus Christ comes back, the Bible says that He's going to be riding a white horse. And it says that on His robe and thigh will be written, "True and Faithful Witness." Jesus had a life of His own, but he chose to represent the Father. In other words, in everything that Jesus did on the earth, He embodied God. He was not representing Himself, and that's why He is called the *True and Faithful Witness*.

Where's the church with all of this today? The church should be representing Christ. Where does your life line up? Are you a true and faithful witness of Jesus Christ?

Do you think the last words of somebody are important? If your momma or daddy was dying and you were at their bedside, and they had a few final words for you, would you want to listen to every single word they said? And if the very last words that came out of their mouths were instructions of what to do, would those words be vital to you? Would you obey those words?

The last words of Jesus before He ascended to His Father in Heaven were written down. He said, "Go and make disciples of all men." This is our assignment. This is what we were told to do. So, are we doing that, ladies and gentlemen? If we are indeed following Christ and representing Him, this is what we are to be doing.

Now, where can we fix this problem of not being a true and faithful witness of Jesus? There's only one place we can fix this problem while we are living on earth. The Lord gives us space to repent. Can you make a change? Can you return? You can. But now is the time to do it because when you stand before the judgment seat of God, it will be absolutely too late to make a difference.

DIVINE ORDER

## Can You Take Orders?

The Lord says to us; I want you to be my representative, I want you to be under my authority, I want you to take your orders from me. How many of you can take commands? Some of us can take orders if we are getting paid to take them. We say, "Just give me a paycheck, and I'll take orders all day long."

But you know, God is giving us a type of paycheck, too. We're going to get our reward, but we've got to learn to be able to take instructions. We've got to learn to be able to receive direction from the Holy Spirit. And we've got to learn that we no longer have a life of our own. Our lives are hidden in Christ in God. Did you get that? According to the scripture, our lives (both your life and mine) are buried in Christ in God. We no longer have that life on the earth. Our experience is in Christ, and when Christ appears, we will appear with Him in glory.

## Samuel and Eli: A Look at Samuel

*"But Samuel ministered before the LORD – a boy wearing a linen ephod. Each year his mother made him a little robe and took it to him when she went up with her husband to offer the annual sacrifice. Eli would bless Elkanah and his wife, saying, 'May the LORD give you children by this woman to take the place of the*

*one she prayed for and gave to the LORD.' Then they would go home. And the LORD was gracious to Hannah; she gave birth to three sons and two daughters. Meanwhile, the boy Samuel grew up in the presence of the Lord.*"

-1 Samuel 2:18-21 NIV

Let's look at the scriptures and see how God moved through a specific time period. We're going to look at Samuel and Eli. Eli is an example of a man chosen to represent God. He was a high priest, a very high position and rank. He was in a role that God took very seriously.

But Eli misrepresented God. And he paid for it dearly.

1 Samuel 2:18—21 (NIV) reads, "But Samuel ministered before the Lord—a boy, wearing a linen ephod. Each year his mother made him a little robe and took it to him when she went up with her husband to offer the annual sacrifice."

Here we see Samuel was a little boy, and he was ministering before the Lord. Did Samuel, this little boy, know who he was? Absolutely. Do you know why I think he knew who he was? I think his momma told him who he was. Is it possible that when he was growing up that she told him, 'You know I'm going to give you to the Lord?' She might have said that to him every day. Could she have even told him that in the womb? Think about it. While that child was being weaned and growing up, don't you imagine

Hannah was saying, "God gave you to me. I told God that if He would give me a son, that I would give him back to the Lord."

So, from a very early age, Samuel understood he came from God. He had an understanding that he was sent from Heaven to earth and that he belonged to God. Samuel might not have fully known who he was, but he had an understanding that he belonged to God.

The Spirit of God wants you to know this. If you don't get anything else here, get this. You came from God, and you are going back to God. You are not your own. If you have a revelation of who you are, you will be able to live your life on purpose for your God. But if you don't know who you are, if you can't get that right, then what you do will not be right.

You must understand that doing the right things doesn't necessarily make you righteous.

The Bible says, "each year his mother made him a little robe and took it to him." What do you imagine she said when she took the robe to Samuel? I believe she told him the reason he was continually in the temple instead of growing up in his parents' home.

The Bible says, "Eli would bless Elkanah and his wife, saying, 'May the Lord give you children by this woman to take the place of the one she prayed for and gave to the Lord.' Then they would go home. And the Lord was gracious to Hannah, and she conceived and gave birth to three sons and two daughters."

Isn't that marvelous? She was barren. She had no children, and the Lord gave her Samuel, and then the Lord gave her three more sons and two daughters. How wonderful! Do you get what happened here and what this says about God? I'll tell you what it means. First, you've got to learn to give. Give. Give. Give. And God will give back to you. If you give your life to God, God will give your life back to you. Isn't that exciting? Give your life to God. Do you know that, by and large, we really just have a measly life to give? But if we give our little life to God, God is going to give it back to us in abundance. We receive back in great quality.

Continuing on, the Bible said, "And she conceived and gave birth to three sons and two daughters. Meanwhile, the boy Samuel grew up in the presence of the Lord." See, he knew he was from God.

He grew up in the company of the Lord. From the very beginning, Samuel knew who he was. He was given to God. He belonged to God. He didn't have a problem with presenting himself to God, with coming into the presence of God. You have a problem submitting to God if you don't know you belong to God. He made you. He created you. He sent you from Heaven. You belong to God. Understanding that will prevent the problem of submitting to Him. Mixing this up in our hearts and minds makes it difficult.

DIVINE ORDER

## Samuel and Eli: A Look at Eli

*"Now a man of God came to Eli and said to him, 'This is what the Lord says: 'Did I not clearly reveal myself to your ancestor's family when they were in Egypt under Pharaoh? I chose your ancestor out of all the tribes of Israel to be my priest, to go up to my altar, to burn incense, and to wear an ephod in my presence. I also gave your ancestor's family all the food offerings presented by the Israelites. Why do you scorn my sacrifice and offering that I prescribed for my dwelling? Why do you honor your sons more than me by fattening yourselves on the choice parts of every offering made by my people Israel?'"*

-1 Samuel 2:27-29 NIV

Let's look at Eli. "Now a man of God came to Eli and said to him, 'This is what the Lord says. Did I not clearly reveal myself to your father's house when they were in Egypt under Pharaoh? I chose your father out of all the tribes of Israel, to be my priest, to go up to the altar to burn incense and to wear an ephod in my presence.'"

In other words, I've chosen you to represent me. I've chosen your family line to represent me. It is a serious thing to misrepresent God. When you stand up and say, "I am a Christian," you are saying that you are a little Christ. Christianity is a way of life. But in many churches, it's become only a social gathering. This might be hard for us to receive, but we will give an account of ourselves to God. It's a grave matter.

So the scripture says, "I also gave your father's house all the offerings made with fire by the Israelites. Why do you scorn my sacrifice and my offering that I prescribed for my dwelling? Why do you honor your sons more than me?"

What was Eli's problem? Did he love his children more than God? He was more interested in representing his sons and their welfare than God's. To whom do you think Eli identified? Obviously, he identified with his children more than God.

Can you imagine the excuses Eli made to himself and God? 'Oh, no, Lord. That's not how it was.' Who's right, and who is wrong? If God says it, then who's right? God is not a man that He would lie.

"Why do you scorn my sacrifice that I prescribed for my dwelling? Why do you honor your sons more than me? By fattening yourselves on the choice parts made by my people Israel?"

Eli and his sons were eating the sacrifices that the people devoted to God. That was a serious offense. How would the true worshippers of Israel feel when they came to sacrifice to God and realized their priests were misusing their offerings?

## DIVINE ORDER

I'm going to tell you that you are offending God when you're in a position of authority and you abuse His people. It's an awful position in which to place yourself. And that is precisely what was going on.

Notice this next scripture. We understand that Eli was a spiritual leader, so let's look at Israel. What was the spiritual condition of Israel at this time?

*"The boy Samuel ministered before the Lord under Eli. In those days, the word of the Lord was rare; there were not many visions. One night Eli, whose eyes were becoming so weak that he could barely see, was lying down in his usual place. The lamp of God had not yet gone out, and Samuel was lying down in the house of the Lord, where the ark of God was. Then the Lord called Samuel. Samuel answered, 'Here I am.'"*

*-1 Samuel 3:1-3 NIV*

We see that the boy Samuel ministered before the Lord. But what is the next word? He ministered 'UNDER' Eli. In those days, the Word of the Lord was rare. The Word of God was rare because the spiritual leadership of Israel at that time was not very good. Eli did not lead by example. He was misrepresenting God. The scripture says there were not many visions.

What was Eli's physical condition? It says that his physical eyes were weak. He could hardly see. What about his spiritual eyes? Do you think his physical eyes mirrored his spiritual eyes? Eli could scarcely see both the natural and spiritual realm. Though Eli was lying down in his usual place, the Lord spoke to Samuel instead. The lamp of God had not yet gone out, and Samuel was lying down in the temple of the Lord, where the ark of God was. The ark of God represented God's presence. Samuel could hear from God because he remained in his presence.

Eli couldn't get a word from God. Samuel got the Word from God. He could hear God because Samuel knew he belonged to God. He knew who he was. He was able to get under authority. He submitted to Eli, but he also submitted to God. It was clear that Samuel didn't have a problem with authority. Now you might say, "Why would Samuel have to get under Eli? He was a lousy leader."

What about the gift of the office? Does the office mean anything to us anymore? It should. Do we have offices in the church today? We do. According to the scripture, we need to respect those offices. Samuel loved the Lord and appreciated the fact that God positioned Eli for the priesthood.

Eli was not blessed because he did not honor the office God gave him. God judged Eli and his sons for their actions. They reaped severe consequences for their ungodly behavior. Eli's unnamed daughter-in-law reaped dire effects as well. The judgment of God fell, and death came into his family.

DIVINE ORDER

# It's a Serious Matter to Misrepresent God

*"And the Lord said to Samuel: "See, I am about to do something in Israel that will make the ears of everyone who hears about it tingle. At that time, I will carry out against Eli everything I spoke against his family—from beginning to end. For I told him that I would judge his family forever because of the sin he knew about; his sons blasphemed God, and he failed to restrain them. Therefore, I swore to the house of Eli, 'The guilt of Eli's house will never be atoned for by sacrifice or offering."*

-1 Samuel 3:11-14 NIV

Reading from 1 Samuel 3:11-14, "And the Lord said to Samuel, 'See, I am about to do something in Israel that will make the ears of everyone who hears of it tingle. At that time, I will carry out against Eli everything I spoke against his family from the beginning to end.'"

Was Eli's family misrepresenting God? Do you think the grandsons of Eli's family would probably continue to distort the likeness of God? I do. And so, the judgment came against his family.

"For I told him that I would judge his family forever because of the sin he knew about."

Did Eli know he and his sons were sinning? He did. But Eli chose to sin anyway. He knew he needed to submit to God's ways, but he chose otherwise. Eli rebelled.

"For I told him that I would judge his family forever because of the sin he knew about. His sons made themselves contemptible." And look what the scripture says, "And Eli failed to restrain them. Therefore, I swore to the house of Eli, 'the guilt of Eli's house will never be atoned for by sacrifice or offering.'"

It's a very weighty thing when you deliberately misrepresent God. If you're in spiritual leadership, in any kind of authority, and you misrepresent that office, I wouldn't want to be you. I don't want to be a person that perverts authority because it is highly offensive to God.

## Offices in the Church Today

*"So Christ Himself gave the apostles, the prophets, the evangelists, the pastors and teachers, to equip his people for works of service, so that the body of Christ may be built up until we all reach unity in the faith and in the knowledge of the Son of God and become mature, attaining to the whole measure of the fullness of Christ. Then we will no longer be infants, tossed back and forth by the waves, and blown here and there by every wind of teaching and by the cunning and craftiness of people in their deceitful scheming."*

*-Ephesians 4:11-14 NIV*

## DIVINE ORDER

The Bible clearly states that we have human vessels that are gifts to the Body of Christ. Look at Ephesians 4:11-14, "It was He who gave some to be apostles, some to be prophets, some to be evangelists, pastors, and teachers…"

You see, there's an authority given to apostles, prophets, and teachers. God gives authoritative responsibilities to evangelists and pastors. "To prepare God's people for the work of service." So, is their authority for themselves? Is their office in any way to bring honor to them? God gives these human-gifts to the church so that people will grow in the Lord. God loves His people.

"To prepare God's people for the work of service so that the Body of Christ may be built up until we all reach unity in the faith and in the knowledge of the Son of God and become mature, attaining to the full measure of Jesus Christ. Then will we no longer be infants tossed back and forth by the waves and blown here and there by every wind of teaching and by the cunning and craftiness of men in their deceitful schemes."

Followers of Christ should respect these offices or gifts. People lose God's best for them if they disregard the spiritual leadership sent to them.

Why didn't Eli want to submit himself to God? Why didn't he want to come under the Government of God, and why didn't he bring his children under the Government of God? I believe Eli didn't do that because he didn't understand who he was. He didn't understand his purpose in life.

Obviously, there was some rebellion within him. If we don't know who we are, if we don't know we belong to God, that we're His representatives, we will rebel too.

## David and Absalom

Do you remember the account of Absalom? Absalom was one of David's favorite sons. David loved Absalom, and Absalom was in line for the throne. He was going to be the king. But if you study the Bible about Absalom, you know he rebelled against his father. He did not honor him as his parent or his king. He went around the territory and gathered people together who grumbled against his father and aligned himself with their complaints.

Many people despise leadership. They may say they want leadership, but when the opportunity arises, these same people speak against the leadership. That's precisely what happened to David. People grumbled about him. Absalom went out, and he invited the grumblers to, "Come follow me." In fact, Absalom led a revolt against his father and declared himself king. Do you know why Absalom did that? It was because he didn't know who he was. *He was one of David's favorite sons*. If he had understood that David loved him and that his real purpose in life was to support his father's kingship, he would have been able to submit, would he not? But he chose to rebel because he didn't know who he was. He could have legitimately succeeded his father to the throne, but instead, he died prematurely, killed by three spears to the heart.

## Lucifer, Adam, and Rebellion

I'll give you the example of Lucifer. We can trace rebellion all the way back to the Garden of Eden. Rebellion goes all the way back to Adam, our ancient ancestor. Is there some rebellion in us today? Is there something—a little bit of resistance? You know that thought that says, "I'm just not going to do it. I'm going to do it my way."? Do you know where that originates? It comes from our heritage, our ancestry. It is in our blood; an iniquity passed down through the generations.

In the spirit realm, you can trace rebellion back to Lucifer. You know, Satan wasn't Satan in the beginning. People say, "Why did God create Satan?" God didn't create Satan. God created an angel, and his name was Lucifer.

*"How art thou fallen from Heaven, O Lucifer, son of the morning? How art thou cut down to the ground, which didst weaken the nations! For thou hast said in thine heart, I will ascend into Heaven, I will exalt my throne above the stars of God: I will sit also upon the mount of the congregation, in the*

*sides of the north: I will ascend above the heights of the clouds; I will be like the most High."*

*-Isaiah 14:12-14 KJV*

Let's look at that in Isaiah 14:12-14. The scripture says, "How art thou fallen from Heaven, O Lucifer, son of the morning?"

Where was Lucifer? He was in Heaven. Did he have great authority? Of course, he did. Lucifer was in Heaven. And that is an excellent place to be!

Let's read this: "How art thou fallen from Heaven, O Lucifer, son of the morning? How art thou cut down to the ground, which did weaken the nations! For thou hast said in thine heart…"

Now we are getting to the real issue. This was his problem. "Thou hast said in thine heart, I will ascend into Heaven." Where was he? Was he not in Heaven? He wasn't satisfied where he was. He wanted more. He wanted to be like God and have the highest position in Heaven.

"I will exalt my throne above the stars of God." In other words, Lucifer wanted a throne. He wanted to be in charge, and he tried to exalt himself over God. This scripture also says, "I will sit also upon the mount of the congregation in the south and the north; I will ascend above the heights of the cloud." And listen to what else Lucifer said, "I will be like God the most-High."

The problem with Satan was he didn't know who he was. He was a created being. God created him, and you can't rise above your creator. There is no way. But he thought he could because Lucifer didn't know who he was. And if we don't know who we are, if we don't know what our purpose is, if we don't know whom we represent, we will fall to rebellion as well. Divine order protects us and keeps us in a place where God can bless us.

Lucifer, who became Satan, is the author of confusion and disorder. Satan is the author of rebellion. Do you want to line up with the devil in any part of your life? I don't. I don't want to rebel. But I can tell you; there are times when I certainly am tempted to dissent. How about you?

I want to submit. I want to learn to submit under the authority of the Lord. I don't want to be in any way like the enemy.

## Rebellion Is the Sin of Witchcraft

*"For rebellion is as the sin of witchcraft, and stubbornness is as iniquity and idolatry. Because thou hast rejected the word of the Lord, he hath also rejected thee from being king."*

*-Samuel 15:23 KJV*

Now, look at what the scripture says about rebellion in relationship to King Saul, who lost his throne because of his rebellion. King Saul would not submit unto God either.

1 Samuel 15:23 says, "For rebellion is as the sin of witchcraft and stubbornness is as iniquity and idolatry." Now, look at this. If you're stubborn, you've got to have it your way. It's got to be your way and nobody else's way. I don't care how nice you are on the outside; the Bible says it's idolatry.

> "Because you have rejected the Word of the Lord, he hath also rejected thee from being king."

Saul was KING! If Saul had trusted God that he was His representative, under His authority, he would have remained king. But he rebelled!

Rebellion is at the core of witchcraft. It exerts power and control over people and circumstances. That is why spells cast on people influence or control their lives. Some of us who walk in rebellion don't understand this, but in a way, it's like walking in witchcraft because we want to get power or gain control. You do not have to practice spells to be a witch. People can manipulate by words, deceptions, and emotional blackmail to achieve power over people.

DIVINE ORDER

## Authority

Authority is never about getting control over people. True authority is representing God and serving people. It's about *helping* people without any desire for self-gain. It's not about wielding power over people.

*"Submitting yourselves one to another in the fear of God."*

*-Ephesians 5:21 KJV*

*"Be kindly affectionate one to another with brotherly love; in honor preferring one another."*

*-Romans 12:10 KJV*

*"For, brethren, ye have been called unto liberty; only use not liberty for an occasion to the flesh, but by love serve one another."*

*-Galatians 5:13 KJV*

*"For in Jesus Christ neither circumcision availeth anything nor uncircumcision; but faith which worketh by love."*

*-Galatians 5:6 KJV*

The scripture says in Ephesians 5:21, "Submitting yourselves one to another in the fear of God." Who are we to submit to in the Body of Christ? We are to submit to each other.

Romans 12:10 says, *"Be kindly affectionate one to another*

*with brotherly love; in honor preferring one another."* We are to prefer one another. That's *subjection*, as well as submission. The Body of Christ will unify when we walk in the fear of God submitting to one another.

Galatians 5:13 says, *"For brethren, ye have been called unto liberty; only use not liberty for an occasion to the flesh but by love serve one another."* We are to serve each other through love. This is a learning process. It is hard for us to serve one another. But we've got to learn it. Amen.

In Galatians 5:6, Apostle Paul wrote, *"For in Christ Jesus neither circumcision, nor uncircumcision avails anything, but faith working through love."*

If we have stubbornness in our life, we need to repent it. If there's even a touch of rebellion in our hearts, we need to do business with God and repent. We need to get under the Government of God. We need to be in unity with one another, which is impossible to achieve if we are stubborn and unwilling to yield to one another. Do you desire a real move of God? Do you want to see the glory of God? It won't happen if we're not under the proper government. It's not going to happen if we insist on doing it our way. The Holy Spirit must lead us into unity. And this is how it works: Jesus Christ is the head of the Church, and He's going to work through sent leaders to help you. Do you believe God sends leaders to you? Either you do, or you don't. Your leaders are accountable both to you and, foremost, to God. Any place of responsibility requires accountability. If you're a leader, you've got to account to God how you instruct and guide people. That's not a responsibility to take lightly. You better know what you're doing. So, the headship is here with the leaders, but it starts with Jesus at the top. And then it flows down to the whole body. Don't miss this now. That's the way the anointing flows. It begins at the top and flows downward to all the people. And we've got to stay in unity.

*"Behold, how good and how pleasant it is for brethren to dwell together in unity! It is like the precious ointment upon the head, that ran down upon the beard, even Aaron's beard: that went down to the skirts of his garments; As the dew of Hermon, and as the dew that descended upon the mountains of Zion: for there the Lord commanded the blessing, even life for evermore."*

*-Psalms 133:1-3 KJV*

Let's go to the scriptures. Psalms 133:1-3 says it this way, "Behold how good and how pleasant it is for brethren to dwell together in unity! It is like precious ointment." It is so pleasant when we are all on the same page! That's the anointing. That's the oil. Where does it start?

"It is like precious ointment on the head that ran down upon the beard, even Aaron's beard that went down to the skirts of his garments." So it starts at the head, and then what? Does it just stay on the head? What does the anointing do? It runs down. The anointing is going to flow over the whole body when we're all together in unity under proper headship and authority. "As the dew of Hermon, and as the dew that descended upon the mountains of Zion: for there the Lord commanded the blessing, even life for evermore." Children of God, let's go low. Let's get under now.

> *"He that dwelleth in the secret place of the most High shall abide under the shadow of the Almighty. I will say of the Lord; He is my refuge and my fortress: my God; in Him will I trust. Surely, He shall deliver thee from the snare of the fowler and from the noisome pestilence."*
>
> *-Psalms 91:1-3 KJV*

Psalms 91:1-3 says, "He that dwelleth in the secret place of the most High shall abide under…" What did that say? Did it say *under*? You've got to abide under. You've got to come under. "Abide under the shadow of the Almighty. I will say of the Lord, He is my refuge and my fortress: my God, in Him will I trust."

When you submit to the Lord, you can say that Lord is your refuge and your fortress. You can trust in Him. But let me also tell you that if you are *not* under God, you can't call on Him for protection. You are not under His protection if you're not under Him.

I'm going to tell you something else. You have no grounds

to say that you trust God if you're not submitted to Him. When you're out from under His Government, you can say all day long, "I trust in God." But it will be to no avail.

The scripture says, "Surely He shall deliver thee from the snare of the fowler and from the noisome pestilence." Who desires deliverance? I want deliverance from the devil. I want God to deliver me from disease and the devices of the enemy. But for God to deliver me, I've got to get under His protection and authority. Do you have ears to hear? Make this a prayer of your heart.

*Father, I love you, and I praise you. I thank you for your Word and for giving it to me. I declare, Lord, that you are true. You do the work. You make it clear. You make it plain to all of my heart, Father. Show me how you want to bless me. Reveal to me, Father, the blessing of getting under your authority.*

# Chapter Four

## The Mystery of God's Will

I've often heard people say, "What is God's will?" And you've probably asked the same question. What is the will of God? The overarching will of God is found in the Word of God, and it is very clearly seen in Ephesians 1:9-10.

*"Having made known unto us the mystery of his will, according to his good pleasure which he hath purposed in himself: That in the dispensation of the fullness of times he might gather together in one all things in Christ, both which are in heaven, and which are on earth; even in him."*

-Ephesians 1:9-1 KJV

"Having made known unto us the mystery of His will…" We often say that God is mysterious, do we not? And sometimes, that is our own excuse for not getting to know God or His Word. The more you are familiar with the Lord, the more you know the Lord, the more you come into intimacy with the Lord, the less mysterious He becomes. Now He will always be mysterious to a certain degree. You'll never fully know God because He's God, and we're not. But often, we fall short of what we *can* know and how far we can *grow* in the Lord. Sometimes we say, "Well, you know God's ways are higher than my ways, and God's thoughts are higher than my thoughts."

And that's also a type of excuse, so we can just shrug our shoulders and say we don't understand. And sometimes, we don't know because we don't seek the Lord for understanding.

Here in the scripture, it says, "Having made known unto us…" Did you know the Word of God reveals God to us? We can know God, and we can know His ways if we'll seek His Word. But you can't find His Word without the power of the Holy Spirit in your life. You've got to rely in faith upon the teacher, the counselor, the one who is within you that's been called alongside you, the Paraclete who will reveal God's Word to you. You've got to get to know the Holy Spirit and acknowledge Him. You must learn to honor the Holy Spirit and to ask Him to open your heart to really believe. Then speak it and say, "Yes, Father, I can understand your will for my life because You have given me the Holy Spirit to make it known to me. I want to know You more, Father." If you have that desire in your heart, the Lord will fulfill it.

The scripture says, "Having made known unto us the mystery of his will, according to his good pleasure which he has purposed in himself: That in the dispensation of the fullness of times he might gather together in one all things in Christ, both which are in heaven and which are on earth; even in him." This is God's ultimate will, and presently, He is moving toward accomplishing His will. He desires to bring all things into one—into Christ Jesus.

Many things divide people. Diverse cultures and races separate people. Language barriers split people. Economic status segregates people. The only way people can be one and indeed be in unity is through a person, and His name is Jesus Christ. You can go to the remotest part of China, and if you know Jesus Christ and you come across someone else who knows Him, you can be one with one another. Think about how astounding that is. That is a miracle! And God is moving toward His goal of bringing all things into Christ and under His Lordship.

Look at our world today. Sometimes Christians seem to have an inferiority complex when it comes to the world. We look at the News and see the people complaining about Christians. We hear comments such as, "How can you believe such things? If you had any intelligence, you wouldn't believe that." Understand that Jesus Christ is going to have the last word. He will. You see, we live so far beneath our privilege because we are already *in* Christ. He is the Lord of this universe, and it doesn't matter what people say or how they act. One day that truth will be crystal clear. Given that fact, we need to start living like He is Lord of all now. We need to live like we have a King whose name is Jesus Christ, and we're under His orders.

Are you proud of King Jesus? Think about it. Are you proud of your Lord? You know you should be. Yet sometimes, we think about pride as a horrible thing. And it is a bad thing when it's in opposition to God. The type of pride I am referring to involves a great appreciation of Jesus. You honor the Lord and are proud of Him. When you know King Jesus and are proud of Him, you're not seeking the answer.

You *have* the answer. You have the solution for every precious soul who is out of order. You have the answer for the homosexual, the atheist, and the addict. They don't have the answer, but you do. Hold your shoulders up high and walk in God's love knowing that His truth sets people free. And so, the Father God wants you to come into covenant with who you are. He wants you to enter into an agreement with His Will. What is His Will? To bring all things together as one into Christ. Christ is our life, and we need to be moving along every day with the will of God.

Consider this phrase in The Lord's Prayer, "Father; thy will be done on earth as it is in heaven." When you pray that, are you just praying mindless words, or are you praying in faith? You've got to know what you're praying. "Thy will be done on earth as it is in heaven." You are saying, "Lord God, I want your Government that is in heaven to be in my life on earth." Essentially you are saying that you want your life to come into proper order under His Lordship.

Is Jesus the Lord in heaven? Does everybody bow to Jesus in heaven? Is he praised in heaven? Is he honored? Does anything come before the Lord in heaven? So, when we pray, Lord, your will be done on earth as it is in heaven, think about what you are praying. You are saying you want to put first things first in your life, and you want to come under His Lordship. And not only do you want to come under His Lordship, but you also desire for people and situations around you to come under His Lordship.

Now, it's true that we can't control people. We have things happening around us that we can't control. We struggle to control ourselves. So, it's essential to make sure that we want the will of God to be done in our life before we start poking our noses into other people's lives. It's a beautiful, powerful prayer to say, "Lord, *YOUR* will be done on earth as it is in heaven."

There are also some things on earth that are *not* in heaven. Consider this. Is there any sickness in heaven? Cancer does not distinguish between a believer and an unbeliever. It will grab any one of us if it can. Is there any murder in heaven? Are there any arguments in heaven? Is there any rage and anger in heaven? So, when we say, "Lord, your will be done on earth as it is in heaven," we are also asking for the Lord to remove some things. Evil doesn't exist in heaven. The order of God established in heaven makes it null and void. Without divine order, there is confusion and evil work. And unless it is established on earth, we will never be able to experience heaven on earth. But one day, we will have heaven on earth because Jesus Christ will be ruling and reigning over all the earth, from the city of God, Jerusalem, and you and I will be reigning with Him. Meditate on this for a minute and get it in your spirit. To what degree are you making that personal change in your life?

## Chain of Command

Right now, Jesus Christ has a flesh and bone body. I'm not talking about the Holy Spirit. I'm talking about Jesus Christ. When Jesus Christ reigns over all the earth from Jerusalem, there will be millions of Christians involved that are both in heaven and on this earth. How is Jesus going to get all His orders out to all the remotest parts of the planet? How is He going to do that? He's going to use people. How would you like to be among the inner circle with Jesus?

Consider this. The commander in chief of America is the president. In a time of war, the president first declares it. He makes the decisions. The young private in combat is not in the inner sanctum with the president, but he will eventually find out what the directives are. The orders come through a chain of command.

We have already confirmed that God establishes order and sets up rulers and government on this earth. If there is a chain of command on earth, doesn't it stand to reason that there's a chain of command in heaven? Where do you want to be in this chain of command? Do you want to be where the buck private is? Or do you want to be a commander in the battle? Do you want to be in the inner circle with Jesus? The way you live your life now on earth will determine your position in the chain of command in the age to come.

Divine order is a powerful thing, and you need to grab hold of it and believe it. It is better for you to decide now that Jesus is your commander-in-chief. You can agree that even though you may not see Him, you know He is in you through the Holy Spirit. You can tell the Lord Jesus that you want to take orders from Him. You can tell Him you want to go about the earth, causing His will to be done even as it is done in heaven.

Are you still not sure about this? Who do you believe He's going to use to get His will done on earth? Do you think He's going to use angels that live in heaven? Angels have their own assignments. He's going to use people that live on earth. He's going to use you and me. God will send you angels to help you get the job done.

Now, having said that about angels, God does instruct angels to come and visit the works on the earth, but he needs people that are born again and have the Spirit of God in them to represent Him to get His works done. Angels are a different species of beings. Angels are not like you. You are higher than angels because you are born again in God's Spirit, and you are a son of God. Angels are not children of God. They are created beings, but they are not designed like you are. If you read the scripture, you will discover that one day you and I will judge angels. You will be letting the angels know, "You did a good job. You didn't do a good job." (1 Corinthians 6:3)

If you don't grasp this revelation now, where will you be in heaven? We've got this notion floating around that you just need to get to heaven. That's all you need to do. If you live like that, you'll be ashamed of yourself when you get to heaven. You've accepted Jesus but remained a spiritual baby during your stay on earth.

Let me tell you what I mean by that. I love my mother. I've been with her for a long time. When I was first born, I did not identify her as my mother and myself as her daughter. As I grew, I learned she was my mother, and I had a very loving relationship with her. As an adult woman, I know my mother much better now than I could have ever known her as a child. You may read the Bible and go to church, but how has your relationship grown with your Lord? Do you connect with God's word and realize it is His love letter to you? You cannot know Christ without experiencing maturity in Him.

## This Is Not Your Home

If the will of God is to be done on earth, it must be done through people. Take one finger and point it at yourself and say, "It's got to be done through me." That is the agenda of God.

Now think about the fact that you are a different species. You differ from the angels. You are exceptional. You are different because you are born again of God's Spirit.

How is it possible for you and me to live under the Government of God on this earth? The Bible says that the devil is the god of this world. If Satan is the god of this world, how can we live in this world and be under another government? We can do it because Satan is not our father. God is our father because we have surrendered our lives to Christ. That's how it is possible.

You should feel like a fish out of water in this world because of how it operates. This world is not your home. You get up every day, eat breakfast, and go to work. Yet this is not your home. It is not your natural environment. This world is a fallen place, and something inside of you feels it. It's hard to feel like a fish out of the water unless you're a fish, but you understand the analogy, don't you? We shouldn't fit into the systems of the world. We live in the world, but we are not of it. And as we grow in the Lord, this world becomes more and more distant to us. The worldly things we once enjoyed become less and less attractive to us. When you feel that way, it indicates your maturation process and growing in the Lord. You are a child of God and are becoming more like your father. You are like Jesus Christ. Jesus was not of this world, and neither are you.

## We Are His Offspring

*"For in Him, we live and move and have our being; as certain also of as your own poets have said, for we are His offspring."*

*-Acts 17:28 KJV*

"For in Him," in Jesus Christ, "we live and move and have our being." Do you understand this? It is in Jesus we live. We move in Jesus. And we have our being *in* Him.

"…as certain also of as your own poets have said, for we are *HIS* offspring." You are the offspring of God Almighty. Do you get that? It is essential to have an understanding, a revelation of that.

Let's go back to the analogy of a fish out of water. You are not contented with this world. You find contentment in godliness. In Christ, you find your wellbeing and peace, not in the pleasures of this world. The only place you could be comfortable in this world is in Jesus because you live in Him. Therefore, you must move out of Him, and you must understand that you have your being in Him. You are His offspring.

This will be very powerful when you get the revelation of who you really are. You are an entirely different species of being. When you were born in the natural, the person who came out of your father's loins was of one species in that first birth. Then when you chose Jesus Christ by the invitation of the Holy Spirit, you experienced the new birth. Born again of God, your spirit is now alive to God. In Christ, you are an entirely different species of being. You are an offspring of God in Christ Jesus.

## The Principle of Seed

Think about a seed. If I took a tomato seed and planted it in the ground, it would reproduce after its own kind. Is that true?

A tomato seed does not produce bananas. If I plant a tulip bulb, I expect a tulip to grow. But the tulip seed needs certain conditions for it to grow. The seed needs fertile ground to grow into a healthy plant. So you've got to have an agreement between the seed and the ground.

# DIVINE ORDER

I sow seeds, which is the Word of God. Divine seeds need good ground to grow. The seeds multiply once planted in the hearts of people in covenant with God. Once a divine seed hits the good ground of a person's heart, something good will come out of that seed.

The Word of God is a divine seed. To sow the Word, you must proclaim it. If people have a heart that is open to listening with an intent to obey, their heart is productive. There's a connection between the Word and the good soil of the heart. Fruit will be the result. Life is going to come up. Good things are going to come up. It's the same with you. You have been born again not of your natural parents but of God. And the scripture says we reproduce after our own kind. Look in Genesis 1:11-13:

*"Then God said, "Let the land produce vegetation: seed-bearing plants and trees on the land that bear fruit with seed in it, according to their various kinds." And it was so. The land produced vegetation: plants bearing seed according to their kind and trees bearing fruit with seed in it according to their kind. And God saw that it was good. And there was evening, and there was morning – the third day."*

*-Genesis 1:11-13 KJV*

"Then God said, 'Let the land produce vegetation: seed-bearing plants and trees on the land that bear fruit with seed in it, according to their various kinds.' And it was so. The land produced vegetation: plants bearing seed according to their kind and trees bearing fruit with seed in it according to their kind. And God saw that it was good." There is a principle about seeds in the Bible, which states that whatever seed you plant is going to come up. If you plant a good seed, what will come up from that seed? A good plant. If you plant a fleshly seed, a sinful seed, what's going to come up from that seed? Something not good. And there are many different seeds.

In human terms, man has the seed. He implants it in the woman, producing a child through the covenant of marriage. When there's no connection, no child comes forth.

The Seed of the Word of God reproduces after its own kind.

So now, when you get this revelation that you're born again of God, and His seed is in you, His Word is in you, how are you going to reproduce? You will reproduce just like your heavenly Father. You will bear His fruit.

Let's keep examining the seed principle now. Suppose you have planted a tomato seed in the ground. You know it's good ground, you have planted it correctly, so would you come back every day and dig it up and look and say, "Oh, is it going to grow? I don't think it's going to come up. It probably won't." Then you cover it over with dirt again, and the next day you go back and dig it up again. What would happen if you did that? You would not do such a thing. You plant the tomato seed, you leave it in the ground and water it, maybe fertilize it, and it grows, right? Then before you know it, you've got a tomato plant.

If the seed goes in the ground, the scripture says, it dies, and it will come back up. It's the whole concept of resurrection. Would you like to die to yourself if you could be like Jesus? It's so simple and yet so profound. And you've got everything you need because you've got Jesus. And where is Jesus? He is within you by the Holy Spirit. God planted His Word in you. It's already in good soil. Get out of the way and let that seed grow. When it grows, it's not going to be anything like your Adamic nature. Everything you inherited from your ancestors that is contrary to Christ's nature, you let die. I hear many daughters and sons say, "I don't want to be like my dad. I don't want to be like my mom." And yet, they end up being just like them. The good news is everything that you love about your parents in Christ remains, and everything unlike Christ, God will remove if you cooperate with Him.

I don't want to have my daughter Hope to be like me in my Adamic nature. I hope to be all the things that are in Christ. And anything that she loves about me or likes about me is only because Christ lives in her. It's not because I'm an exceptionally good mother. NO. It's only because of Jesus is living within me.

Many people are born into homes with ungodly, abusive, emotionally damaging, and very hateful parents. And you know what? There are Christians who have raised children by the flesh and not in the Holy Spirit. Could you admit that you raised your children in the flesh even though you were a Christian? The good news is that in Christ, the flesh is crucified. So wherever your child is, they may be grown and out of the home. As they surrender to the Spirit of God in their life, they will reproduce after their own kind, which is the Spirit of God. Isn't that what you want? It's what we all want.

At the very moment of conception, you and I have this chemical within us that we call DNA. DNA has a program that dictates everything you're going to inherit from your natural parents.

## DIVINE ORDER

It prescribes what eye color you're going to have. It tells you what color of hair you're going to have as well as your foot size. Your DNA determines the outer part of you, and there's very little you can do to change that.

Now let's change that around. I want you to see that there's always a spiritual counterpart to things in the natural realm. When you're born again, you get new DNA. You receive the nature of God. It's the *divine* nature, and it's implanted within you. If you die to your own nature that you inherited from your ancestors, the old man, and surrender yourself to the Holy Spirit, then Jesus's DNA will come forth, and you won't have to work at it.

Don't you get tired of working at being a Christian? We're called into rest. What did Jesus say on the cross? He said, "It is finished." Can you do anything that's going to improve on what he did for you on the cross? How many of us want to work at being better Christian? Why don't we just surrender and say, "Lord, you're going to move through me. You're going to live through me, I'm just going to lean on you, and I'm going to flow."

God is in you. He's in you by the power of the Holy Spirit. Let Him do the work to become like Him. Your part is to die to your fleshly desires so you can have godly desires in their place. You will intuitively know how to move. You won't feel like you have to read the Bible. You will want to spend time in the Word and communing with the Lord. You won't say, "Oh, I've got to do my daily Bible reading. I've got to work at this. I know I have to!" You just surrender. You get to the point where the things you do the things you really didn't want to. And it's not, "Oh, no. We've got to sing one more worship song today. Oh, my goodness, it's already ten minutes after twelve, and I am hungry!" Something happens on the inside of you, and you say, "All I want to do, Lord, is praise you and worship you." It's a natural flowing of things. That comes with surrender, and wherever you are today, you can go to the Lord and say, "Father, I want to be real. I want to stop working at my Christianity, and I want to rest in you."

    I'm not suggesting that God doesn't want you to labor. God wants you to work. But you don't have to work at being a Christian. If you're working at being a Christian, you've got the wrong concept of Christianity. Jesus paid it all. Salvation is a gift. It can never be earned, and you cannot work for it. If you're striving to be a Christian, you are putting the cart before the horse. Embrace who you are, trusting by faith that in Christ, you are a new creation. Speak to yourself and say, "The old things have passed away; behold, all things become new. Lord, I rest in you. I hear from you. Whatever you tell me to do, I'm going to do." That's how you grow in the Lord because you learn to live. You learn to move. You learn to have your entire being in the Lord.

DIVINE ORDER

## Chosen Out of the World

Is Jesus Christ, through His indwelling Holy Spirit, flowing out of you today? Jesus taught us that we are not of this world, but we live in the world.

*"If ye were of the world, the world would love his own: but because ye are not of the world, but I have chosen you out of the world, therefore the world hateth you."*

-John 15:19 KJV

The Bible says in John 15:19, "If you were of the world, the world would love his own: but because ye are not of the world, but I have chosen you out of the world, therefore the world hateth you."

Jesus has chosen you OUT of this world; therefore, the world hates you. When was the last time the world hated you? The world around us is not our proper environment. Our appropriate environment is where Jesus is. We do not fit here. The church has made so many compromises that many professing Christians fit very nicely in the world. Jesus said beware when everybody speaks well of you (Luke 6:26).

We are born again of God's Spirit, and we are not who we are when we compromise. Yet, it's so easy to compromise and be a chameleon. So, there's a disorder in our lives. That's why we're unhappy. That's why we're not in proper government. It's because we're trying to fit into this world. Do you know that Jesus never fit into this world?

Then why are we trying to fit into it? We need to repent by changing our way of thinking. We do not need to conform to the world. The WORLD needs to conform to us! But we're out doing what the world does. That is why we're in disorder, not happy, and we're not reigning in this life. We don't have an abundant life.

# The World Is Going to Die in Its Sin

*"And he said unto them, Ye are from beneath; I am from above: ye are of this world; I am not of this world. I said therefore unto you, that ye shall die in your sins: for if you believe not that I am he, ye shall die in your sins."*

*-John 8:23-24 KJV*

Jesus said this in John 8:23-24. "And he said unto them, ye are from beneath." Do you know why Jesus had some enemies? He just said it like it was. "And he said unto them, ye are from beneath. I am from above: ye are of this world; I am not of this world. I said therefore unto you that ye shall die in your sins. For if you believe NOT that I am he, ye shall DIE in your sins."

We're running after the world. We want to look like the

world, and the world is going to die in their sins! We're not of this world. We're not from beneath. We're from above, just like Jesus. But we've got to believe that. And we've got to walk in that.

Your spirit that has been born again of God; when your body dies, where's it going to go? It's going to go right back to God. It's going to go to heaven.

# The Spirit Returns to God Who Gave It

*"Remember him – before the silver cord is severed, and the golden bowl is broken; before the pitcher is shattered at the spring, and the wheel broken at the well, and the dust returns to the ground it came from, and the spirit returns to God who gave it."*

*-Ecclesiastes 12:6-7 NIV*

Look at Ecclesiastes 12:6-7, "Remember him before the silver cord is severed." In other words, you need to know the Lord now. Do you realize that? Don't wait until you're on your deathbed to know the Lord. You can, and you will go to heaven. But God's best life for you starts now. Are you willing?

"Remember Him before the silver cord is severed, and the golden bowl is broken; before the pitcher is shattered at the spring, or the wheel broken at the well, and the dust returns to the ground it came from." Give attention to what this is saying: "and the spirit returns to God who gave it."

It is important to understand that, as a Christian, you were chosen in Christ BEFORE the foundation of the world.

I tell my daughter often that God chose her. I say, "Hope, you came from heaven, and one day, you're going back to heaven."

And I've told her that ever since she was two years old. She believes it, and she'd better believe it because it is true. But you need to know that YOU came from heaven. You CAME from heaven. And guess where you're returning? You're going back to heaven. We need to get that in our spirits. And live like this. Heaven is your home. You don't belong here. You will never belong here. Your purpose is to bring heaven to earth and to take as many people with you to heaven. Do you truly believe that you are in Christ?

*"I came from the Father and entered the world; now I am leaving the world and going back to the Father."*

*-John 16:28 NIV*

Look what Jesus said about Himself in John 16:28, "I came from the father and entered the world. Now, I am leaving the world and going back to the father." Did you know you can put your name right there?

"Linda Lariscy came from the Father, and she has entered

the world. Linda Lariscy will leave the world, and she is going back to the father." I came into the world, but I'm going back to who? I'm going back to *my father*. You have come into the world, but to whom are you going back? Are you going back to your Creator Father?

Many have a mindset that this world is their home. This is not your home, no matter how successful you are, how much money you have, or your social status. All that matters is what you do in Christ. On Judgment Day, all that counts is who you are in Christ.

What good is it to be the president of a major corporation if you've done nothing on the earth to build the Kingdom of God? What good is it to build your kingdom on the earth and lose your soul? What will it do for you? It accomplishes you nothing. Life is a vapor. You've only got a certain amount of time on earth. You need to make up your mind. Are you going to build your kingdom, or are you going to let God build His Kingdom through you? Are you interested in His agenda, His Government? You have entered the world for a particular time span; your spirit will return to God one day. But will your soul and body accompany your spirit's return? Are you in Christ? Have you surrendered your will to Him? Have you chosen what He has chosen for you? What have you done to advance His Kingdom on Earth?

DR. LINDA C. LARISCY

# Abide in God's Word

There is a way the world moves. People who do not know Jesus are not walking in the Holy Spirit; instead, they walk according to their fleshly desires. Christians also walk in their flesh, refusing to align their desires to Christ. They move according to the course of this world. It is not God's course; neither is it His Government. It is disorder conveyed by Ephesians 2:2, moving according to the prince of the power of the air that now works in the children of disobedience.

Do you know that there are good spirits and there are evil spirits? When we are disobedient to God's laws,

we are disobedient to the Holy Spirit within us. When we are disobedient to the Word of God, we are walking under the influence of the spirit who works in the children of disobedience. Think about that for a minute. Do you believe in the Bible? Satan is the prince of the power of the air. What does that mean? Is the devil all around us? Is he in the air? It's very easy to walk according to his course because he surrounds us.

*"Abide in me, and I in you. As the branch cannot bear fruit of itself, except it abide in the vine; no more can ye, except ye abide in me. I am the vine, ye are the branches: He that abideth in me, and I in him, the same bringeth forth much fruit: for without me ye can do nothing. If a man abides not in me, he is cast forth as a branch, and*

# DIVINE ORDER

*is withered; and men gather them and cast them into the fire, and they are burned. If you abide in me, and my words abide in you, ye shall ask what ye will, and it shall be done unto you."*

*-John 15:4-7 KJV*

Who is in the air that you breathe? Is it Jesus? He should be. And how are you going to breathe His air? How are you going to walk according to Him? There is only one way, and that is found in the words of Christ when He said so plainly, "Abide in me and I in you. As the branch cannot bear fruit of itself except it abide in the vine no more can ye, except ye abide in me." How are you going to reproduce after Christ's kind? By abiding in Him. How do you abide in Christ? You abide in Him by prayer without ceasing. You set your thoughts on the Lord. You live for Christ.

Think of a fish again. When a fish gets out of the water, it dies. Similarly, when you get out of Christ, you die. We abide in faith. We abide in the Word of God. We acknowledge Him. He is always there.

Is God in all your thoughts? Somewhere along the line, God needs to be right in the middle of everything we think about. That's abiding in Christ. And that's how you reproduce after Him. You don't reproduce after Christ by working your own works. You reproduce after Christ's DNA within you by abiding in Him. He's the environment that you live in; He's the sea in which you swim.

"He that abideth in me, and I in him, the same bringeth forth much fruit: for without me ye can do nothing." You can't do anything of eternal value without Jesus. You can't raise your children properly without Jesus. You can't be a good friend without Jesus. You can't be a good wife or a good husband without Jesus. The Bible says you can do nothing apart from Him. That means nothing of any significance, nothing of any value, nothing that will last.

"If a man abides not in me, he is cast forth as a branch and is withered, and men gather them and cast them into the fire, and they are burned. If ye abide in me and my Words abide in you, you shall ask what ye will, and it shall be done unto you." That's why we need to study God's Word. We need to be hearing the Word of God. We need to be eating the Word of God because Jesus says His Words need to be living in us.

Any kind of decision you make, any type of situation you're in, hear the scriptures. It should be something coming up from within your spirit.

The Word of God surrounds you in a way that you can't get away from it. In a moment of weakness, you're tempted to get mad at somebody. The Word of God comes up within you and says, "Love your neighbor as yourself (Mark 12:31)." You hear the Word say, "Be ye angry and sin not. Let not the sun go down on your anger (Ephesians 4:26)." Whatever you are doing, the

Word ought to be in you so significantly that it springs up to the forefront. His words are abiding in you, and you are abiding in Christ.

Where is the church today? Are we abiding in Christ? Or are we instead abiding in the things of the world? Where are we living? Where is our environment? It must be in Jesus. And if it's not in Jesus and if He's not the air we're breathing, whose air are we breathing?

Do you believe it's true that Jesus said that we are to follow Him? To do that, we must deny ourselves, take up our cross, and follow Him. Do you believe Jesus meant what He said? When we deny ourselves, we put ourselves in His environment.

## Putting First Things First

Many of us have typical pain in our life. Pain can be a good thing because it tells us we have a problem. If we numb our hurt, we won't know where our problem is. And the relief we get from numbing our aching is just a temporary compromise because we know it is going to come back. Wouldn't you much rather get the pain dealt with at the root? Would you like to know what is causing the agony rather than just numbing it?

Many Christians abide in emotional pain rather than abiding in

Christ. Their lives are out of divine order. If we're not submitting under the Lordship of Jesus Christ, we numb our pain. We say, "Well, let me just not think about it or let me watch television. Let me entertain myself."

Do you know entertainment can be evil? Entertainment can numb you because you've got something out of order, and you don't want to look at it. Instead of going to Jesus with it, you deny it. I would say that when we're hurting, we should find someone who has Jesus in them, a mature believer, and talk about it. I love it when people who are hurting say, "I need help." Because then I can tell them, "Honey, you're on the right road."

It's the people that continuously deny they have a problem that they can't ever overcome their problem. Do you see it? They're still out there trying to anesthetize everything. The Lord wants us to be able to take a good look at ourselves.

The scripture says that we are not to lie against the truth (James 3:14). What does lying against the truth mean? Have you ever looked inside of yourself and seen something you didn't like, so you made an excuse for it? Have you ever heard a message from the Bible, a sermon that really rubbed you the wrong way? You just couldn't stand it? And you probably wanted to give the preacher a black eye. It stung and caused pain. That's the very message you need to think about because the scripture says, do not lie against the truth.

Nothing in the Bible is a waste. If it's in the Bible and it's written to Christians, then that means Christians have a problem in that very area.

So, as we look at our lives in relationship to order, and if we see painful things in our lives, let's not deaden it. Let's deal with it. Let's go to God and say, "Father, I don't know what it is, but I know you do, and I'm willing for you to correct me."

Are you willing to take correction? I'd rather have the Holy Spirit correct me than any human being. But correction, either way, by God or a follower of Christ, is a good thing because it will get us in proper order. In thinking of this, let's conclude with how we started out.

All through the Bible, there's something called the order of first things. Read Leviticus in the Old Testament. Take note of how many times you see that little word, 'first.' Take the first of this. Take the first of that. Take the first part of your money. Do this in the first part of the month. God is saying, put Him first before anything else. In the church today, we have lost the concept of the first order of things. If we lose this principle, we are out of order.

What has come to be in the church today is a lackadaisical attitude when people say, "I will come to church when it's convenient for me to go to church. If everything lines up with my schedule." Is that putting the Kingdom of God *first*? The work of the Kingdom has got to come first, and then all this other stuff we're doing has to be secondary. I don't know how to get this message across, but this is the truth! And somebody has to preach it. You have to preach it, and you have to speak it.

You have to be an example. People are unable to put first things first. It runs rampant even in our leadership today. This is not in order, and God won't wink at it. And when we're out of order, we're going to suffer for it. Let's not make excuses for it, distract from it, or pretend like we don't understand the first order of things.

*"Therefore, take no thought saying, what shall we eat? Or what shall we drink? Or wherewithal shall we be clothed? For after all these things the Gentiles seek: for your heavenly Father knoweth that ye have need of all these things. But seek ye first the Kingdom of God and his righteousness and all these things shall be added unto you. Take therefore no thought for the morrow: for the morrow shall take thought for the things of itself. Sufficient unto the day is the evil thereof."*

*-Matthew 6:31-34 KJV*

Let's do something about it! Let's heed the words of Jesus Christ. What did He say in Matthew 6:31? He said this, "Therefore take no thought saying, what shall we eat? Or what shall we drink? Or wherewithal shall we be clothed." How many of you would like to *live* a life without worry? This is the answer.

# DIVINE ORDER

"Take no thought what you're going to eat or drink or how you will clothe yourself. For the world (unbelievers) seek after all these things." The world worries about what they're going to do, and how they're going to provide. That's the world's way.

"For your heavenly Father knoweth that you have need of all these things." Who is your heavenly Father? Are you in His Kingdom? Do you trust that He will provide for you?

"But seek ye first." What's that five-letter word? 'First.' "…seek ye *first* the Kingdom of God." Say it this way, 'seek ye first the Government of God' and His righteousness. And what will happen? Your heavenly Father will add all these things to you. It will be a bonus for you.

Perhaps you don't have these things because you are not putting the Kingdom of God FIRST. You're putting it third or fourth down the line. It's so simple, but it's not easy.

"Take therefore no thought for the morrow: for the morrow shall take thought for the things of itself. Sufficient unto the day is the evil thereof."

Are you seeking His Government, His divine order in your personal life? Are you seeking His righteousness and not your own? Does He truly come first in your life? Let's pray.

*"Lord, thank you for Your Word. We bless you. We thank you,*

## DR. LINDA C. LARISCY

*Father, that Your Word is a seed to the sower and that it is bread for the eater. Father God, we say in the name of Jesus Christ that the Word of God has gone forth and that it has made a covenant with good ground and Lord, we declare that it will bear eternal fruit. It will bear fruit that will last, and it will bring glory to you and your Kingdom, Lord. We love you. We worship You. We say with all of our hearts, Jesus Christ is Lord. And it's in Jesus' name we pray it. Amen."*

# Chapter Five

## Let's Get Back in Proper Order

We must get ourselves in proper order, so we need to understand what that means. You are a spirit. You have a soul. And you live in a body. The order in which we see this is important. The spirit should come first, then the soul, then the body. How often do we give more attention to our bodies than our spirits?

*"Seek ye first the Kingdom of God and his righteousness, and all these things shall be added unto you."*

*-Matthew 6:33 KJV*

Jesus said, "Seek ye first the Kingdom of God and His righteousness and all these other things (these earthly things) shall be added unto you."

There's nothing wrong with earthly things. Do you need food to eat and a house in which to live? How about clothes to put on your body? God wants you to have these things, but we often worry and put too much emphasis on them. When earthly things become our focus, it is easy to neglect what Jesus said is the most important thing: His Kingdom, the Kingdom of Heaven, the Kingdom of God.

Consider this example using back pain. If you have something out of place in your spinal cord, would you attest that your whole body would hurt? Would it impede you in every way? Yes, it would. You might only have something very slight amiss in your spinal cord, but it will affect your whole body. What has happened is you are out of order in your spine, and you need an adjustment. It's easy to relate to that. People who experience back pain may go to a chiropractor because they want things to get back in order.

We must correctly align matters and start putting first things first in our own lives. We need to look at what the Lord is saying to us and focus on the eternal things of life. All eternal things are unseen to the physical eye. You're going to have to see, not with your natural eyes, but with the eyes of your spirit, which requires training to discern. You need to measure things according to the spirit. What is the spirit telling you?

God can speak to you through circumstances. Do you ever ask yourself: "Why did this happen to me?" You need to start asking: "God, what are you telling me through this circumstance?" You need to look behind the physical and get to the spiritual. You've got to train yourself to do that. A lot of us are dull in terms of hearing. We become sensitive to the spirit when we start focusing more on the spiritual realm. The unseen spiritual realm is life and reality.

Let's look at things we see in nature. Take a chair, for

example. You can see it. Does it have a proper function? It does. But a chair isn't eternal, so it isn't real because it isn't going to last. We must understand that this body that we're in, that we can pinch, that's getting older every day isn't eternal.

What's inside you is what's real. It's important to start training yourself to look at the eternal things and the things that are not eternal.

You must train your spirit to hear the Spirit of God because it doesn't come naturally. You won't do this unless it's something you desire. That's why Jesus said to seek first the Kingdom of God, and His righteousness and these other things will get in order. He's going to take care of you. We're out of order when we emphasize the body first to the detriment of the soul and spirit. It needs to be spirit, soul, and body. We've got to get in divine order.

## The Government of God Is an Unseen Government

*"Of the increase of his Government and peace there shall be no end, upon the throne of David, and upon his Kingdom, to order it, and to establish it with judgment and with justice from that time forward even forever. The zeal of the LORD of hosts will perform this."*

-Isaiah 9:7 NKJV

The Government of God is an unseen Government. Let's look at the scripture in Isaiah 9:7: "Of the increase of His Government and peace, there shall be no end."

How does that make you feel? God's Government will never end. It is ever-increasing. Do you ever look at the world today and say:

"You know this world is going to the dogs?"

But I'm telling you that the increase of Christ's Government will never come to an end. I believe Christ is behind it all. He's behind everything. It doesn't matter how things look on the outside; Christ is ultimately in control. Nothing takes Him by surprise. God is going to use all things that we see, even those things that are out of order in the physical realm. He uses everything for His purposes.

"Of the increase of His Government and peace, there shall be no end upon the throne of David, and upon His Kingdom, to order it, and establish it with judgment and with justice from that time forward even forever." There is a Kingdom. There is an order. There is a Government even though you may not be able to see it with your eyes. It is here. And it is within you. Jesus said the Kingdom of God is within us. (Luke 17:21) And it's not something we see with our physical eyes. It is something we must see with our spiritual eyes. But it is always increasing.

# DIVINE ORDER

Now the question is, am I submitted to it? Ask yourself that question: "Am I personally, individually, coming under the Government of Jesus Christ? Am I *purposely*, *specifically*, *intentionally*, yielded to the Government of God?" Do you personally get up every day and say to yourself: "I'm getting under the Government of Christ?" That's something you need to ask, and you need to be honest with how you answer that question.

Divine order is always going to bring you peace and harmony. It always seeks to bring God glory and honor.

There is someone within every true believer in Christ that did not originate on this earth. The Father sent Him from heaven to guide and instruct you on earth. He is Holy Spirit. He's from heaven, and if He's in you, you are going to heaven where you belong.

We need to learn to love the Holy Spirit and honor Him. You can speak to Him. Do you recognize Him every day? Do you open your heart to Him? Our Father God sent the Holy Spirit, and He lives in you, and He is the one who will bring divine order into your life. If you are obedient to the Holy Spirit, He will align you in proper order. If you want to have peace and God's favor in your life, you need to learn to be obedient to the Holy Spirit.

# The Holy Spirit Leads Us into ALL Truth

*"But when he, the Spirit of truth, comes, he will guide you into all the truth. He will not speak on his own; he will speak only what he hears, and he will tell you what is yet to come."*

*-John 16:13 NIV*

John 16:13 says: "But when he, the Spirit of truth, comes, he will guide you into all the truth." Now, this is our problem.

We get out of order because we believe in lies. Everyone, to a certain extent, believes in things that are not true. We believe in things about ourselves that are lies. We deny things that are true about ourselves because we would rather not face its pain to overcome it. You will never conquer anything in your life that you cannot confront. Are you suffering from pain and heartache because you will not be able to deal with it? You won't achieve victory by avoiding it. You can only conquer your problems by facing them.

Our Father God sent the Holy Spirit to lead us into all truth. "He will not speak on his own; he will speak only what he hears, and he will tell you what is yet to come." Now that is very important. The Holy Spirit knows what's in store for you each day. He will instruct you to make good choices. He's not going to tell you everything in your future, but He will guide you. You don't know what will happen to you later in this day, but the Holy Spirit does. And it would behoove you to start listening to it about *this* day.

Will you be making some decisions and choices today? Most likely, you're going to make several choices today. Will the decisions that you make in a few minutes affect this day for you? Now, does the Holy Spirit know what is yet to come for this day? Then we better be learning how to listen to what He tells us.

I was reading a book one day. The author was talking about a woman of God, Agnes Sanford. She has long since gone to glory. The Lord used her in the area of inner healing. She was able to hear the Holy Spirit.

When you counsel others who have had difficulties all their life, you need to be able to hear from the Lord specifically to help people. You must hear to be able to target what the problem is. She learned how to listen to the Holy Spirit. She refined that in her life. Do you want to hone your listening skills? If you can't listen to your wife or your husband, do you think you'll be able to listen to the Holy Spirit? If you can't listen to the people around you, you will have a problem listening to God.

Agnes Sanford trained herself to listen to the Holy Spirit in her life. She was about to board an airplane one time in her ministry, and the Holy Spirit said, "Do not get on that plane." So, she didn't get on the plane. You can guess what the rest of the story is. The airplane crashed, and later she was relating that story, and she offended someone. That person said to Agnes, "Well then, why didn't God tell those other people not to get on the plane?" And Agnes very simply said, "Oh, I believe He *was* telling them not to get on the plane. I believe He was telling all of us not to get on the plane. But I was able to hear His voice, and for some reason, they were not."

So, where does the responsibility lie? It is on us. But if we don't want to take that responsibility, we will blame it on someone else. It's up to us individually. Some will move into deeper things of the Holy Spirit, and some will not. It costs something to move into the Holy Spirit. You're not going to get there without a struggle. You're not going to get in there without persecution. You're not going to get there without trials and tribulations. But if you will endure, keep on keeping on, little by little, you'll make it, and it will get lighter and lighter. But it won't happen overnight.

When you want to grow something, you plant the seed first. And if it's corn, it starts with only a stalk in the beginning, and later that the outside part, the husk, begins to take shape. Finally, the full measure of the ear of corn appears. It doesn't happen overnight. It's a progression.

## Train and Practice

You and I must learn to hear from the Holy Spirit if we expect to be in His divine order. The Holy Spirit counsels us to make proper decisions in life and to be able to discern what is good from evil. We know that a child molester is evil - do we not? But how many of us know that some men and women can be good-looking and appear to be moral people on the outside yet can be child molesters? Once exposed, you know it's evil, but what about the power of discernment before its exposure?

As you mature in your faith, the scripture says that we train our senses. We exercise our senses to be able to discern what is good from what is evil. (Hebrews 5:14). It doesn't come overnight. It comes with training and practice and by the Spirit of God.

Do you know what discernment is? Remember, things aren't always as they seem. Everything that looks good isn't always good. And some things that appear bad are, in essence, good. Only when we start putting spirit first, then soul, and then the body, getting ourselves in order, can we learn how to discern by the Holy Spirit. Discernment requires faith and discipline to practice it.

# I Never Knew You

*"Not everyone who saith unto me, 'Lord, Lord' shall enter into the Kingdom of heaven, but he that doeth the will of my Father which is in heaven. Many will say to me in that day, 'Lord, Lord, have we not prophesied in thy name? And in thy name have cast out devils? And in thy name done many wonderful works? And then will I profess unto them, I never knew you: depart from me, ye that work iniquity."*

-Matthew 7:21-23 KJV

There is a government here, and God is watching. God is watching you. He is telling you to do certain things. Are you going to be obedient, or are you going to be disobedient? You may appear blessed while on this earth. Things might be going quite well, but Jesus speaks of a time when the unseen Government of God becomes visible.

Here's what it says in Matthew 7:21-23: "Not everyone who says unto me, 'Lord, Lord' shall enter into the Kingdom of heaven, but he that doeth the will of my Father which is in heaven. Many will say to me in that day, 'Lord, Lord, have we not prophesied in thy name?"

The 'DAY' Jesus is referring to is the Day of Judgment. When the Day of Judgment comes, we will see that unseen

# DIVINE ORDER

Government of God. We will witness what we can't right now. The Day of Judgment is coming.

Jesus is speaking here, and He says, *many*. Does that strike a note of some fear at all into your heart? "Many will say unto me, Lord, Lord." They're going to call Him, Lord. When Jesus is right in front of me in His throne room, I've got enough sense to call Him Lord; how about you? Any fool can call Him Lord then. What you call Him now will make the difference. Because NOW He is Lord, whether we recognize Him or not. And I'm not talking about lip service. You can walk down the aisle and say: "Jesus is Lord. Jesus is Lord." And you can say that until the cows come home. But if you don't show it in your life, is He Lord? No, because you haven't made Him Lord in your life. Lord means ruler. Does Jesus Christ rule your life now?

He's calling us to make Him Lord, make Him Master, in our present life. If we do that, we will be able to come under proper order. Does that mean that we must be perfect? No, but God is looking at your heart. You might not get everything just so, but if your heart is right and your desire is to surrender your will to Jesus Christ, the Lord will bless you. Move in that direction, and He will help you.

There will be a day of reckoning. And I want you to be on the right side and not the left side. I want you to be on the sheep's side, not the goat's side. I want you to be on the wheat side and not the tare side. Let's get on the right side.

The Bible says: "'Lord, Lord, have we not prophesied in thy name and in thy name have we cast out devils and in thy name done many wonderful works?' And then I will profess unto them, (this is the key) I never knew you.'"

"*I never knew you.*" If Jesus says He never knew you, then you're going to have to admit that you never knew Jesus.

Then He calls their 'wonderful' works *iniquity*. The Bible says, "Depart from me, ye that work iniquity." Wonderful works that are merely religious, performed to make you look good, are perverse in the sight of God? That should put godly fear in our hearts. This is a reality, and it is going to happen unless we subject ourselves to God and say: "Father, I want to be led by Your Spirit. I have no righteousness of my own. You are all my righteousness. You're my hope. You're my desire. Lord, apart from You, I can do nothing."

## Notions about Jesus

We've got to examine our lives and make sure that we are coming under His Lordship, coming under His Government. So, do you believe Jesus? Or do you just accept your notions about

Jesus? Are you obedient to Jesus Christ, or are you just obedient to your assumptions about what you think you're supposed to be and to do? Some of us have all these belief systems about Jesus, but we don't know Him. All we know are our beliefs taught to us about Him. He's asking you today to set aside all those beliefs and get to know HIM.

Do you believe that Abraham Lincoln lived and emancipated the slaves? Do you believe that he was the President of the United States during the Civil War? Do you believe all that? Now, do you know Abraham Lincoln? Of course, you don't know Abraham Lincoln.

But you know a lot about him. And you've got a lot of beliefs about him, do you not? You know that he lived, that he was real. But the question again is, do you know Abraham Lincoln? There's no way you can know Abraham Lincoln because his body is in the grave.

The only way you can get to know somebody is face-to-face. Jesus is not in the grave. Jesus is not dead. He is living. Have you talked to Him today? But more significant than that, has He talked to you today? That's how you know Jesus. It's time to take a step back from knowing *about* Him, into what He's told you about Himself. That makes all the difference in the world.

Look at yourself now. Do you believe Jesus? Do you commune with Him? Is He speaking to you? Are you in a living relationship with

Jesus Christ? And if this message is disturbing you, I say Praise the Lord. Come on, Lord, let it bother me. Let it agitate me because Lord, I want the real thing. I don't want a copy of it. I want a genuine article. I don't want a counterfeit. I don't want something that looks real. I want the original. Christianity is about being authentic because God is real, and you are real. You need to know God so that when you stand before Him, He will say to you, "I know you. Enter into my Kingdom."

I've said before that this world is not your home, yet some people are afraid of heaven. When you go to heaven, you're going to say, "I'm home!"

Do you like to travel? When you go on a trip you enjoy it, but don't you like to get back home?

When you get home and walk through your door, do you say, "Praise God, I'm home"? I do. I enjoy traveling, but when I get back home, it's wonderful. I say, "This is where I belong." That's the way it is when you die and go to heaven. It's going to be just like that.

You're going to see that all you did on this earth was just traveling. You were a visitor. It was like you were on an extended journey. This earth is not your real home. When your body dies and your spirit and soul go to heaven, you will say, "Lord, I'm finally home. I'm back! I'm back where I belong."

That's why the Bible says if you are a friend with this

world, you're comfortable in this world, and you're friends with this world system, then you're not a friend with God. (James 4:4) This world is not the ocean where you swim. You're a fish out of water here, and if you belong here, then you need to examine your heart because the Disciples of Christ do not fit in this world system. They belong in the Kingdom of Heaven. If you conform here, then something's out of order. The Lord wants to move you into proper alignment.

## Sons of God Are Led by the Spirit of God

*"For as many as are led by the Spirit of God, they are the sons of God. For ye have not received the spirit of bondage again to fear; but ye have received the Spirit of adoption, whereby we cry, Abba, Father. The Spirit itself beareth witness with our spirit that we are the children of God: And if children, then heirs; heirs of God, and joint-heirs with Christ; if so be that we suffer with him, that we may be also glorified together."*

*-Romans 8:14-17 KJV*

Why must we hear the voice of the Lord? In Romans 8:14, we find the answer to that question. "Because those who are led by the Spirit of God, they are the sons of God." The only way you will get into divine order is to be LED BY THE SPIRIT OF GOD, not by your intellect or emotions. The Holy Spirit must lead you.

The scripture says, "For as many as are led by the Spirit of God they are sons of God." According to the Bible, if you are a son of God, then you are led by the Spirit of God. And if you say, "Well, I can't hear God's voice," you need to ask why. And if you say to yourself, "I'm not led by the Spirit," repent because the scripture says that the sons of God are led by the Spirit of God.

Now you might be saying, "I don't know if I'm led by the Spirit or not." You can say that, but there should be a deep abiding assurance somewhere in your heart, and you might not be able to explain it, but there's a feeling of peace there. You should know in your heart that the Spirit is leading you. And if you don't have peace there, you need to really look at yourself.

If you're walking by the spirit of the world, you're walking in your flesh. You must repent and die to fleshly desires and passions. Start training your spirit to hear the Holy Spirit. The Spirit of God desires to lead you because He loves you. In Christ, you did not receive a spirit that makes you a slave again to fear, but you received the Spirit of sonship.

There's something great about being born again. You know you belong to God and are His son or daughter. You have a love relationship with God that casts out fear. It's like, "Lord, You're my daddy. You really are my heavenly Father. I belong to You, and You belong to me."

If that's not true of your life, it can be. It is so simple. All it takes is for you to say, "I want to be Your son, Father. I want to know You. I want You in my life." You're saying, "I'm tired of living my life by my own thoughts, and I want to turn my life over to You. I want to be Your daughter. I want to be Your son."

That's what it means to be a Christian; it's about knowing God. "And by knowing Him, we cry, 'Abba, Father.' Now that word, Abba, is a Greek word that means Father. How many of you called your earthly father, daddy, or papa? Or did you always address him as 'Father'?

There is a difference between daddy and father. Father sounds so formal. Or did you just say, "Hey, daddy!" That's the kind of relationship that God has with His children. It's affection. It's the kind of relationship where you pop up on His knee and hug and love Him. And there's no fear involved in that. There's no fear of torment, even when you've been ugly. But all the more, when you've been ugly, you want correction, and you want to make it right. And you still know He loves you. That's what it means to get in divine order.

"The Holy Spirit Himself testifies with our spirit." Let's look at that. Every time you see the word Spirit, and it's capitalized, it's referring to the Holy Spirit, to God's Spirit. Now, look at the next word that says 'spirit.' This time, the word is not capitalized. That word is referring to YOUR spirit. You *are* a spirit.

"Holy Spirit Himself testifies with our spirit that we are God's children." Does He testify to our minds? Does it say He testifies to our intellect? No. Does He testify to our body? No. The Holy Spirit communicates with our spirits.

Do you know anyone who tells you, "Well, I hope I'm saved?" They don't know God. If you can't say I KNOW that I have salvation, you probably don't have salvation. You have something. You have a belief system. You have notions about Jesus. You go by what the preacher has taught you about Him, but you don't know Jesus.

Do you believe the Bible? Then we need to have that relationship "by which we cry, Abba, Father. The Holy Spirit Himself testifies with our spirits that we are God's children." There must be complete assurance. There was an actual case where pastor Race and I knew a lady in a former church that at 65 years of age, could not say, "I know I have the Lord in my life." That troubled us. And we went to that lady several times, telling her that she *can* know the Lord and know that He is in her life. But every time we'd go to her, all she would say was, "Well, I hope I'm saved." She was bound up by that. There was no genuine relationship.

Do you think I go around saying, "Well, I hope I'm married?

No, I know I'm married. I'm not hoping it. I know I'm married, and I live like it.

And when we come into a relationship with Christ, don't you know we come into a marriage with Him? He is our bridegroom. The Church is His bride. I know I'm married. I'm married to Race in the earthly realm, but I'm also married to Jesus Christ in the spiritual realm. He's my Lord.

## Order My Steps by Your Word

*"Order my steps in thy Word: and let not any iniquity have dominion over me."*

*-Psalms 119:33 KJV*

Let's establish the fact that to know God, you must hear

from Him, you must talk with Him, and that's one of the ways He leads you. Jesus said in John 10:27, "My sheep know my voice and the voice of a stranger; they will not follow."

Psalms 119:33 says, "Order my steps in your Word and let not any iniquity have dominion over me." What a powerful prayer! Wake up in the morning and pray, "Father, order my steps by your Word." You may think that "Word" only means the Bible. But do you know that the Word speaks of God, Jesus, and Holy Spirit? The Bible, without the illumination of the Spirit, is like a textbook. Can you be honest and say that you've read the Bible, and it's just as dry as toast? That's because you can't separate the written Word from the spoken Word, from life. The Word is Spirit.

*"It is the Spirit that quickeneth: the flesh profiteth nothing: the words that I speak unto you, they are Spirit, and they are life."*

## DIVINE ORDER

*-John 6:63 KJV*

Jesus said in John 6:63 that His Words are Spirit, and they are life. When you get up in the morning, do you dutifully take your Bible out and read without hearing the Lord speak to you? Obligatory Bible reading won't do you any good. You've got to understand that we don't take the Bible and read it so we can say, "I'm a good Christian because I read my Bible today." Does this make any sense? You think, "I'm a good Christian because I do my daily Bible readings. I can check it off. Good for me. I'm going to have a good day because I've read my Bible."

No! You get the Word out, and you seek to hear the voice of the Lord through the Word of God. You say, "Lord, order my steps by Your Word." He will also begin to talk to you in your spirit, man. When the scripture says, "Order my steps by the Word," it means more than just something written down on a piece of paper. It means taking instructions from a living, personal being, God Almighty. And we must believe He knows all about our day.

If you look up the word 'order' in Hebrew, it means to establish by making preparation. Aren't you glad that God knows what your day holds for you? Do you believe God has made a provision for your day? He knows where you need to go. He knows where you need to turn. He knows each curve in your path and each intersection you will encounter. He knows all of that because

He has already gone out ahead of you and made preparation. But if you don't hear Him and listen to what He is saying, will you meet a stump in the road? Will you make a wrong turn?

*"And thine ears shall hear a word behind thee, saying, 'This is the way, walk ye in it,' when ye turn to the right hand and when ye turn to the left."*

*-Isaiah 30:21 KJV*

We've got to start learning to hear from the Lord. Look at Isaiah 30:21: "And thy ears shall hear a word behind thee." In other words, is the Lord directing you? Is He right there directing you? He is "…saying this is the way. Walk ye in it, when ye turn to the right hand and when ye turn to the left." He's there. Are you listening to Him? Are you hearing Him?

Do you expect to hear the voice of the Lord every day? You need to change your way of thinking if you don't listen with an expectation *every* day.

## Give God Your Agenda

Do you get out your calendar and start to plan everything? This day I'm going to do this. Next, I'm doing that. You've got it all mapped out. You order your own day. Right now, I'm casting a vision for your life. Are you willing to say, "Father, You direct my

## DIVINE ORDER

day because if what I've planned for my day is not what You want me to do, Lord, I give You my day? I ask You, Lord, to show me what to do today." Do you think you should face the day before you face God every day? Before you go out of your house, turn to God. Give Him your day. The first redeem the whole.

He will instruct you in the early morning hours on how your day ought to proceed. He will if you listen and be willing to be obedient to Him. And that brings us into divine order. But that also puts more responsibility on us. We are accountable and can't play ignorant all the time. You can say, "Well, I didn't know." But when you start sitting down before God, and you say, " Lord, I want you to order my day," do you believe He will answer you and give you instructions? And then, when He tells you a thing or two, you are accountable to do it.

Perhaps we prefer not to sit in front of Him so as to remain free of any responsibility. We may wish to have things our way. We might even say, "I've been doing this a long time, and I like the way I'm doing things. I'll take my agenda and ask God to bless it. I don't want Him to change my plans. I have enough common sense to know what's best for me." But PLEASE don't think that way. The scripture tells us to pray, "

Order my steps in thy way and let not iniquity have dominion over me." If God's not ordering your steps, if you're doing it your way, you're going to have iniquity in your life. And the devil will defeat you.

It is possible every day to know what the will of the Lord is. It is attainable.

How many of you pray this way: "God be with me throughout this day, Lord. I'm not asking that You tell me what Your will is for me two years from now. I only want to know what Your will is for me today." Jesus says to take no thought for tomorrow, for the evil of this day is sufficient (Matthew 6:34).

Every day is a victory when you put it in the hands of the Lord. Take life one day at a time. Arise every day and say, "Lord, what is Your purpose for me today? Lord, if I've got something on my calendar that's not Your will, that's going to be a waste of my time. I don't want to do it."

I've had people call me for prayer to arrange an appointment with me. I've asked the Lord - if that's not of Your will, and if that appointment is going to be a waste of time, remove it. Some people just want to tell you their problems. You can give correct advice, and they don't listen to you because they will do it their way anyway. I don't have time for that. Time is too precious to waste. I have literally prayed, "Father, if somebody's going to come in my office today, that's going to have a problem, and it's going to be a snare or a distraction of the enemy; protect me from that, Lord. I ask that You order my steps." I've had people cancel appointments here,

there, and everywhere. And you know what? I'm praising God for it. I'm free. You don't know how liberating that is for me. And it will be the same for you.

Have you have done things that you know have been a complete waste of your time? And it may not have been a waste for somebody else, but it was a waste of your time. You see, God has a specific order, plan, and purpose for your life. He has a plan for my life, and I want to stay in that purpose. I want to move in that direction.

Now, if you get very serious about wanting to be in God's divine order and His purposes, He's going to tell you some things that you may not want to hear. He may tell you that you've got to subtract some things from your life so that you can add some things to your life.

God can't give you a blessing if you've got something in your life that's taking up the place for that blessing. If God wants to give me something, and I've got something else in my hand, what do I have to do with what I have in my hand? Let it go. Let it down. I need to cast it off so my hand will be able to receive what God wants to give me. Please get this in your spirit.

People worry and have anxiety about certain things. They

need to eliminate some stuff so that God can bless them. That's His divine order. But how many of us cling to unnecessary things? We hang on to it because we're used to it. We're comfortable with it, but God is saying, "Let it go." We've got to give it up so that God can give us something in its stead.

*"Wherefore he saith, 'Awake thou that sleepest and arise from the dead, and Christ shall give thee light. See then that thou walk circumspectly, not as fools but as wise, redeeming the time for the days are evil. Wherefore, be ye not unwise, but be understanding what the will of the Lord is."*

*-Ephesians 5:14-17 KJV*

In Ephesians 5:14, we read, "He saith awake thou that sleepest." Are you spiritually alert or sleeping? We're not in order if we're unconscious. "Arise from the dead and Christ shall give thee light. See then that thou walk circumspectly, not as fools but as wise." You're a wise person if you put your day in the Lord's hands and expect the Lord to guide you. Wisdom directs you if you seek Him for each day of your life.

"Redeeming the time for the days are evil." Look at this last phrase. "Wherefore, be ye not unwise, but be understanding what the will of the Lord is." Apostle Paul in his letter to the Ephesian church, clearly states that we can understand what the will of the Lord is for our life. Every day we need to get in the habit of giving our life to God, giving our day to God, saying, "Father, it's not my agenda. It's Your agenda. Show me Your will for my life today. Father, I want You to subtract from this day whatever I don't need in my life today." You can actually get up in the morning and pray, "Father, wherever You see that Satan has a trap for me today that's going to cause me to trip up or move in anxiety. Please remove it. Make it right, as I submit it unto You."

When you give your day to the Lord, and you don't accomplish everything on the agenda, there is no room to cry and moan about it. You shouldn't. You asked the Lord to remove anything that needed to go, so just thank Him. What you need to do is smile and say: "Praise the Lord!" It brings freedom into your life.

## Satan Wants to Devour You

*"Now consider this, you that forget God, lest I tear you in pieces, and there be none to deliver. Whoever offers praise glorifies me: and to him that orders his conduct aright will I show the salvation of God."*

*-Psalms 50:22-23 KJV*

Psalms 50:22-23 says, "Now consider this you who forget God…" Do you ever forget God? You can't forget somebody you don't know, right? Some of us know God, but we forget Him at times.

"Now consider this…" In other words, think about this. "You

who forget God, lest I tear you in pieces and there be none to deliver. Whoever offers praise glorifies me and to him who orders his conduct aright…" What does that say? "…him who *ORDERS* his conduct aright will I show the salvation of God."

Now, what does salvation mean? It means deliverance. Does God need to deliver you? Let's look at what this is talking about when it says: 'tearing in pieces.' If you go to the Hebrew and you look up the word 'tear,' it's like a cluster of grapes. What do you have to do to eat grapes? You have to first tear it off the cluster.

When your life is not in proper order, you're not under the protection of God. Satan can easily pick you off if you separate yourself from God's will and from people who are acting upon God's will. He's out to devour you. He wants to tear you to pieces, and he can only do that if you are not under the order of God. If you're not under His protection, Satan has an opportunity to overcome you. And it doesn't matter if you're a Christian or not. Do you see that?

If you have chosen to get out of the order of God, to remove yourself from His shelter, you've chosen to walk in your own way. In your fleshly thinking, you have given Satan permission to tear you into pieces, to eat you. Tear you into pieces actually means tearing something off for the purpose of supplying food. Satan tears you off from God's presence to take advantage of you. He wants to eat your lunch. Now here is scripture for that.

# DIVINE ORDER

*"Be sober, be vigilant; because your adversary the devil, as a roaring lion, walketh about, seeking whom he may devour."*

*-1 Peter 5:8 KJV*

1 Peter 5:8 says: "Be sober." Are you serious? How about it, are *you* serious today? Do you think what I'm talking to you about is a fairy tale? You need to get sober. You need to wake up. Understand you have an enemy, and this is no laughing matter.

The Bible says: "Be sober, be vigilant; because your adversary…" Whose adversary? Do you have an adversary? "The *DEVIL* as a roaring lion, walketh about seeking whom he…" what's that next word? **MAY**. "Seeking whom he *may* devour." The reason why the word 'may' is important is that Satan has to say, may I?

Have you ever played the game Mother, May I? If you don't say "May I?" you can't do anything, right? Satan cannot devour you unless you permit him. You give him permission when you get out from under God's covering. If you order your own steps and you do not allow God to order your steps, you've gotten out from under His protection. Satan can come, and he can tear you into pieces. Have you ever been torn to pieces by the devil?

Get excited that God's got a plan. He's got a purpose. He's got a Government. Let's get under His Government. In other words, let's do things God's way.

Have You Robbed God?

Let's look at this word 'devour.' The Holy Spirit wants to instruct you in the area of tithing. Satan is devouring your finances because you are not under the Government of God. If you do not tithe and you don't have any financial problems, you may think: "Well, I'm not tithing, and he's not devouring me because I've got plenty of money." Then, I must tell you, if you're not tithing, Satan has permission to devour you in other areas besides your finances.

Do you know that you can be wealthy, but if your family can't get along, you're not rich? Did you get that?

Do you understand that you can have all the money you need, but if you've got children going to hell, you're not rich? You're under a curse. Do you know that if you're not tithing and you say I've got plenty of money, but you can't get your prayers answered, you're not rich?

The Bible says if you're not a tither, you are under a curse. You're not under the Government of God, and Satan has permission to devour you. Let's look at scripture to confirm that.

*Ye are cursed with a curse: for ye have robbed me, even this whole nation. Bring ye all the tithes into the storehouse, that there may be meat in mine house, and prove me now herewith, saith the LORD of hosts, if I will not open you the windows of heaven, and pour you out a blessing, that there shall not be room*

# DIVINE ORDER

*enough to receive it. And I will rebuke the devourer for your sakes, and he shall not destroy the fruits of your ground; neither shall your vine cast her fruit before the time in the field, saith the LORD of hosts. And all nations shall call you blessed: for ye shall be a delightsome land, saith the LORD of hosts.*

- Malachi 3:9-12 KJV.

Malachi 3:9-12 "Ye are cursed with a curse for ye have robbed me."

Do you believe that? I don't understand Christians. Statistical surveys indicate over 80% of people who call themselves Christians in our churches today do not tithe. We are under a curse if we do not give back a tenth of what God has already given us. Is there any fear of God anymore? People don't believe the Bible. They can't, but they will tell you they do. They can't believe the Bible if they are not tithing because the scripture says: "Ye are cursed with a curse for you have robbed me." Do you think God knows when you are robbing Him?

"Bring ye all the tithes into the store house that there may be meat in My house and prove me now herewith says the Lord of Hosts if I will not open the windows of heaven and pour you out blessing that there will not be room enough to receive it."

And then look what He says: "I will rebuke" WHO? The devourer. Who is the devourer? Satan. "I will rebuke the devourer *for your sakes."* I'm going to make another statement. If you are not tithing, if you are not giving ten percent of your gross income to God, you are not under God's Government, period! You're not. And you can say you are, but you're not. You are deceiving yourself.

How you spend your money reveals who you are. If you cannot give ten percent of your income to God and live off the 90, you have a problem! You can say you're under His Government, and you can say, "Oh, I love Him." But your actions are "phony."

I'm going to tell you some good news because I want to see you blessed. If you start tithing to the ministry, which feeds you spiritually, God will prosper you. If you will say, "Alright, Lord, I repent for not tithing. I haven't been a tither, and I know I've been robbing from you." Just tell Him that. Tell Him you're sorry, ask Him to forgive you, and agree to start putting first things first. If you do that, I believe you are going to receive blessings from God immediately. The tithe is the first of your income.

Tithing to God in faith motivated by love will increase your finances. He will bless you in other areas of your life also. Do you have children that aren't living for God? Start tithing and see if God won't open the windows of heaven and pour out blessings to you in that area!

As saints of God, we must get first things first because the quality of our life is important. Are the windows of heaven shut to you because you refuse to tithe? If you're not tithing, repent! And see if He

# DIVINE ORDER

won't open the windows of heaven for you. Will He? He will. He wants to bless you. He wants to make things right for you. He wants you to come under His Government.

## We Devour One Another

Satan uses us as a vessel to devour one another. We bite each other. Have you ever been around preschoolers? What do they do to one another when they get angry with each other? Do they bite? You know, we have teachers in the Daycare Centers that will say: "Well, you know, she's a biter (or he's a biter)." Our actions characterize us.

Adults bite in a more sophisticated fashion. We bite by using sharp words to tear each other. We also do it behind each other's backs. We don't literally take a chunk out of somebody's back, but we bite the soul of a person in the spiritual realm. We hurt one another because we're out of order. We're out of order in our relationships. When there's strife in the church, when there's tension, and when something is not right, it's because we're out of order somewhere. We need to get things in order, and God gives us instruction on how to do it. Take this Word and work it into your own life, and the Lord will minister to you on how to get your relationships in divine order.

Would you be willing to pray this?

*"Father, I thank You that You want to order my day and that You know better than I do. Forgive me when I have walked in the flesh. In the name of Jesus, I want to hear Your voice. I understand that the Holy Spirit dwells within me and that He leads me because I am Your son (or daughter), so Lord, teach me to hear Your voice. And Father, I will look to You and expect to hear Your voice each day, in Jesus' name."*

DIVINE ORDER

# Chapter Six

## The Law of Love

It is now time to consider order in our relationships with people. There is a divine order that we need to follow to get along with people, so let's first explore relationships within the church.

Do we ever have problems getting along with people in the church? It's silly for us to pretend we don't have any issues within the church. We think, "Well, we're Christians, we're saints, everything is hunky-dory." But we know that is not always true. There are personality conflicts. Situations arise in the church, which we need to deal with. Often, we deny that there is a problem or pretend that everything is fine. We're very good at denying things.

What really happens when we deny things? Do the circumstances get better? No. Actually, things will get worse. The problem will escalate, and then the division gets wider. So that's why the scripture gives us guidelines on how we should treat one another.

*"For all the law is fulfilled in one word, even in this; Thou shalt love thy neighbor as thyself. But if ye bite and devour one another,*

*take heed that ye be not consumed one of another. This, I say then, walk in the Spirit, and ye shall not fulfill the lust of the flesh."*

*-Galatians 5:14-16 KJV*

I began this final chapter with scripture that says we are to love one another as we love ourselves.

*"For all the law is fulfilled in one law, even in this; thou shalt love thy neighbor as thyself. But if you bite and devour one another, take heed that ye be not consumed one of another. This I say then, walk in the spirit, and ye shall not fulfill the lusts of the flesh."*

The problem is we don't love ourselves. If you don't love yourself, you don't really believe that the blessings of God are in your life. You don't believe the favor of God is on you and that God loves you, has a wonderful purpose for your life and wants to bless you. And if you don't love yourself, it will be even harder to love other people.

If you are a person that criticizes others, do you also put yourself down? Maybe you even say things to yourself that are negative. If that sounds like something you do, then that is an indication there's something amiss in your life, and you need to take that to the Lord. Consider that you may have some problems loving yourself, loving who you are, and loving the person God created you to be.

# DIVINE ORDER

You need to come to a place in your life where you accept yourself and believe that God has accepted you as the beloved. You are Jesus' beloved. And He is your beloved. Ask God to give you peace in yourself and Him. Come to a point in your life where you can accept yourself despite your imperfections and limitations. Every human being has weaknesses.

It's a good thing that you are weak – otherwise, you would have no need for the Body of Christ. What you're weak in, someone else is strong. We need to embrace that. Where you are strong, someone else is weak. We need one another, and we need to connect with one another in the church. We don't need to isolate ourselves. Let's take a serious look at the idea of isolation. There are many people who want to separate themselves from their local body of believers. People want to live detached lives for various reasons. Chances are, someone in their local community of faith hurt their feelings or hurt someone whom they love. People often take up offenses for each other and leave the church body.

Have you ever had this situation in your church or perhaps in somebody else's church? You have a pastor in your church, and you really loved this pastor. You thought well of him and his family, but because of problems in the church, other people didn't like this pastor very much. Backbiting ensued along with other unpleasant matters, and eventually, the pastor resigned. Spiritual leadership made mistakes and failed to bring proper correction, and yet the church went on in the face of it. Some people dropped out of fellowship entirely when the pastor left. The reason why they dropped out is they took up an offense for the pastor. They were hurt because the pastor was treated unkindly.

## Order in Relationships

Relationship problems are inevitable - we need to accept that. The Bible gives us protocols on how to handle problems. If we walk in the Holy Spirit and be obedient to the Word of God, things will work out in the end. But we've got to do it in God's way.

These principles are profitable to work within the assembly, but they're also helpful in dealing with all human relationships. When you have a problem with somebody, and there's something gnawing on you, the best thing to do is just go to the person. What do you think? But there's a proper way to go to the person.

First of all, if you do something against somebody, if you really have malice in your heart, you say something against a person, you act against a person, and the Spirit of God is convicting you, and you know you've done wrong, what should you do? I don't need to tell you. You go to the person, and you say, "I know I did wrong, forgive me. I apologize."

## DIVINE ORDER

Things like this do happen. You are going to get upset with people, but you must walk in the Spirit and not in the flesh. If somebody bugs you, don't strike out at the person. Instead, say, "Father, help me. Help me to be patient. Lord, give me the grace to deal with this."

But if you don't do that and you do strike out and do something against the person, then you are the one who needs to go make it right and say, "Forgive me." Learn to say, "I'm sorry; I lost my temper" or "I apologize for the way I acted toward you. I was wrong." You don't need anybody to come to you. You need to go back and get it right. That should be an obvious thing.

*"Moreover, if thy brother shall trespass against thee, go and tell him his fault between thee and him alone. If he shall hear thee, thou hast gained thy brother. But if he will not hear thee, then take with thee one or two more, that in the mouth of two or three witnesses, every word may be established. And if he shall neglect to hear them, tell it unto the church: but if he neglects to hear the church, let him be unto thee as an heathen man and a publican."*

*-Matthew 18:15-17 KJV*

But for other situations that happen in the church that are not quite as obvious, I want to go to this scripture: Matthew 18:15-17. *"Moreover, if thy brother shall trespass against thee"* - Now, this is talking about a brother. That means another believer. This is not talking about people in the world. If you're working on a job and working with unbelievers, these rules are not going to apply, are they? This is talking about the way God does things. The world is going to hurt you. They're going to reject you. They're going to say ugly things about you.

They're going to mistreat you. The world will do that, and your response should be to forgive and release everything to God. Allow God to deal with the person, and He will. But in the church, if something happens, there are guidelines the Holy Spirit has set down for us to follow. Now, look at this:

*"Moreover, if your brother shall trespass against thee"* - Look at the word *'trespass'* – this is an interesting word. You and I should have certain boundaries in this life. Do you have boundaries in your life? Certain things are private matters in your life, while others are open to the public. If someone comes to you with a private matter, you should keep it in confidence. Do you understand what I mean? You should have boundaries in your life.

Suppose there's a piece of property. It has a boundary line, and there's a sign that says *No Trespassing*. That means that you're not to cross over that line. It's a boundary. If you cross over that boundary, a trespass has taken place, and you're trespassing against that individual.

That's how the Bible speaks of sin. Sometimes we go too

far with people or situations. Have we ever said too much? We must use wisdom in our dealings with people and set proper parameters. Things can get out of hand when people say words that are not necessary. A trespass can take place. You can cross a person's boundaries that are not yours to cross. In the church, if someone crosses a line with you without authority to do so, go and inform that person. Go in an attitude of reconciliation rather than accusation.

Sometimes in relationships, men will trespass boundaries. Women can also trespass boundaries. That is sinful. In church life, if you have a man in authority and you have people who look up to that individual, and if that person is not right in their spirit, they will use their power and their influence to trespass against another individual. Sometimes in a sexual way. There are cases where spiritual leaders have sexually molested people in their ministry. Boundaries crossed in this way result in severe consequences for people.

Let's look at what can happen to a young girl or boy whose boundaries pastors or other leaders have crossed. When young people come into the church house, is it not a place of safety? It should be because a true body of believers is a sanctuary. God sets the solitary into His family. Spiritual leadership should look after with tender loving care every person in the church.

When a person in authority sexually trespasses another person, particularly a child, he or she devastates that person emotionally and spiritually. They will absolutely withdraw. Usually, they will totally get out of the church and become very promiscuous. Later, they may go back to their roots and think well, "I want to go back to church, but I can't go back to church because I'm afraid to go back to church because it might happen again."

Now that's an example of a sexual trespass. There are other ways people can trespass against you using their power or influence by manipulating you. They can say things to you that can actually cause you to have fear in your life. Have you ever heard, *"If you don't do this, God's going to get you?"* And when that's coming from a person in authority, are they not trespassing? We must be very careful and watch for situations like that. In our own relationships with people, we want to make sure we respect one another's boundaries.

*"Moreover, if thy brother shall trespass against thee…"* If someone has trespassed against you, has hurt you, has offended you in some way, what should you do? Let me first tell you what you should not do. You should not go and tell other people how this person has trespassed against you.

Unfortunately, that's what we do in the church! When somebody trespasses against you, you go find somebody you can tell that offense to. And this is what happens. If I get offended by a transgression, I go get on the phone and go talk to my friend and say, "Do you know what so and so said to me? Blah blah blah and blah and blah and blah." And the friend goes, "Oh, no! I can't believe she did that." Now, what have I done? My friend didn't know anything about the problem I had with this person. But I told her, and now because she loves me, what is she most likely going to do? She's going to take up an offense against this person for me. What have I just done? I created a division in the body of Christ! And it can get bigger.

We can go out and get our mutual friends and tell them. And it all gets talked about, and you know what happens next? It gets blown out of proportion, and now there is a significant division.

Listen, saints of God. This happens all the time in church. Why am I teaching about this? I want to see revival break out in the church. I want to see the Kingdom of God established and manifested. It will not come unless we unify. If we're not in unity, the anointing is not present. And that's how the devil works. He schemes to divide the church and thus break the anointing and stop the power of God.

So, are we smarter than the devil? We need to be smarter. There's a way we can deal with trespasses. This is what you do.

"Moreover, if thy brother shall trespass against thee, go and tell him his fault between thee and him alone." Are we going to obey the scripture? If somebody does something that bugs you or irritates you or you think somebody has done something to trespass against you, just go to that person and talk to them about it. Don't go tell your best friend in the church. Or talk about it to this one or that one. You may think, 'Oh, it won't matter. It's just him or her." But it *does* matter. It will bring division because it spreads. It goes from that person to the next person and then so on.

You have heard the message, and you are now accountable for it. You're going to have an opportunity to follow the Word or not because a test will come. Will you pass or fail it? When the test comes, your flesh will be craving to find somebody to listen to your complaint.

Your flesh wants somebody to pet and smooth your hurt feelings and say, "I can't believe she/he did that." But is that scriptural? Is that walking in the Holy Spirit? No. It's just better to go to that individual and talk it over.

"Tell him his fault between he and thee alone." Now, the reason why you need to go tell the person is 9 times out of 10. That person probably doesn't even know what you're talking about. How many of you know that sometimes we wear our feelings on our sleeves? We are so highly sensitive that somebody might say or do something that they're not even thinking twice about it, and they don't have any malice toward us. How we interpret what someone said is not how they meant it at all.

When you grow up a little bit and mature in the Lord, you will realize that it's your vain imagination talking, and you will learn to let it go. That's really the best thing to do. But if it eats at you, and you're not sure, and you've gone to the Lord, and you've prayed about it, you need to go back to that person and say, "Hey, look. When you said this or did that, did you mean so and so? It bothered me."

And if that person says, "No. I didn't mean that." Or, "No, that's not what I meant." - What are you going to do then? Are you going to believe that person, or are you still going to hold onto what you think? You can tell some people, "No, that's not what I meant," or "No, that's not what I believe," and that person will still believe what they want to think.

If there's a problem, you go to the person, and if the person says, "I'm sorry that you took it that way. I didn't mean it that way. Please forgive me. Let's work this out." Then at that point, you should just be able to say, "Sure, okay," and go on about your business. Most often, people in these cases don't know and don't mean anything.

But now, let's say that you were wronged, and you go to

that person who mistreated you to make amends, and he or she refuses to reconcile with you. You went to the individual in a spirit of unity, and he or she continues to come against you in that matter. At that point, the scripture says for you to do something else.

It says, "if he shall hear thee, thou hast gained a brother." So, the first step is just to go privately to that person and try to work it out. If you work it out, you have gained a brother, a friend. But if that person will not listen to you to make it right with you and continues to accuse you, or whatever the problem is, you need to take it to another step.

*"But if he will not hear thee, then take with thee…"* This is very interesting here. We may misinterpret the scripture. Look at this. "Then take thee, one or two more that in the mouth of two or more witnesses, every word may be established." What this is talking about is if the person refuses to make amends and reconcile according to the word of God, take one or two wise people with you to talk with the person again. These people go with you not to side with you but guide the conversation to result in unity based on God's Word. If your heart is right,

you will desire reconciliation with your brother and sister, not continual strife. Does that make it a bit more challenging?

If you wronged me in some way, and I go to you, and you refuse to square with me, I need to take it to another level, not because

# DIVINE ORDER

I need to be right but because I want to make peace with you. Jesus said to bring one or two witnesses so they can establish that my efforts to make things right are true. Do the courts today in our human government allow hearsay in the courtroom? "Oh, well, let me tell you what so and so said. Let me tell you about that." No, they don't.

Don't believe the worst of people by what you hear because people will tell you what they *want* you to hear. They won't tell you the whole conversation. They'll pull this and that out of context so that you will think wrong of that individual. Does this make sense? Anybody who's worked with people knows what I'm talking about here. You must get the full conversation. You need to hear the tone of voice. You have to get everything in context. You've got to hear it yourself. That's why the scripture says you must take one or two witnesses with you in hopes of resolving the matter. You are making a genuine effort to settle things, but if the person does not meet you halfway, you have a witness or two who can vouch for how the conversation went. Now we're getting down to the nitty-gritty.

Believers seldom follow the instruction of Jesus in their faith communities. Most just talk and carry on and say, "he said," "she said." And what are we doing, ladies and gentlemen? We're stirring the pot.

The cauldron is a-brewin'.

If you're really serious about relationships and making

things right, do not drop things if, in a private conversation, you could not come to a resolution with the person. An unbiased person in the matter who knows the Word of God can help bring a resolution. Usually, at this second level, people will make it right. But you know some people might not. What's the next step?

"But if he will not hear thee, then take with thee one or two more that in the mouth of two or three witnesses, every word may be established. And if he shall neglect to hear thee, then shall you go tell it to the church. But if he neglects to hear the church, let him be unto thee as a heathen man and as a publican."

The third step is for you to tell it to church leadership. You don't spread it throughout the Body. Speak only to the appropriate godly leaders in the church who are wise and who will know what to do. This is where your witness or witnesses will be helpful in bringing the matter to an end. Before the church leaders, these witnesses will come forward and say, "This has happened; we saw it with our own eyes." They will establish your testimony.

"…by two or three witnesses, let every word be established." Now, if that person still will not repent and get things right, then the scripture says that the church should shun him.

Have you ever been in a church where people were asked to leave because of their behavior? That's a rare situation. It's not common, but there should be times when headship takes specific actions to remove someone who refuses to obey God's Word. When people are willfully unrepentant, they should leave the church.

## Distinction Between Public Sin and Private Sin

You don't ask someone to leave the church on hearsay or gossip, do you? On what he said, she said? I want to make a distinction here. There are sins that are very private that you never see, right? But some sins are extremely public, and everyone witnesses – people not only in the church but also outside of the faith community. A prominent person holding a position in your church living in public sin brings an offense to the gospel. If that person refuses to repent, the church needs to *dis-fellowship* that individual. Unrepentant public sin sends the wrong message to people who are lost. Leadership steps in at this point in a gentle way to ask the person to leave. In some cases, the person can return if he or she repents.

Private sin is different. How many of us know that all of us have sin in our hearts? And it's there, but it's not in the open. Hopefully, we're dealing with that kind of a thing.

What is an example of a public sin that leadership cannot ignore? Church leaders who move in the flagrant sin of which they refuse to repent need to be held accountable. An elder, deacon, or youth leader who is cussing, drinking, carousing, gambling, going out to the bars at night - what kind of witness is that to a lost and dying world? We cannot just close our eyes to that.

Here's another example. You've got a pastor who's extorting money or having an affair with somebody in the church - God forbid that would happen. Has it not occurred in the past? Immediately, measures need to be taken for that individual to step down. It needs to be done in a public way. Headship asks that person to leave to protect the body. Any person in sexual sin who is leading a church body will find countless members of that congregation also in sexual immorality.

*"Let all things be done decently and in order."*

*-1 Corinthians 14:40 KJV*

We don't like to deal with those situations, but what is divine order? Divine order is, "Let all things be done decently and in order." Are we big enough to handle this Church of God?

If you're serious about going on with God, and you want to go deeper with God, the deeper you go, the more accountable you're going to be. In other words, God's going to expect more of you. His expectation of you grows with how much He gives to you. The scripture says that the Lord (and His people) requires much of everyone to whom He gives much.

# DIVINE ORDER

*"…Much will be required from everyone to whom much has been given…"*

*-Luke 12:48 NIV*

As a church, you want your body to grow up and mature. We've got to be accountable for what we know. Although it's not pleasant, we must handle this type of situation when it arises. Are we going to deny it, or are we going to deal with it? We need to deal with it if we want to stay in divine order. If we get out of divine order, we're going to lose the blessing of God. I want you to know that.

## Divine Order Brings God's Favor

If you want God's favor in your life, then get your life in order. There are some things that we completely ignore about the scripture. We read it. But we say somehow that it doesn't apply to us. And we wonder why God's favor is not on our lives? It's because we are not being obedient to His Word. And God's favor cannot be on our church if our church is not in divine order. He will not let it happen.

When God's favor is on a body of believers, He starts to move in significant ways, and there are demonstrations of the Spirit with power. You see mighty miracles and the manifestations of the gifts the Holy Spirit provides. People get excited about God and about seeing the power of God unleashed. If that power cannot be handled appropriately,

then the Lord would be foolish to do that; would He be not?

If we want revival to come, and desire those greater things to happen, then are we willing to be accountable for that? "Much will be required from everyone to whom much has been given." That's why we need to deal with our personal relationships in the right manner.

I want to reemphasize this. You and I do not have the luxury of taking up an offense for our friends and family members. You still should not take up an offense for another person, even if it is your child. If someone comes to you and says, "You know what so and so said or did to me?" Do you know what your proper response would be? The only reply you should have is, "You need to go to that person and directly talk to that person." If it concerns your child and an adult member of the congregation, you are to go and talk to the individual with a mind to bring peace. If the person has something against the pastor, you say, "I understand, but you need to go to the pastor and talk to the pastor about this. That's what you tell them if they've got something against the pastor.

But if somebody comes to you and says, "Well, I don't know why the church is like this. Why does the church do this?

Why does the church do that?" If you cannot appropriately give a wise reply, direct them to someone who can help them. Do not allow people to complain to you about people. If you open yourself up to that kind of talk, you will defile your spirit. There are channels to go through set in place by the scripture to maintain unity. Unity is essential so that the anointing can continue to flow in your life and others. Doing all things decently and in order will bring tremendous blessings to the body.

## Discernment and Confirmation

Let's look in the Old Testament to see how severe situations were handled. Let's study their guidelines.

*"A single witness shall not rise up against a man on account of any iniquity or any sin which he has committed; on the evidence of two or three witnesses, a matter shall be confirmed. If a malicious witness rises up against a man to accuse him of wrongdoing, then both the men who have the dispute shall stand before the LORD, before the priests and the judges who will be in office in those days. The judges shall investigate thoroughly, and if the witness is a false witness and he has accused his brother falsely, then you shall do to him just as he had intended to do to his brother. Thus, you shall purge the evil from among you. "The rest will hear and be afraid and will never again do such an evil*

*thing among you. Thus you shall not show pity: life for life, eye for eye, tooth for tooth, hand for hand, foot for foot."*

*-Deuteronomy 19:15-21 NASB*

Spiritual leadership needs wise discernment in the Body of Christ. Do you know that you can't always believe everything you hear? According to Isaiah, the servant of the Lord does not judge by what he hears with his ears or by what he sees with his eyes (Isaiah 11:3). When you have situations where one person's account differs from another, righteous judgment by the Holy Spirit is crucial.

"One witness is not enough to convict a man accused of any crime or offense he may have committed." That's very good. The Bible says that even one witness is not enough to accuse a man of any crime or offense he may have committed. Two or three witnesses are required. The Bible says, "Let every word be established by two or three witnesses."

You can apply this in many ways. Have you ever thought you heard the voice of God in your heart? I hope you could say "Yes" because the people of God should be able to hear God's voice. When you think you hear God's voice, and you believe you received a Word or instruction in your spirit, why not ask the Lord for confirmation? Doesn't the Bible say to let everything be done by two or three witnesses?

# DIVINE ORDER

Say, "Lord, I need confirmation on this." In other words, ask for the Holy Spirit to give a witness. Don't go out impulsively to do things when you think you've heard God. If you think you've heard correctly and got it straight, it's always best to wait for another witness. Do you believe the Lord is able to give you another witness? Time and time again, He will confirm what He has said. Sometimes Christians who are excited about God and who are filled with the Holy Spirit, and who have boundless energy, especially new and immature Christians, can get into trouble with this. They hear a word and think it's God, and they go out FULL FORCE creating problems. Even if you've been walking with the Lord for many years, it's best for you to say, "Lord, I want every Word to be confirmed with one or two witnesses." Confirmation is a good thing, not only in the natural realm but also in the spiritual realm.

Do you know anyone who is impulsive? If that is you, you need to get a correction on that. Don't be impulsive. I didn't say, "Don't be quick." There's a difference between being quick and being impulsive. A person who is impulsive acts without giving thought to what they are doing or what the outcome may be. It's a person who barges ahead. "I've got to do it!" They don't stop to ask questions or find out the situation; they just go out like a bull in a China shop. That's being impulsive.

Many people have a zeal for God. I love people who are

unashamed of the Lord and who are strong in their witness for God. They're energetic and radical for Christ, but at times those same folks can be very impulsive. It may be necessary for proper leadership to rein in that person as He is maturing.

When you think you've got a good idea for God, or you believe God's leading you to do something, ask others who you know the Spirit of the Lord guides. Get a witness. I do that at times. I'll say, "I feel in my spirit that we need to do so and so." And others will be there, and they will say, "Yes, I feel the same way. I agree with that." If I get an agreement, I go ahead. One of the greatest witnesses God gives me is through His written Word. Whatever I get by the Spirit, His Word confirms. If I don't get an agreement on certain things, I wait. The Lord is telling me to do that, but it's for a different time. Discern what the Spirit of the Lord is saying. Be still and learn to listen to your spirit, man.

The Bible says, "One witness is not enough to convict a man of any crime or offense he may have committed. A matter must be established by the testimony of two or three witnesses. If a malicious witness takes the stand to accuse a man of a crime, the two men involved in the dispute must stand in the presence of the Lord, before the priest and the judges who are in office at the time. The judges must make a thorough investigation and if the witness proved to be a liar, giving false testimony against his brother." Spiritual people judge all things.

DIVINE ORDER

## **False Witnesses**

Is it true that in the church today, you can have people who give false witnesses against people? Why would a person give a false witness against somebody else? Jealousy is one reason. People who are jealous may bring a false witness against a brother or sister. People who want to divide relationships will bring a false witness against you, so it will break your connection with a person. They may fabricate a lie or simply change something said so it will appear that it came against the person. That's how the enemy works to bring disunity. I have learned in ministry that when an accusation is brought, you must gather all parties involved to understand the full truth.

False witnesses start with something that is true, but they don't tell you the whole truth. A good liar tells you PART of the truth but not the fullness. Then they can add innuendos, body language, and attitudes that were not part of the actual conversation. But because it began with a fact,

it could sound right. That's how a false witness works. He might see or hear something and go behind a person's back to an individual and speak against it, but again, he won't bring up the whole truth.

If you are the victim of such nonsense, take it to leadership who will discern it in an objective way. It needs to be brought in front of a judge. You must tell your story, and the witness must tell their story. Usually, the false witness won't even show up because he knows he is wrong. In some cases, the false witness does come. He tells his side of the story, and the judge, the people that hear from God, will look at the whole situation, and they must use discernment to find out what the real truth is. Sometimes the Holy Ghost will give a question to ask that will help unfold the truth. Do you understand that?

Be careful. Don't take what people say ultimately as truth because they may be slanting it for their own purposes. Use discernment in everything you hear, and always give the benefit of the doubt.

People will occasionally come to me with something they say someone else has said. When I hear something about somebody else, I may think, "Yeah, okay. Maybe I could see that." But I'm going to give that person the benefit of the doubt - unless it's a dire situation that requires investigation. Most of the things I hear in the church are petty. They really don't amount to much of anything.

But now you see, we can take a trivial thing, and we can really stir it up and make it into a big thing, can we not? This happens when we start taking up offenses for one another, and it happens when we start hearing things and judging people by what we hear with our ears instead of going to the Holy Spirit and saying, "Father, You show me what this really is."

Have you learned to do that? Do you ask, "Holy Spirit, will *You* show me what this is all about?" Usually, the surface issue is never what it's all about. There's always something under it. I look at people sometimes, and I go, "I can't figure that person out. Why is that person doing that or acting that way?" I say that just by what is visible on the surface. Then when I go deeper and say, "Holy Spirit, show me," I get a better understanding. We need to discern.

"One witness is not enough to convict a man accused of any crime or offense he may have committed. A matter must be established on the evidence of two or more witnesses." Now, if you've got two or three people coming to you about the same situation, that might warrant further investigation.

"If a malicious witness takes the stand to accuse a man of a crime, the two men involved in the dispute must stand in the presence of the Lord...." What does that mean, 'they must stand in the presence of the Lord?' In other words, you've got to bring this to the Lord. You've got to bring this to the Holy Spirit. You can't bring this to your human reasoning. You must go to the Lord to find out what the situation is, what's really going on.

## DR. LINDA C. LARISCY

"....before the priests and the judges who are in the office at the time. The judges must make a thorough investigation and if the witness proves to be a liar," and that could be the case. It could be a situation of a false witness giving false testimony against his brother. "Then do to him as he intended to do to his brother. You must purge the evil from among you. The rest of the people will hear of this and be afraid and never again will such an evil thing be done among you." Is that serious?

"Show no pity. Life for life. Eye for eye. Tooth for tooth. Hand for hand. Foot for foot." There is complimentary scripture in the New Testament that deals with people who are contentious in the church. And the New Testament says the same thing. Warn a divisive person once, and then warn them a second time. After that, you have nothing to do with them. You may be sure that such people are warped and sinful; they are self-condemned (Titus 3:10-11 NIV).

If somebody is creating strife in your church, he or she is a false witness. If there is a person who is trying to bring discord among the brethren, you need to avoid that person. You don't need to be buddy-buddy with that person because that person is being led by an evil spirit. You might think, "Oh, but that person is so sweet." How many of you know you can be sweet on the outside but be bitter on the inside?

Have you ever taken a piece of fruit that looked good on the outside, but you bit into it and what was on the inside? It wasn't good. It was rotten.

Pay attention to this. People giving false witnesses bring division into the church. The devil is a liar. A spirit of error is leading such people. You need to shun that spirit.

Why would we want to avoid people stirring up a division? We would do that to let them know, "I know what you're doing is wrong. I see how you're manipulating these situations, and I'm going to withdraw myself from your influence." And that's what we must do as a body of Christ to get things in order. It's a rare situation, but I do believe it happens in the church. We need to have eyes to see what the Lord is showing to us.

DR. LINDA C. LARISCY

## **Godly Leaders Are Shepherds**

The leadership in your church is representative of Christ. God sends authentic people to take oversight in the body with a servant-oriented perspective. They need to be humble people. They don't need to be out for fame or fortune.

*'The elders which are among you I exhort, who am also an elder, and a witness of the sufferings of Christ, and also a partaker of the glory that shall be revealed; Feed the flock of God which is among you, taking the oversight thereof, not by constraint, but willingly; not for filthy lucre, but of a ready mind; Neither as being lords over God's heritage, but being ensamples to the flock. And when the chief Shepherd shall appear, ye shall receive a crown of glory that fadeth not away."*

*-1 Peter 5:1-4 KJV*

# DIVINE ORDER

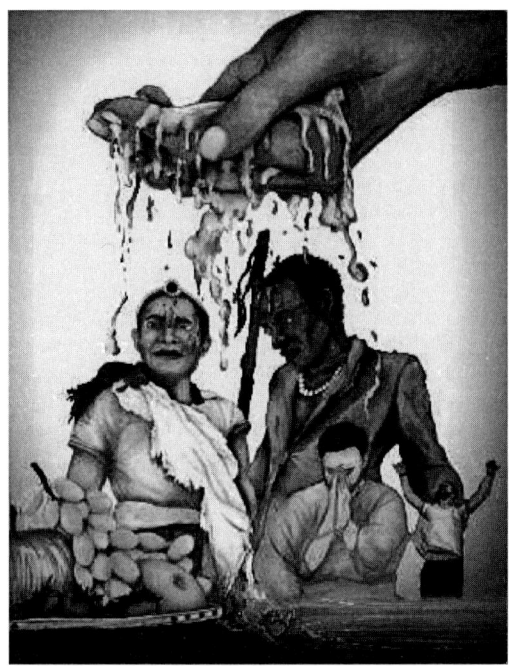

You need to be very picky about who you want to pastor you. The most dangerous thing in the church is immature or false leadership. A great thing is when you have wise and righteous guidance. The only way you get the right leadership is by the Holy Spirit leading and showing you.

If your leaders are not baptized with the Holy Spirit and do not have the power of the Holy Spirit operating in them, your church will never function in the Holy Spirit. You say, "Well, I'm baptized with the Holy Spirit even if my pastor's not." You might be, but I'm talking about your church collectively. The anointing flows from the top-down, from the priest (Apostle, Prophet,

Evangelist, Pastor, Teacher) to the people. You might say, "Well, she's just saying that because she's in leadership." No, I'm not. I have no ulterior motive and nothing to gain here. I love you, and I want to see the body of Christ grow. I'm telling you: if you want to have a spirit-filled church, you better have spirit-filled leadership. You're not going to have it if your pastor is not filled. Your leadership is crucial. You need to pray for them every day. You need to pray for people that are moving in the Spirit because they need it and because it affects you.

I Peter 5:1-4 "The elders which are among you" - that's spiritual leaders - people that have proven themselves. People that are in this for God, who have no ulterior motive, that are not in this for self-gain. They're not in the ministry to please men but to please God. Some people go into ministry just to have their individual needs met. Some people need to be needed. And so, they get that need met by going into a helping ministry. That's just not going to cut it because people are going to show you that they don't need you. And if you can't take it, you'll be out of the ministry quick.

You've got to have people that are in ministry, that know they are there because God's called them there. They are sent ones. They must know they are representing the Lord. It's not about getting their needs met. It's about representing the Lord.

"The elders which are among you I exhort, who am also an

elder, and a witness of the sufferings of Christ…" - this is Peter speaking. "And also, a partaker of the glory that shall be revealed to the elders," This is the requirement, "You are to feed the flock of God which is among you." Feed them. Nurture them. It's an essential fundamental function of an overseer. You feed the flock which is among you, "taking oversight thereof not by constraint, but willingly. Not for filthy lucre," - In other words, you don't do this for money! "Not for filthy lucre, but with a ready mind. Neither as being lords over God's heritage, but by being examples to the flock."

Leadership should want to feed the flock and to see the people grow and mature. Servant leaders oversee the souls of the people. "How is he doing? How is she doing?" The leadership is always watching. "You know this person is growing in God. I can see it." But it's also the opposite. Compassionate leadership will also say, "Something's wrong. Something's not right here. I can see that she's withdrawing." And it's nothing that you may be doing outwardly. It's an inner witness that something's not right because God gives leaders discernment. They're taking oversight over you because they love you and their very purpose is to see you shine. It makes them the happiest when they see you grow in God by leaps and bounds. That's what oversight is all about.

They want you to mature and grow in God, and they want to do all they can in God to see that happen.

The next requirement is they have to be an example to the flock. Your leaders aren't examples if they teach you one thing and they do the opposite. What's up with that? They've got to do and then teach. Teachers should preach before they instruct. Not the other way around.

God sends leaders to take oversight of the church as a whole. Things that the Holy Spirit might be telling you to do in the church need to be brought to the leadership first. When you believe the Lord is leading you to do something, it is wise for you to come to headship and say, "Hey, look, I believe the Lord is telling me to do this. What do you think?" It's a matter of divine order. If you believe the Lord is telling you to do something, don't you want a witness of that? What kind of confirmation would it be if you went to your leadership and said, "I want to do this? What do you think about it? Would you oversee this with me?" And if they said, "Absolutely, yes!" How would that make you feel? Wouldn't you be totally free to do that? It's an agreement. And it's excellent when you move out under the support and approval of the leaders. It puts you in divine order, and there's a blessing and an anointing over you.

But what if you went to that leader who told you, "Yeah, I think that's a great idea, but I don't think right now is the best time." What would you be willing to do?

Would you be ready to respect that decision and line up with it? I think it would be good to wait. It's important to follow proper protocol in church. In fact, it's essential. Don't go out beyond the leadership. I want things under the leadership, how about you?

I want to be under the leadership and under the blessing of the leadership.

What if your pastor isn't spirit-filled and one who's not being a proper example to the flock? What if he doesn't understand how you walk in the spirit? In this instance, you are in a difficult spot. And so, when you get a bright idea that the Holy Spirit is telling you to do something special, and you bring that to the leadership who is not walking in the things of the Spirit, he might say, "No. I don't think you should do that."

What are you going to do in this situation? Let's say that you feel very strongly, and you are being led by the Spirit. You know in your spirit that the Lord told you to do that, but your leadership said no; what are you going to do then?

You know what you better do? You don't do anything. Don't go off huffing and say, "I'm going to do it anyway." You pray, and you know what? God will make it happen for you. He'll make it happen because He's our advocate. He's our counselor. It might not be immediate, but it will happen.

Think about these things. Mull them over. Meditate on them. Because if we want to do it in order, this is the way we need to do it. I think a leader who really walks in the Spirit of God would want the people to go and to do. They would want to bless what they do, and they would want to work with the people. They would not want to Lord over them. They would not want to be dominating. They would really want to be a servant leader.

*"Likewise, ye younger, submit yourselves unto the elder. Yea, all of you be subject one to another and be clothed with humility: for God resisteth the proud, and giveth grace to the humble."*

-1 Peter 5:5 KJV

1 Peter 5:5 says, "Likewise ye younger," now that does not necessarily mean younger in age. That could mean younger in the things of the spirit. And it doesn't necessarily mean how long you've been a Christian. Perhaps you have been a Christian for a long time, but you just now are growing. So, it's talking about in the spirit.

"Likewise, ye younger, submit yourself to the elder," people who have been walking in the things of Spirit longer, a LOT longer. "Yea, all of you be subject one to another." Now, this is another thing. We're really supposed to be subject to one another. I'm supposed to be subject to you, and you're supposed to be subject to me. We're all supposed to defer one to another. In other words, we're not supposed to always want it our way, right? Always wanting and getting your way is a form of control.

"Likewise, ye younger, submit yourself to the elder. Yea, all of you be subject one to another and be clothed with humility for God resists the proud." A submissive attitude is a winning attitude. God resists the proud. "But he giveth grace to the humble."

*"Now we ask you, brothers and sisters, to acknowledge [respect] those who work hard among you, who care for you in the Lord, and who admonish you. Hold them in the highest regard in love because of their work. Live in peace with each other."*

*-1 Thessalonians 5:12-13 NIV*

Continuing on in regards to spiritual leadership, "Now we ask you, brothers and sisters, to acknowledge (or respect) those who work hard among you, who care for you (and are over you) in the Lord, and who admonish you." In other words, who encourage you and who teach you. "Hold them in the highest regard in love because of their work. Live in peace with each other." You can read that in 1 Thessalonians 5:12-13.

*"The elders who direct the affairs of the church well are worthy of double honor, especially those whose work is preaching and teaching."*

*-1 Timothy 5:17 NIV*

1 Timothy 5:17-18 says this,

*"The elders who direct the affairs of the church well, are worthy of double honor, especially those who work at preaching and teaching."*

This is how the scripture says that we are to order things in the church.

In conclusion, let this be our motto: Let all things be done decently and in order. I Corinthians 14:40

*"Let all things be done decently and in order."*

*-1 Corinthians 14:40 KJV*

## **Prayer**

Father, we thank you for your Word. We thank you that it is YOUR Word and that it is truth, and it is wisdom. Lord, we want You to give us a greater grace to understand Your Word and to put it into action in our lives. Father, many times there are places of darkness in our lives that we can't see. They are hidden from us. Lord, we admit that today and Father, we ask forgiveness. But we believe that as you permit it to be so that you will give us greater light. And so, Father, we ask now that we would walk in a greater light in our own personal lives in the matter of divine order.

Father, I declare in the name of Jesus that the Word that has gone forth today will be the seed for the sower and bread for the eater. In Jesus' name. Amen!

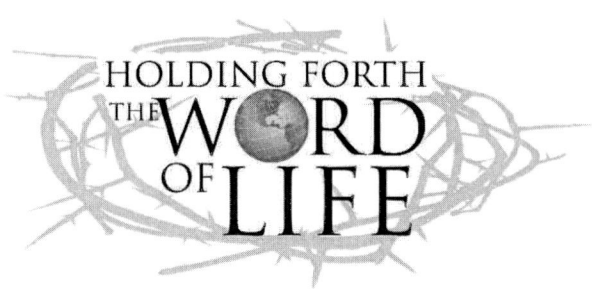

*"Holding forth the Word of Life, that I may rejoice in the day of Christ, that I have not run or labored in vain."*

*-Philippians 2:16*

Père, je déclare au nom de Jésus, que la Parole qui est sortie aujourd'hui produira de la semence pour le semeur et du pain pour quiconque veut en manger. Au nom de Jésus. Amen !

*Philippiens 2 :16 Louis Segond (LSG) « portant la parole de vie ; et je pourrai me glorifier, au jour de Christ, de n'avoir pas couru en vain ni travaillé en vain. »*

### *Biographie :*

Active dans le ministère depuis plus de quarante ans, l'apôtre et enseignante Linda LARISCY est la fondatrice de Holding Forth the Word of Life Ministries. HFWL est un ministère de discipolat à travers le développement communautaire et les multimédia. Linda est titulaire d'une Licence en psychologie, un Master en éducation et un Doctorat en Théologie. Elle réside à Wrens-GEORGIA avec son mari et sa fille. Mettez-vous à jour avec ses derniers messages en vous abonnant à sa chaîne YouTube hfwlministries ou son site

Web www.lindalariscyministries.com

# Ordre Divin

Dr. Linda C. Lariscy

Cover illustrated by David William Wells

Wrens, Georgia

## Chapitre Un

1. Ordre divin du Corps, l'Âme et l'Esprit
2. Division
3. Votre Choix
4. Dieu prend l'ordre au sérieux
5. Dieu est un Dieu de paix et d'ordre
6. Les perturbations vous amènent à faire un choix
7. Jésus, une image de l'Ordre Divin
8. Jésus a été envoyé. Êtes-vous envoyé ?

## Chapitre Deux

1. Reconnaître le gouvernement divin
2. La volonté de Dieu pour votre vie
3. Un événement cataclysmique
4. Dieu travaille toujours pour mettre de l'ordre
5. Le jeu de Blâme
6. Réconciliés à travers Jésus
7. L'œuvre du Saint-Esprit
8. Avez-vous un Roi ?
9. La puissance vient par l'Esprit et non pas la Loi
10. Dieu opère à travers les humains

## Chapitre Trois

1. Les croyants doivent marcher par la foi
2. Qui es-tu ?
3. Être pour faire
4. L'Ancien Testament, réservoir du savoir
5. Revenir au Seigneur
6. Pouvez-vous prendre des commandes ?
7. Samuel et Eli - Un regard sur Samuel
8. Samuel et Eli : Un regard sur Eli
9. C'est dangereux de mal représenter Dieu
10. Les Ministères, dans l'Église contemporaine
11. David et Absalom
12. Lucifer, Adam et la Rébellion
13. La désobéissance et la divination
14. Autorité

Chapitre Quatr

1. Le mystère de la volonté de Dieu
2. Chaîne de commandement
3. Ce monde n'est pas votre demeure
4. Nous sommes sa progéniture
5. Le principe de la semence
6. Choisis du milieu du monde
7. Le monde mourra dans son péché
8. L'Esprit retourne à Dieu qui l'a donné
9. Demeurer dans la Parole de Dieu
10. Mettre les premières choses en priorité

Chapitre Cinq

1. Revenir en Ordre
2. Un gouvernement invisible
3. Le Saint Esprit conduit dans toute la vérité
4. Exercice et mise en pratique
5. Je ne t'ai jamais connu
6. Notions sur Jésus
7. Les Fils de Dieu sont dirigés par l'Esprit de Dieu
8. Enseigne-moi la voie de tes statuts
9. Confiez votre programme à Dieu
10. Satan veut vous dévorer
11. Dérobez-vous Dieu ?
12. Nous nous dévorons les uns les autres

Chapitre Six

1. La loi de l'amour
2. L'Ordre dans les relations
3. Distinction entre un péché public et un péché privé
4. L'ordre divin apporte la faveur de Dieu
5. Discernement et confirmation
6. Les faux témoins
7. Les dirigeants qui craignent Dieu sont des bergers
8. Prions

## *Introduction à l'ordre divin :*

Comment peut-on nier l'organisation divine de l'univers ? La création de Dieu a une structure qui fonctionne dans un mouvement précis. Le soleil, les étoiles et la lune exécutent fidèlement leurs rôles. Les flux et reflux de la mer sont à un rythme constant. Même l'environnement témoigne de la bienveillance du Créateur à travers les rivières qui coulent et les plantes qui poussent : chaque créature vit dans un écosystème d'ordre. La nature proclame la glorieuse harmonie de Dieu !

Des systèmes de gouvernement sont nécessaires pour soulager les souffrances excessives causées par l'anarchie et les conflits. Voyez-vous la différence qui existe dans la façon dont les nations gouvernent ? Quand la justice règne dans un pays, on bénéficie de la protection et de la justice. L'ordre divin de Dieu est Son gouvernement dans votre vie. Lorsque vous vous y soumettez de façon volontaire, il fait croitre la paix dans votre vie jusqu'à sa plénitude.

Le Royaume de Dieu reflète Son ordre. Jésus-Christ dirige l'Église de Dieu contre laquelle les portes du séjour des morts ne prévaudront point. Le Seigneur veut que vous compreniez l'importance de la stabilité céleste afin que vous puissiez en récolter les fruits dans votre vie. L'ordre est synonyme de la paix. La paix engendre la confiance et la direction divine, guides de votre vie. Si vous n'êtes pas dans l'ordre qu'il faut, vous ne vivez pas selon la façon dont Dieu voudrait. Tout désordre et toute action maléfique sont les résultats de la confusion intérieure contraire au plan de Dieu pour votre vie. Ne pas s'y soumettre vous condamne à une orbite de douleur émotionnelle et d'agitation. Le péché fragmente chaque être humain. Une personne divisée n'est pas parfaite et ne peut pas constamment opérer par la foi dans sa vie afin d'obtenir la victoire. Mais gloire soit rendue à

Dieu qui sait instaurer de l'ordre dans les chaos. Lorsque vous prenez la meilleure décision de faire un avec Jésus, un processus de transformation permanente commence. L'amour du Christ apporte la plénitude à votre être, lorsque que vous vous abandonnez à sa volonté. Son chemin devient le vôtre.

Êtes-vous dans l'ordre divin tout en marchant dans le plan et le dessein unique de Dieu pour votre vie ? Désirez-vous une vie stable, compatible avec la paix et la prospérité ? Le flux divin de Dieu bénira votre carrière, vos finances, vos relations et votre santé. Le Saint-Esprit se veut votre aide, le gouverneur de votre vie. Il vous enseignera qui est Jésus, et vous deviendrez mature à travers Lui. Vous vous détournerez des désirs de satisfactions immédiates, qui vous empêcheraient éventuellement de tout ce qui vous serait bénéfique, à long terme.

Dites oui à l'ordre de Dieu dans votre vie. J'espère que ce livre vous aidera à faire un choix sage dans cette vie. Soyez béni, mon ami et bien-aimé de Dieu !

# Chapitre Un

## *Ordre divin du Corps, l'Âme et l'Esprit :*

> Thessaloniciens 5 :23 Louis (LSG) *« Que le Dieu de paix vous sanctifie lui-même tout entiers, et que tout votre être, l'esprit, l'âme et le corps, soit conservé irrépréhensible, lors de l'avènement de notre Seigneur Jésus Christ ! »*

Dieu a défini l'ordre divin. Nous commencerons par l'observation de la façon dont Dieu nous a faits. C'est vrai que nous sommes corps, âme et esprit. Mais cet ordre n'est pas exact.

Si les besoins de votre corps vous dictent ce qu'il faut faire, vous n'êtes pas en ordre. Par exemple, lorsque vous vous réveillez le lundi matin pour aller au travail et que votre corps vous dit de vous allonger et de dormir un peu plus et vous l'avez obéi, alors vous n'êtes pas en ordre.

Cela s'applique aussi à votre âme. Si vous laissez vos émotions vous contrôler, il vous serait facile de vous décourager. Une fois découragé, vous risquez d'être nonchalant. Si vous laissez votre propre compréhension des choses vous conduire, il vous serait facile d'abandonner.

> Galates 6 :9 Louis Segond (LSG) *« Ne nous lassons pas de faire le bien ; car nous moissonnerons au temps convenable, si nous ne nous relâchons pas. »*

Il y a beaucoup de gens talentueux qui échouent dans ce monde parce qu'ils manquent de persévérance. Je ne peux m'empêcher de mentionner que plusieurs fois les pensées qui viennent dans nos esprits nous empêchent de continuer. À force d'écouter les suggestions que l'ennemi donne à notre esprit, nous ne parvenons souvent pas à aller de l'avant.

Donc, si nous ne voulons pas permettre à notre corps ou à notre esprit de nous gouverner, à qui devrions-nous permettre de nous gouverner ? Notre homme spirituel devrait nous guider. L'ordre qu'il faut dans votre vie se présente comme suit : votre esprit, votre âme (votre pensée, votre intellect et votre personnalité font tous partie de votre âme), puis votre corps. Le corps doit obéir. Il doit se soumettre à votre âme. Si votre âme est en adéquation avec votre esprit, votre corps obéira.

Il est important de comprendre que vous êtes un être spirituel et qu'un être spirituel a besoin de la nourriture. Nous comprenons tous que notre corps a besoin de nourriture ainsi que notre esprit. Qu'est-ce qui est la nourriture de l'esprit ? L'homme spirituel doit se nourrir de la Parole de Dieu. L'homme spirituel a aussi besoin de prière et de méditation sur la Parole. La Parole de Dieu est le Logos, la Parole écrite, mais aussi le Rhema. Nul ne peut entendre Dieu lui parler à moins qu'on apprenne à se taire, après avoir allé dans son lieu saint, rentré dans la présence de Dieu et lui demander de nous parler. C'est là ce qui nourrit votre esprit.

Beaucoup d'entre nous n'ont jamais pensé que le corps peut passer une journée sans se nourrir. Mais beaucoup d'entre nous vivent de jours en jours sans nourrir leur esprit. C'est hors de l'ordre.

Pour se mettre en ordre, vous devez prendre la décision de laisser le Seigneur diriger votre esprit dans ce qu'il faut faire. Lorsque vous commencerez à suivre les conseils du Saint-Esprit dans votre vie, vous déciderez de soumettre votre esprit à l'obéissance à ce que dit le Saint-Esprit. Cela va demander beaucoup de discipline.

## *Division :*

Jésus nous a appris qu'un royaume divisé contre lui-même ne peut subsister.

> Matthieu 12 :25 Louis Segond (LSG) *« Comme Jésus connaissait leurs pensées, il leur dit : Tout royaume divisé contre lui-même est dévasté, et toute ville ou maison divisée contre elle-même ne peut subsister. »*

*Divisée* est le mot clé de ce verset. Inventorions les endroits où nous trouvons le gouvernement. Un ménage est-il un système de gouvernement ? Il l'est absolument ! Une ville a-t-elle un système de gouvernement ? C'est absolument le cas. Et les églises ? Les églises ont-elles un système de gouvernement ? Oui, elles l'ont.

Jésus a dit qu'un royaume ou un système de gouvernement, que ce soit dans votre maison, église, leadership de la ville, ne peut subsister si la division existe en son sein. La désunion va le ruiner. Réfléchissez-y.

Si nous en tant qu'individus, ne sommes pas en ordre, cela suppose que nous ne travaillions pas comme Dieu l'aurait voulu. Si nous ne sommes pas unis, nous risquons de sortir de l'ordre ; ce qui nous emmènerait à faire l'expérience de la division en nous-mêmes. Une personne divisée n'est pas entière et ne peut pas marcher par la foi dans cette vie et obtenir la victoire.

Il est important de comprendre que la division n'est pas toujours une mauvaise chose. Jésus enseigna qu'à la fin des temps Il diviserait les chèvres des moutons (le faux du vrai). Jésus lui-même les divisera et les séparera.

Avez-vous besoin de vous séparer de certaines personnes et situations dans votre vie ? En mélangeant le bon avec le mauvais, il est impossible de s'en sortir au moment des ennuis. Jusqu'à ce que vous divisiez les deux, vous ne serez pas en mesure de voir clairement la différence entre les bons et les mauvais choix de votre vie. La division apporte la clarté entre la vérité et le mensonge afin que vous puissiez agir en conséquence. La maturité en Christ dépend de votre capacité à identifier en vous, les choses qui se battent les uns contre les autres. Vous devez comprendre la volonté de Dieu et séparer vos désirs charnels de ceux de l'Esprit Saint afin de faire des choix judicieux.

La lutte en soi contre le péché représente Adam (le vieil homme) contre Christ (le nouvel homme). Avez-vous déjà eu l'impression qu'une partie de vous disait « *oui* » à la volonté de Dieu alors qu'une autre disait « *non* » ? Y a-t-il une lutte en vous ? Un jour vous êtes dans un sens et le lendemain un autre. Jésus a enseigné que si vous êtes ce genre de personne, vous ne pourrez pas subsister. Vous êtes partagé contre vous-même. Une âme fracturée empêche la paix avec soi et avec les gens autour de vous. Si vous n'êtes pas en paix, vous risquez d'avoir un flux continuel et c'est un problème. Fondamentalement, vous devez vous dire : *"Je ne suis pas en ordre ! Et j'ai besoin d'être en ordre."* L'essence de l'ordre est la paix.

Dieu veut que vous ayez la paix aujourd'hui. Il veut que vous analysiez votre vie et que vous soyez honnête avec vous-même. Vous pouvez prier en disant : *"Père, montre-moi les domaines dans lesquels je ne suis pas en ordre afin que je puisse me stabiliser et tenir ferme pour toi. Je veux marcher dans la foi pour toi. Je veux marcher en toi.''*

## ***Votre Choix*** :

> Galates 5 :25 Louis Segond (LSG*) « Si nous vivons par l'Esprit, marchons aussi selon l'Esprit. »*

Si vous êtes chrétien, alors vous avez le Saint-Esprit en vous. Il vit en vous ; par conséquent, vous vivez en Lui. S'Il vit en vous et que vous vivez en Lui, alors vous devez marcher en Lui.

J'ai entendu des chrétiens dire : *"Eh bien, je n'arrive pas à marcher selon l'Esprit."* C'est n'est pas vrai. Vous pouvez marcher selon l'Esprit Saint. Faites un choix. Les gens qui ne choisissent pas de marcher selon l'Esprit ont plutôt choisi de faire les choses à leur façon. C'est ce qui arrive parfois. Lorsque nous choisissons de marcher à notre façon au lieu de la voie de Dieu, nous sommes comparables à l'affichage d'un panneau sur la porte d'une salle de bains qui dit, *"Hors service."*

Quand vous marchez contre l'Esprit Saint, tout ce qui est autour de vous et tout ce que vous touchez, sera rocailleux. Si vous vous plaignez que vous n'avez pas de paix, que vous êtes malheureux et vous indexez tout le monde en disant que c'est de leur faute, alors vous ne marchez pas selon l'Esprit. Cependant, la vérité est que vous n'êtes pas en ordre parce que vous n'avez pas choisi de vous soumettre au gouvernement de Dieu. Le gouvernement de Dieu se manifeste dans la façon dont l'Esprit Saint vous guide. Si vous choisissez de rester sous sa direction, alors vous êtes dans l'ordre divin. Vous êtes dans l'ordre divin quand vous apprenez à marcher selon le Saint-Esprit.

Maintenant, écoutez à nouveau ce que disent les Saintes-Écriture : *« Si nous vivons par l'Esprit, marchons aussi selon l'Esprit. »*

Voyez-vous que le choix est de votre côté ? Vous devez décider. En ce moment, vous pouvez dire : *''Père, je suis fatigué d'avoir une vie chrétienne de nom. Je mets ton Royaume en priorité. Je m'applique à vivre pour toi. Je prends la décision de marcher selon l'esprit.''* Lorsque vous décidez quelque chose, vous divisez aussi un autre.

Lorsque vous commencerez à marcher selon l'Esprit, vos émotions et votre intelligence vous bombarderont en raison des situations auxquelles vous serez confronté. Ces situations vous frustreront et elles vous tenteront de marcher dans la chair pour faire les choses à votre façon. Voici l'autre côté de la chose. Plusieurs fois, vous allez échouer. Cela fait partie du processus de la croissance. La différence est que vous ne couvrirez pas votre péché et prétendre que tout va bien. Au lieu de cela, vous confesserez vos échecs et demanderez à Dieu de vous en délivrer.

C'est un bon signe si vous savez que vous avez échoué parce que beaucoup de chrétiens ne savent pas ou ne se soucient pas de savoir s'ils marchent selon l'Esprit ou non. Quand vous péchez, aller immédiatement au Père et lui dire : *"J'ai pris la décision de marcher selon l'Esprit. Je sais que j'ai péché Père, s'il te plaît pardonne-moi."* Voici la bonne nouvelle : Il va vous pardonner parce que vous avez reconnu votre péché et vous l'avez apporté à Lui. Si vous confessez vos péchés, Il vous pardonnera afin que vous n'ayez plus de culpabilité, de peur ou de condamnation.

Honnêtement, beaucoup de gens qui professent être chrétiens ne se soucient pas de chercher le Seigneur avec diligence. Leur état d'esprit est du genre *"une fois sauvé, sauvé pour toujours"* donc ils iront au ciel, peu importe s'ils mûrissent dans le Seigneur ou non. En effet, ils pensent qu'il n'est ni important d'être généreux ni d'être patients si on n'en a pas envie. Ils peuvent être grossiers, hurler et crier sur leurs prochains, parce que peu importe comment vous traitez les gens. Ils pensent qu'ils peuvent agir comme ils veulent. Au point de la mort, ils pensent que, parce qu'ils *"croient en Jésus"*, ils iront au ciel. En réalité, la mort serait leur sauveur plutôt que Jésus. Mais ce n'est pas ce que les Saintes-Écritures nous enseignent. Donc si nous marchons comme cela, c'est n'est pas en adéquation avec l'ordre divin.

Quand vous commencerez à observer cela, vous devrez aller vers Dieu de façon sincère pour lui dire : *"Seigneur, je veux que ma vie soit mise en ordre."* Cela ne veut pas dire que vous serez parfait. Mais vous le reconnaîtrez, lorsque vous ne serez pas en ordre et vous chercherez à vous mettre en ordre. Et le Seigneur vous instruira. Il vous enseignera à travers vos erreurs. Oui, il va œuvrer à travers vos défauts.

Prenons une minute pour analyser nos erreurs et leur impact. Êtes-vous d'accord que parfois, on se croit trop spirituel ? Lorsqu'on grandit dans les choses de Dieu, on peut avoir tendance à opérer dans l'orgueil spirituel. S'il est arrivé que vous avez trébuché à cause de l'orgueil, c'est une bonne chose parce que c'est une situation qui vous briserait un peu. Quand on pèche, cela humilie. Il renvoie à votre vrai niveau où vous êtes dans le Seigneur. Ensuite, vous devrez revoir ce que vous avez fait, recevoir le pardon et aller de l'avant.

Ce que je veux dire, c'est que si vous êtes sérieux au sujet de la vie du Royaume, de qui vous êtes en Jésus-Christ, alors vous allez plaire au Seigneur. Il sonde votre foi et connaît votre cœur ; lorsque vous lui faites confiance, Il vous récompensera.

### *Dieu prend l'ordre au sérieux :*

Dieu prend vraiment cette question d'ordre au sérieux. Dieu a Son ordre.

Voici ce que je veux que vous sachiez : il y a des chrétiens qui pensent qu'ils peuvent vivre une meilleure vie lorsque qu'ils essaient d'être généreux et d'aller à l'église chaque dimanche. S'ils vont aux réunions de prière du mercredi soir, ils se sentent vraiment supers. Toutefois, ils ne se soucient de ce qui concerne la construction du Royaume de Dieu. Tant qu'ils ont une bonne réputation et sont à l'église tout va bien. Eh bien, laissez-moi vous dire quelque chose, ce n'est le plus important ! Parce qu'un jour, ils feront face à l'ordre de Dieu. Ils vont faire face au trône du jugement de Jésus-Christ. Ce qu'ils ont fait de bien sur la terre, qu'ils aient été gentil ou membres d'une église, ne va pas les sauver.

Le Seigneur est proche. Il nous regarde. Abandonnez-vous à la puissance du Saint-Esprit ? Certaines personnes ne veulent pas être remplies par le Saint-Esprit. Ils ne veulent pas avoir l'étiquette d'un imbécile de Jésus. N'est-ce pas une vérité ? Beaucoup de gens aiment être neutre dans leur style du christianisme ; de peur que les gens les trouvent étranges.

Les gens qui ignorent l'ordre divin de Dieu ne s'en tireront pas parce qu'ils devront rendre compte de leur vie menée sur la terre.

Ce serait une situation de tribunal. On parle du trône du jugement. Dieu a son ordre dans son tribunal ! Quand vous entrerez dans la salle d'audience de Dieu, Jésus-Christ sera sur son trône. Il jugera la façon dont vous avez mené votre vie sur terre.

> 2 Corinthiens 5 :10 Louis Segond (LSG) *« Car il nous faut tous comparaître devant le tribunal de Christ, afin que chacun reçoive selon le bien ou le mal qu'il aura fait, étant dans son corps. »*

Dire à Jésus que : *'' J'allais à l'église chaque dimanche matin''* ne vous aidera point. N'y pensez même pas. Il ne s'intéressera pas aux choses que vous avez faites pour bien paraître devant les gens.

Il vous demandera : *"Avez-vous appris à aimer ? Avez-vous œuvré pour Dieu ? Étiez-vous obéissant à mes ordres ? Avez-vous été conduit par le Saint-Esprit dans votre vie ? Avez-vous soumis votre vie à moi, Jésus-Christ ? Avez-vous dit à vous-même que vous ne voulez plus le contrôle de votre vie et que vous voulez qu'elle soit sous mon contrôle ?"* Serez-vous capable de dire honnêtement : *"Seigneur Jésus, sur la terre, tu n'as pas seulement été mon Sauveur mais aussi mon Maître."* Ce sont les choses que Jésus regardera quand vous serez au tribunal divin.

Regardez l'église aujourd'hui. Pensez-vous que la plupart des gens de l'église sont sous la Seigneurie de Jésus-Christ ? Quel est votre jugement ?

Nous devons être sobres dans nos pensées. Dieu prend-il l'ordre au sérieux ? Si vous ne pensez pas que Dieu prend l'ordre au sérieux, il suffit d'étudier l'Ancien Testament.

Savez-vous ce qui vous arriverait en touchant l'Arche de l'Alliance sans en avoir l'ordre ? Vous tomberez et mourez ! *(Voir 2 Samuel 6)*. L'ordre divin est une affaire sérieuse. Et Dieu est le même hier, aujourd'hui et éternellement. Donc, ne pensez pas que Dieu n'a aucun intérêt à ce que vous ayez de l'ordre dans votre vie, dans votre famille et dans votre église. Saints de Dieu, il y a beaucoup d'églises qui sont hors de l'ordre divin, et Dieu ne ferme pas ses yeux sur cela. Si Dieu est sérieux au sujet de l'ordre, alors nous devons être aussi le prendre au sérieux.

Être en ordre, est-il une bonne chose ? C'est merveilleux. Permettez-moi de poser une autre question. Comment vous sentez-vous lorsque votre maison ou bureau est bien rangé ? Comment vous sentez-vous quand tout est à sa place ? Bien, n'est-ce pas ? Allons au cas maintenant. Comment vous sentez-vous quand les choses autour de vous sont en désordre ?

Votre esprit, âme et corps sont-ils en ordre ? Si c'est le cas, vous vous sentez bien, n'est-ce pas ? On doit être en ordre avec Dieu. Votre famille a besoin d'être en ordre avec Dieu. Votre mariage doit être en ordre avec Dieu. Vos relations interpersonnelles doivent être en ordre. Votre église a besoin d'être en ordre parce que c'est une bonne chose, quand elle l'est.

### ***Dieu est un Dieu de paix et d'ordre*** :

En observant Dieu, nous voyons qu'Il est un Dieu de paix.

> 1 Corinthiens 14 :33 Louis Segond (LSG) *« Car Dieu n'est pas un Dieu de désordre, mais de paix. Comme dans toutes les Églises des saints »*

La paix caractérise Dieu. La confusion et le désordre ne caractérisent pas Dieu. Il est un Dieu de paix.

> Romains 15 :33 Louis Segond (LSG*) « Que le Dieu de paix soit avec vous tous ! Amen ! »*

Quand on pense à Dieu, il faut penser à sa nature et à son caractère. Il est pacifique. Le mot *« paix »* signifie *faire un de nouveau.* Dieu veut vous mettre en ordre. Et si vous voulez être en ordre, demandez-Lui de vous en ordre divin, au nom de Jésus. En priant sincèrement pour qu'Il vous mette en ordre divin, vous priez aussi pour la paix.

La confusion provoque toujours des troubles. La confusion apporte des perturbations et des tumultes. Rappelez-vous le film *The passion of Christ surtout q*uand ils disaient, ''Crucifiez-le, Crucifiez-Le ?'' Les passions impies agitent le peuple surtout ceux qui ne vivent pas dans l'ordre. Savez-vous pourquoi ils étaient turbulents ? Parce qu'ils ont rejeté le gouvernement de Dieu.

> Jean 1 :11 Louis Segond (LSG) *« Elle est venue chez les siens, et les siens ne l'ont point reçue. »*

Savez-vous que c'est la même chose qui se passe aujourd'hui ? Dieu envoie les gens dans nos vies pour nous enseigner la Parole de Dieu, nous prêcher et servir ; mais beaucoup ne les reconnaissent pas comme venant de Dieu. Les véritables personnes pour qui ils sont envoyés ne les reconnaissent pas.

Il y a une bonne façon de faire les choses et une mauvaise aussi de les faire. Beaucoup de croyants ne reconnaissent pas l'Esprit Saint de Dieu, l'enseignant. Que nous enseigne le Saint-Esprit ? Tout ce pourquoi l'Esprit Saint vous guide et vous instruit est basé sur le Gouvernement de Dieu. Refuser de se soumettre à la direction du Saint-Esprit est comparable à l'action des gens du film *The Passion of Christ*. Ils étaient agités et dans la confusion parce qu'ils ne voulaient pas se soumettre à l'ordre divin de Dieu.

Analysons l'idée de perturbation. Revenons au film. Jésus était au centre d'une perturbation, n'est-ce pas ? Ne peut-on même pas dire que Jésus était la cause de la perturbation ? D'une certaine façon, il l'était. Jésus a troublé le peuple par ses enseignements. Ils étaient contrariés par ce qu'il avait dit dans *Jean 10 :30 « Moi et le Père nous sommes un. »*

Je veux que vous sachez quelque chose : Jésus a été à plusieurs reprises, la cause des perturbations dans votre vie mais ce n'est pas parce qu'Il est contre la paix. C'est parce que vous n'êtes pas en paix et que vous ne marchez pas dans la vérité. Jésus se révèle à vous afin de prendre une décision. Allez-vous vous accrocher à votre mauvaise voie, à votre système de croyances qui sont contraires à la Parole de Dieu ? Ou allez-vous vous éloigner de cela de vous pour embrasser la vérité ? Qu'allez-vous faire ?

Vous ne pouvez pas vous accrocher au Saint-Esprit et rester dans la fausse doctrine et une Parole de Dieu erronée sans avoir de grandes perturbations dans votre vie. Un pied dans le monde et un pied dans le Seigneur vous pousserait à aller par ci et par là : c'est vivre une vie perturbée.

Jésus est comme un agitateur de votre machine à laver séparant le linge propre du sale. Il vous amène à un point où vous devez choisir votre camp. Cela ne remonte-t-il pas à ce que Dieu a dit au peuple israélite ?

> *Deutéronome 30 :19 Louis Segond (LSG) « J'en prends aujourd'hui à témoin contre vous le ciel et la terre : j'ai mis devant toi la vie et la mort, la bénédiction et la malédiction. Choisis la vie, afin que tu vives, toi et ta postérité »*

*" Choisissez aujourd'hui, qui vous servirez"* disait Dieu, *"j'ai mis devant toi la vie et la mort, la bénédiction et la malédiction."*

Église, laissez-moi vous dire aujourd'hui que c'est comme ça. Vous avez une bénédiction devant vous et à côté une malédiction devant vous. Vous avez la vie devant vous et la mort devant vous. Choisissez en ce jour celui qui vous servirez.

Les gens du film *The Passion of Christ* ont choisi la mort. Ils ont non seulement choisi la mort, mais ils ont aussi choisi une malédiction. Vous me demanderez : *''pourquoi les gens pourraient-ils choisir la malédiction ?''*

Les gens choisissent des malédictions tous les jours et certains d'entre nous ont choisi la malédiction. Oui, les gens choisissent les malédictions plutôt que les bénédictions chaque jour parce qu'ils refusent de se soumettre au gouvernement de Dieu. Je connais des mères célibataires qui sont des travailleuses acharnées s'occupant bien de leurs enfants. Malheureusement, elles choisissent de vivre avec un homme qui n'est pas leur mari, qui boit et est un trompeur. Elles choisissent une malédiction plutôt qu'une bénédiction.

Vous devez poser cette question : *"Dieu ai-je choisi la mort au lieu de la vie ?"* Si c'est le cas, vous pouvez renoncer à cette malédiction et recevoir la bénédiction de Dieu. Vous pouvez accepter l'ordre divin de Dieu. S'il y a une perturbation dans votre vie, analysez de nouveau votre vie et identifiez la raison. Laissez-moi vous montrer ce que je veux dire par là :

> *1 Pierre 2 :7-8 Louis Segond (LSG) « L'honneur est donc pour vous, qui croyez. Mais, pour les incrédules, La pierre qu'ont rejetée ceux qui bâtissaient Est devenue la principale de l'angle, Et une pierre d'achoppement Et un rocher de scandale ; ils s'y heurtent pour n'avoir pas cru à la parole, et c'est à cela qu'ils sont destinés. »*

*" L'honneur est donc pour vous, qui croyez* Jésus est un honneur. *" Mais, pour les incrédules, La pierre qu'ont rejetée ceux qui*

*bâtissaient Est devenue la principale de l'angle.*" Maintenant méditons sur ceci : " *Et une pierre d'achoppement Et un rocher de scandale.*" Jésus-Christ est-il un scandale pour les gens ? Oui, évidemment oui.

Vous pourriez dire que vous êtes chrétien et que vous pensez que Jésus n'est pas un scandale. Mais non ! Jésus peut être un grand scandale, même pour les chrétiens. Jésus est un scandale pour les gens qui lui sont désobéissants ; et même pour ceux qui prétendent être chrétiens mais étant désobéissants.

C'est surprenant, à quel point Jésus peut être un scandale. Si Jésus-Christ venait dans l'auditorium de votre église en renversant les troncs d'offrande, la table de communion et les bancs, combien d'entre vous s'énerveraient ? Certains d'entre vous seraient déjà fâchés avec moi en lisant même ceci. Je suis sérieuse. Pouvez-vous réfléchir en une minute sur cela ? S'il venait dans votre église et commençait à faire cela, certains chrétiens d'entre vous seraient-ils offensés ? N'a-t-il pas déjà fait quelque chose de similaire ? Il l'a fait ! Voir Matthieu 21 :12, Mark 11 :15, et Jean 2 :15. Mais c'est possible de dire : "C'était un autre contexte ! Le nôtre est différent. Vraiment ? Réfléchissez sur ce que je dis.

Jésus sera toujours un scandale pour vous dans n'importe quel domaine de votre vie où vous le désobéissez. C'est bien que cela vous interpelle personnellement. Si ça vous dérange, demandez-vous : ''Pourquoi ce sermon me dérange-t-il autant ? Pourquoi est-ce que je veux rejeter tout ce qui est prêché ici ?'' Attendez la réponse jusqu'à ce qu'elle change votre vie.

Quelqu'un vous a-t-il déjà dit quelque chose qui vous a frotté dans le mauvais sens quand bien même vous sachez au fond de vous que c'était vrai ? C'est bien si ça vous emmène à prier en disant : ''*Père, je ne suis pas en ordre. Je veux être en ordre. Seigneur, aide-moi à changer.*''

Pouvons-nous admettre qu'il y a des choses dans notre vie qui sont fausses ? Je peux l'admettre. Alléluia, je suis si heureuse que Dieu soit patient avec moi. Il travaille toujours sur moi. C'est un travail en cours et je peux admettre qu'il y a de fausses croyances que je ne veux plus trainer en moi. La première chose que vous devez faire est de reconnaitre qu'elles sont là. Admettez qu'elles sont là, puis apportez-les à Dieu et dites-Lui : *"Seigneur, mets-moi en ordre."*

## *Les perturbations vous amènent à faire un choix :*

Les perturbations dans votre vie sont là pour vous conduire à faire un choix. Allez-vous continuer à mentir contre la vérité ? Allez-vous continuer de nier l'existence de votre problème mais dire que tout le monde en a ? Allez-vous vous repentir et embrasser la vérité afin de vous remettre dans ordre qu'il faut ? Le Saint-Esprit nous conduit vers la repentance à travers la tristesse selon Dieu. Rappelez-vous que Jésus est le Rocher de Scandale ? Il est souvent une pierre d'achoppement.

Le film, The Passion of Christ, a offensé certaines personnes. Le monde a absolument enragé contre ce film. Si Mel Gibson avait dépeint Jésus comme un chemin vers Dieu parmi tant d'autres, le monde aurait dit très peu de choses à ce sujet. Ils diraient peut-être que c'était une belle expression poétique de l'art. Au lieu de cela, M. Gibson a dit la vérité et a été attaqué pour cela. Le monde s'était acharné sur ce film et l'a détesté parce que Jésus est le rocher de scandale. Il a poussé les gens à se demander si c'est vrai ou un mensonge. Ils ne veulent pas regarder la vérité en face et se dire ; "Jésus s'est chargé de mes péchés à ma place." Ils veulent plutôt dire, *"Je suis assez bon pour arriver au ciel à ma façon."* C'est là ou le problème se situe.

Vous et moi devons comprendre qu'en venant à Christ, Il nous appelle, commande de faire un travail plus excellent, non pas seulement de manger, dormir, et aller travailler, puis revenir manger, dormir et de travailler encore le lendemain, ainsi de suite. La vie demande plus que ça. Dieu a un appel plus élevé sur votre vie, et Il veut vous remettre en ordre.

## *Jésus, une image de l'Ordre Divin* :

Qu'est-ce que l'ordre divin ? Si vous voulez une définition de l'ordre divin, regardez Jésus-Christ et regardez-vous, conforme à Son image.

Romains 8 :28-30 Louis Segond (LSG) *« Nous savons, du reste, que toutes choses concourent au bien de ceux qui aiment Dieu, de ceux qui sont appelés selon son dessein. Car ceux qu'il*

> *a connus d'avance, il les a aussi prédestinés à être semblables à l'image de son Fils, afin que son Fils fût le premier-né entre plusieurs frères. Et ceux qu'il a prédestinés, il les a aussi appelés ; ceux qu'il a appelés, il les a aussi justifiés ; ceux qu'il a justifiés, il les a aussi glorifiés. »*

Votre destiné doit être à l'image de Jésus-Christ afin que vous soyez à sa ressemblance. *''C'est vrai que la Bible l'a dit''* vous vous dites *''Mais est-ce que Dieu veut que je sois à l'image de Jésus-Christ ?''* Oui c'est ce qu'il veut.

Lorsque vous vous présenterez devant le trône de jugement de Christ, if vous analysera pour voir si vous vous avez été à son image. Vous ne pourrez pas lui dire que vous avez pensé qu'il plaisantait à ce sujet. Ceci est très délicat ! Jésus est très sérieux concernant l'existence de son ordre dans votre vie. Son dessein consiste à vous rendre aussi saint comme lui-même. Votre destinée en Dieu vous attend en forme de l'image du Christ. Accomplissez-vous, la destinée du Christ dans votre vie ? Êtes-vous capables d'affirmer que vous manifestez le dessein de Dieu dans votre vie parce que vous vous êtes soumis à la volonté de Dieu ? Arrivez-vous à le remercier de vous conformer le jour au jour à l'image de Christ ?

« *... Et ceux qu'il a prédestinés, il les a aussi appelés ...* »

Plusieurs personnes pensent aujourd'hui que ceux qui prêchent sont les seuls à être appelés, mais ce n'est pas ce que disent les Saintes-Écritures. Les Écritures disent que Vous êtes appelé, donc vous devez vous dire que ''Je suis appelé''. C'est l'église qui a initié et enseigné l'idée selon laquelle, seuls ceux qui prêchent sont appelés. Oui, c'est ce qu'on vous a enseigné. Mais vous êtes aussi appelés, Ce qui veut dire que Dieu a un travail qu'il vous a confiés.

« *...ceux qu'il a appelés, il les a aussi justifiés...* »

Jésus vous justifiera dans la destinée à laquelle vous êtes appelés à accomplir. Vous verrez votre don se manifester et vos désirs s'accomplir lorsque vous œuvrerez pour sa mission qu'il vous a confiée sur la terre. Quelque soit ce que vous ressentez et l'opinion des gens à votre égard, à la fin Jésus-Christ prendra votre défense pour avoir choisi de l'obéir. Seule la foi vous permettra de croire qu'il vous a réellement justifié. À travers votre foi, Christ vous a pardonné et vous convainc du péché. Cette foi est un don de Dieu et le résultat d'un esprit né de nouveau. Si vous n'arrivez pas à croire que Christ vous a justifié et vous a affranchi du péché, vous ne pourrez pas expérimenter la vie glorieuse que Dieu a préparée pour vous. La foi vous sauve à travers votre assurance. Avez-vous l'assurance que vous êtes justifié, comme si vous n'avez jamais péché ? Si oui, vous avez une relation intime avec Christ susceptible d'expérimenter Dieu de façon journalière. C'est ce que fait la foi.

Dieu nous a prédestinés. Il nous a appelés et justifiés. Il nous a aussi justifiés dans Romains 8 : 29 et 30.

Une fois encore, si vous voulez savoir ce qui est l'ordre divin, focalisez-vous sur Christ. Comprenez que Dieu votre père vous a conformés à l'image de son fils. Si Jésus était sous l'ordre divin, donc nous devons aussi nous soumettre à l'ordre divin. Si Dieu nous a conformés à l'image de Jésus-Christ, nous devons être en mesure de nous soumettre aux ordres et en prendre. Êtes-vous sous l'autorité du Dieu Très-Haut ? Êtes-vous en mesure d'obéir aux ordres ? C'est ce que Jésus a fait.

C'est ce qu'il a d'ailleurs dit de lui-même dans Jean 8 : 28 et 29

> Jean 8 :28 ; 29 Louis Segond (LSG) *« Jésus donc leur dit : Quand vous aurez élevé le Fils de l'homme, alors vous connaîtrez ce que je suis, et que je ne fais rien de moi-même, mais que je parle selon ce que le Père m'a enseigné. Celui qui m'a envoyé est avec moi ; il ne m'a pas laissé seul, parce que je fais toujours ce qui lui est agréable. »*

« *Quand vous aurez élevé le Fils de l'homme* » Jésus parlait de la crucifixion et renchérit en disant : « *je ne fais rien de moi-même.* » N'est-ce pas le même propos que nous devons tenir en affirmant que nous ne faisons rien de nous-mêmes ? Mais nous avons une autre idée. Nous pensons que Jésus pouvait tout faire et qu'il était un merveilleux faiseur de miracle. Il a été capable de guérir les boiteux et de guérir les malades parce qu'il était Dieu. Mais selon les Saintes-Écritures, que dit Jésus sur ce qu'il a fait ? Il n'opérait pas de lui-même, mais il opérait par une puissance d'en Haut. Il œuvrait par la puissance de l'Esprit Saint à travers ce que Dieu lui a montré de faire. Par qui œuvrez-vous?

Où Jésus a-t-il marché ? Jésus a marché sur la terre comme nous. Et nous ne devons rien faire de nous-mêmes. Nous aussi, nous devrions tout faire par la puissance de Dieu. C'est ce qu'il nous enseigne.

Il a dit : « *que je ne fais rien de moi-même, mais que je parle selon ce que le Père m'a enseigné. Celui qui m'a envoyé est avec moi ; il ne m'a pas laissé seul, parce que je fais toujours ce qui lui est agréable.* »

Jésus était-il sous les ordres ? Il n'a enseigné que ce que son Père lui a dit d'enseigner. Il guérissait les malades quand son Père lui disait de le faire. Était-il sous les ordres ? Oui, sous les instructions du Saint-Esprit.

Alors, regardons John 7 :16-19.

> Jean 7 :16-19 Louis Segond (LSG) « *Jésus leur répondit : Ma doctrine n'est pas de moi, mais de celui qui m'a envoyé. Si quelqu'un veut faire sa volonté, il connaîtra si ma doctrine est de Dieu, ou si je parle de mon chef. Celui qui parle de son chef cherche sa propre gloire ; mais celui qui cherche la gloire de celui qui l'a envoyé, celui-là est vrai, et il n'y a point d'injustice en lui. Moïse ne vous a-t-il pas donné la loi ? Et nul de vous n'observe la loi. Pourquoi cherchez-vous à me faire mourir ?* »

Pensez à ce que Jésus disait. Il a dit que son enseignement venait de celui qui l'a envoyé. Il cherchait la gloire (honneur) de celui qui l'a envoyé. Jésus ne cherchait pas son propre honneur. Mourir une mort horrible sur une croix n'était pas une façon de s'honorer, n'est-ce pas ? Jésus ne s'est pas apporté la gloire en mourant une mort dégradante et douloureuse sur la croix. Mais Dieu l'honora en lui donnant un nom au-dessus de tout nom. À son nom, toute la création s'incline.

*"Celui qui parle de son chef cherche sa propre gloire ; mais celui qui cherche la gloire de celui qui l'a envoyé, celui-là est vrai, et il n'y a point d'injustice en lui."*

En plus, Jésus enseigna ces paroles, guérit, chassa les démons, exhorta les gens, prêcha la bonne nouvelle, non pas de son propre chef, mais pour glorifier et honorer Son Père.

Jésus a-t-il été envoyé ? Oui. Qui a envoyé Jésus ? Dieu, notre Père l'a envoyé. C'est ce à quoi je veux que vous pensiez. Quand vous comprenez que Dieu vous envoie, alors vous recevez une révélation plus profonde de l'ordre divin. Vous ne travaillerez point pour votre propre profit. Vous ne travaillerez point de votre propre chef. Vous le ferez parce que Dieu vous a envoyé en vous donnant une tâche : vous le ferez parce que c'est l'œuvre de Dieu. C'est ainsi que nous démontrerons l'ordre divin.

## *Jésus a été envoyé. Êtes-vous envoyé ?*

Quand Dieu a tant aimé le monde qu'est-ce qu'Il a fait ? Il a donné. Il a envoyé.

> Jean 3 :16 Louis Segond (LSG) « *Car Dieu a tant aimé le monde qu'il a donné son Fils unique, afin que quiconque croit en lui ne périsse point, mais qu'il ait la vie éternelle.* »

Pensez à votre propre vie. Regardez où vous êtes. Avez-vous été envoyé dans votre ville, quartier, église ou famille ? Si vous ne pouvez pas répondre à cette question, vous êtes au mauvais endroit !

Certains d'entre vous peuvent dire que vous n'avez pas été envoyé parce que vous êtes né dans le lieu où vous vivez. Mais je vais vous poser une autre question : "d'où êtes-vous originaire ?" Voyez-vous ? Votre jugement n'est pas correct. Dieu vous a envoyé. Ne croyez-vous pas que Dieu a planifié à ce que vous soyez né là-bas ? Dieu vous a envoyé dans cette maison. Et si vous ne comprenez pas que vous êtes envoyé, vous ne pouvez pas vous soumettre à l'ordre divin. Le plus important est celui qui vous a envoyé ; pas vous, mais l'ordre divin.

Êtes-vous un représentant de Jésus-Christ ? Jésus-Christ représentait Dieu, Son Père quand Il vivait sur la terre. Notre vie doit être à l'image de Jésus-Christ. Êtes-vous prêt ? Êtes-vous prêt à déclarer aujourd'hui avec votre bouche que : *"Seigneur Jésus, je suis ton représentant sur la terre ?"*

En priant pour cela, comprenez que vous ne pouvez jamais être Son représentant à moins que vous compreniez Son ordre divin. Les Saintes-Écritures montrent que nous sommes des envoyés de Jésus.

> Matthieu 28 :18-20 Louis Segond (LSG) *« Jésus, s'étant approché, leur parla ainsi : Tout pouvoir m'a été donné dans le ciel et sur la terre. Allez, faites de toutes les nations des disciples, les baptisant au nom du Père, du Fils et du Saint Esprit, et enseignez-leur à observer tout ce que je vous ai prescrit. Et voici, je suis avec vous tous les jours, jusqu'à la fin du monde. » Amen.*

Croyez-vous en la Parole ? Est-il vrai, Mesdames et Messieurs que pouvoir a été donné à Jésus ?

Qu'est-ce qu'Il a dit à ses disciples ? Jésus a dit à ses disciples D'ALLER et d'ENSEIGNER. Êtes-vous son disciple ? Vous a-t-il envoyé ? Si oui, vous devez y aller. Qui enseignez-vous ? Chaque fois que vous ouvrirez la bouche, vous devez enseigner. Or, chaque fois que quelqu'un parle aux gens, il leur enseigne en bien ou en mal. Vous enseignez que vous le sachiez ou non.

*« Enseignez-leur à observer tout ce que je vous ai prescrit. Et voici, je suis avec vous tous les jours, jusqu'à la fin du monde. » Amen.* Alors voyez- vous ? Jésus nous a envoyés, Il nous envoie pour le représenter. »

Nous devons soupirer après l'unité avec le Christ. Notre plus grande passion dans la vie devrait être : aimer, connaître et servir notre Seigneur. Pour pouvoir le représenter, vous devez être capable de comprendre l'ordre divin. Si vous êtes vêtu par l'esprit la révélation, et que je parle à travers la puissance de l'Esprit Saint, si vous avez dans votre esprit que vous êtes un envoyé de Dieu sur la terre, voici ce qu'il faut faire : accomplissez la grande commission.

Savez-vous que vous n'êtes que des visiteurs ici-bas ? Jésus n'était pas connu pendant son temps de visite. Vous n'allez vas pas demeurer sur terre pour toujours. Vous partirez d'ici, et vous retournerez à Dieu. Vous verrez Son ordre e. Il dit ce qu'il dit, et Il tient à ce qu'Il dit, et il est la vérité. Vous serrez devant son trône. Vous serrez devant le trône de jugement de Christ et vous rendrez compte de votre visite sur la terre. Êtes-vous prêt ?

Cet enseignement est un message de Dieu pour vous, préparez-vous pour l'éternité. Concluons avec :

> Jean 20 :21 Louis Segond (LSG) *« Jésus leur dit de nouveau : La paix soit avec vous ! Comme le Père m'a envoyé, moi aussi je vous envoie. »*

Notre Père a une passion irrésistible. Jésus-Christ a une passion pour vous et pour moi. Il s'accrocha à la croix. L'amour de Jésus pour le monde l'a magnétisé à la croix. Il l'a embrassée parce qu'il savait que c'était la seule façon pour nous délivrer du péché, nous justifier et nous glorifier. Avez-vous de la passion pour Lui ? Votre but dans la vie doit être de Le connaître, de Le comprendre et de comprendre ses voies. Cela devrait être notre passion.

Soyons toujours un peuple qui Garde Fermement la Parole de Vie.

# Chapitre Deux
## *Reconnaître le gouvernement divin :*

Quand vous pensez à l'Ordre Divin de Dieu, considérez-le comme le gouvernement de Dieu. Jésus en dit long sur le Royaume de Dieu et le Royaume des Cieux. Le Royaume de Dieu parle du Gouvernement de Dieu. Le Royaume des Cieux parle du Gouvernement des Cieux.

Êtes-vous sous la direction du gouvernement céleste ? Permettez-vous à l'Esprit Saint de gouverner votre vie ? C'est la question que nous devons nous poser parce que c'est une chose importante. C'est une chose très sérieuse pour Dieu. La Bible parle de Jésus-Christ comme étant le Prince de la Paix. Il parle aussi de Jésus-Christ comme étant le roi des rois et le Seigneur des seigneurs. La Bible utilise ces termes afin que vous compreniez qu'il y a le gouvernement divin.

Nous reconnaissons les gouvernements terrestres. Nous reconnaissons les États-Unis d'Amérique et son gouvernement. Nous les reconnaissons chaque fois que le 15 avril arrive. Mais il y a quelque chose de plus important : le gouvernement de Dieu.

La Bible dit que Dieu est un Dieu de paix et Jésus, est le Prince de la Paix. Pour avoir la paix, il faut l'ordre. Le mot paix signifie devenir un à nouveau. La paix, c'est la plénitude. Le monde est un endroit déchu. Personne ne peut y vivre sans éprouver de la douleur et de la souffrance. Le péché fracture chaque être humain. Le Dieu de paix désire vous faire un à nouveau avec Lui. Il veut que vous meniez une vie d'ordre.

Avez-vous une fois, ou connaissez-vous déjà quelqu'un qui a cassé un os ? Quand vous avez un os cassé, le médecin immobilise l'os, n'est-ce pas ? Il dispose l'os de sorte qu'il se consolide correctement : de sorte que l'os soit un de nouveau. Il était autrefois entier et vous l'avez cassé ou fracturé, lui causant beaucoup de douleur et de désordre. Notre corps fonctionne mal quand on se brise les os. De même, le péché brise notre âme et nos vies spirituelles. Sans la paix de Dieu dans nos vies, la race humaine s'effondre.

Il est très difficile de faire l'œuvre de Dieu et d'être heureux dans la vie chrétienne si on n'est pas en paix, ceci parce qu'on n'est pas en ordre avec Dieu. Le Seigneur veut que nous fonctionnions dans la puissance de l'Esprit Saint et en paix. Il veut réinitialiser les choses. Nous ne devrions pas avoir à nous forcer à faire l'œuvre de Dieu. Devez-vous forcer à servir le Seigneur ? Si vous le faites, quelque chose n'est pas en règle dans votre vie. Dieu n'est pas un Dieu du désordre mais de paix. Même dans le chaos, la paix instaure l'ordre.

## *La volonté de Dieu pour votre vie :*

Examinez votre vie. Dieu veut rendre votre vie parfaite. C'est ce que signifie la perfection. Nous concevons que la perfection c'est comme faire tout de la bonne façon sans commettre d'erreur. La perfection spirituelle, c'est parvenir à la plénitude ou à la maturité. Quand nous abandonnons nos volontés à Christ, Il nous met dans un processus de sanctification. Plus nous développons une intimité avec Lui, plus il apporte l'ordre dans notre vie. La volonté ultime de Dieu est de nous faire un, d'unifier tout le monde et toutes choses dans le ciel et sur la terre, en faire un en Jésus-Christ.

Il arrive un jour où ce système terrestre dans lequel nous vivons sera entièrement en ordre parce que le Christ Jésus gouvernera et régnera sur la terre. La Bible enseigne que la Terre et le ciel seront un. C'est le désir de Dieu. Dieu œuvre à cet effet en ce moment. Et Sa volonté pour votre vie est que vous ayez les mêmes pensées et le même but que Jésus. Il écarte le désarroi, et il met de l'ordre dans votre vie. Lisons, Éphésiens 1 :9-10.

> Éphésiens 1 :9-10 Louis Segond (LSG) *« nous faisant connaître le mystère de sa volonté, selon le bienveillant dessein qu'il avait formé en lui-même, pour le mettre à exécution lorsque les temps seraient accomplis, de réunir toutes choses en Christ, celles qui sont dans les cieux et celles qui sont sur la terre. »*

" *Nous faisant connaître le mystère de sa volonté* " : arrêtons-nous et regardons ceci de près. La Bible parle de la volonté de Dieu comme un mystère. Avez-vous déjà entendu l'affirmation suivante : ''Dieu travaille de manière mystérieuse'' ?

Les Saintes-Écritures disent que Sa volonté est mystérieuse, mais d'autre part, Elles disent aussi qu'Il nous a fait connaître le mystère de Sa volonté. Alors, qu'est-ce qui est le ''mystère de sa volonté'' ? Qu'est-ce qui est la volonté ultime de Dieu ? Lisons un peu plus loin : "*nous faisant connaître le mystère de sa volonté, selon le bienveillant dessein qu'il avait formé en lui-même, pour le mettre à exécution lorsque les temps seraient accomplis, de réunir toutes choses en Christ, celles qui sont dans les cieux et celles qui sont sur la terre.*" Est-ce que cela m'inclut ? Est-ce que cela vous inclut aussi ? Le passage dit toutes choses. Donc cela inclut toutes les choses qui sont sur cette terre et dans les cieux, tout ce qui est en dessous et en deçà. Si cela inclut toutes choses, alors vous et moi en faisons aussi partie. " *... de réunir toutes choses en Christ, celles qui sont dans les cieux et celles qui sont sur la terre.* "

C'est ce que Dieu veut faire. C'est ça, le plan de Dieu. Dieu veut vous rendre en paix avec vous-même.

Certaines personnes disent : ''*je veux avoir la paix avec Dieu.*'' Faire la paix avec quelqu'un indique qu'il y a eu une mésentente entre les deux. Si vous avez fait le choix d'abandonner votre vie à Christ, Dieu n'a rien contre vous. Une fois que vous avez cru et reçu Son fils Jésus-Christ, vous vous êtes réconcilié avec Lui en tant que Père. C'est une bonne nouvelle qui devrait vous donner de la joie.

Même maintenant que vous êtes réconcilié avec Dieu par le Christ Jésus, confessez-vous que vous êtes malheureux ? Combien de fois avez-vous été découragé ? Où se trouve le problème ? Il n'est pas au niveau de Dieu. Si vous voulez peut-être indexer les gens ou certaines situations comme la source de votre problème, la réalité est que vous indexer vous-même. Jésus-Christ est le Prince de Paix en tout temps. Il marche toujours dans la paix, et quand vous vous attachez à Christ, vous devez aussi marcher dans la paix. Le problème, c'est en nous.

Votre lutte intérieure crée le problème. La nature adamique, c'est-à-dire votre vielle nature lutte contre la nature du Christ, votre nouvelle nature qui vous guide. Vous ne pouvez pas servir deux maîtres à la fois. Le désir de Dieu est de vous amener à être un. De nouveau. Vous devez vous séparer de l'ancienne façon de penser, et de toutes ces choses qui vous divisent de la présence de Dieu. Prioritairement, votre vieil homme doit mourir. Vous devez apprendre à renoncer aux mauvaises habitudes pécheresses et ses modes de pensée afin d'embrasser l'Esprit de Dieu qui réside en vous. C'est la source de votre lutte et de votre difficulté. Encore une fois, Dieu est un Dieu de paix, et Il veut vous remettre en ordre. Il a un gouvernement. Il a une façon de faire les choses, et nous devons apprendre à suivre son chemin, pas notre propre voie. Le plan de Dieu veut que nous soyons en paix avec Lui.

## *Un événement cataclysmique :*

Dans l'Ancien Testament, au premier chapitre du livre de la Genèse, au commencement de toutes choses, la Bible dit que l'Esprit de Dieu se mouvait au-dessus des eaux : Il a instauré l'ordre au moment où il y avait du désordre.

Comprenez-vous que lorsque Dieu fait quelque chose, Il le fait toujours parfaitement ? Il ne fait jamais un travail à moitié. Si nous convenons que Dieu ne fait jamais rien à moitié, vous êtes-vous déjà demandé pourquoi les Saintes-Écritures disent que la terre était informe et vide ? Avez-vous réfléchi sur pourquoi Dieu a créé la terre sans forme et vide ? Pourquoi ferait-il ça ?

"La terre ÉTAIT informe et vide." Si vous lisez ceci en hébreu, le mot traduit comme *« était »* est *« devenue »*. "La terre DEVINT informe et vide." Est-ce que cela a beaucoup plus de sens ? Absolument oui.

Qu'est-ce qui aurait arrivé à la terre pour qu'elle devienne informe et vide ? *Ézéchiel 28 et Ésaïe 14*, enseignent davantage sur un ange de lumière nommé Lucifer. Les Saintes-Écritures disent que Lucifer vivait dans la présence effective de Dieu. Il était un archange. Cela signifie qu'il avait des anges à sa charge. Les archanges commandent des anges. Michel est un archange. Gabriel est un archange. Est-ce que cela semble avoir de sens ? Dieu étant un Dieu d'ordre, a en effet établi un leadership au ciel. Les gens doivent suivre certains dirigeants. Une armée efficace a une chaîne de commandement. L'organisation interne des troupes caractérise toute une armée digne de ce nom. Jésus est notre commandant en chef.

Lucifer était un ange de très haut rang, mais il avait un problème. Il était fier et rebelle parce qu'il ne voulait pas se soumettre au gouvernement de Dieu. En fait, les Saintes-Écriture nous enseignent dans *Ésaïe 14 : 14*, que Lucifer se disait dans son cœur : *« Je serai semblable à Dieu le Très-Haut »*

Avant de commencer de vous demander : *"Comment pourrait-il être si stupide de vouloir être semblable à Dieu ?"* N'est-ce pas ce qui est aussi notre vrai problème ? Ne voulons-nous pas être notre propre dieu ? Qui d'entre nous aime qu'on lui dise ce qu'il ou ce qu'elle doit faire ? Pourquoi est-ce que lorsque vous dites aux enfants ce qu'ils doivent faire, ils préfèrent faire exactement le contraire ? Nous naissons sur la terre, programmés pour être notre propre autorité. Nous voulons faire les choses à notre façon, et nous ne voulons pas qu'on nous dise quoi faire. C'est notre nature adamique. C'est notre nature humaine. C'était aussi la nature de Lucifer.

La Bible enseigne qu'un grand événement cataclysmique s'est produit à la suite de la chute de Lucifer du ciel. Il a été jeté des cieux avec un tiers des anges qui le suivaient. Avez-vous déjà entendu parler du terme, *anges déchus* ? C'est réel : ils ont été abattus.

Où peut-on retrouver Satan dans le livre de la Genèse ? Il était dans le jardin. Il était là bien avant Adam et Eve, parce qu'il a été déjà chassé des cieux vers le monde terrestre. Et je crois que c'est pourquoi la terre était devenue informe et vide.

Les Saintes-Écritures disent qu'au commencement, l'Esprit Saint se mouvait au-dessus des eaux, et Il apporta la vie. Dieu apporta la vie. Maintenant, si vous vous demandez où j'ai vu cela, pensez à ceci : pourquoi Dieu a-t-il dit à Adam et Eve : *« Allez remplissez la terre »* ? Pensez-y.

Quand vous ouvrez votre armoire et que vous n'avez pas du riz, vous ne pouvez pas cuisiner du riz au gras, n'est-ce pas ? Donc, vous devez aller au marché et vous réapprovisionner. Vous aviez eu du riz, mais il n'est plus là. C'est ce que Dieu a dit à Adam et Eve. Il dit : ''je veux que vous alliez et que vous réapprovisionniez la terre.'' Dieu a sa raison pour laquelle il leur dit cela.

Retournons dès le commencement où Dieu faisait son merveilleux travail : Il a remis les choses en ordre. L'auteur absolu de la confusion et du désordre est Lucifer que nous connaissons comme le diable. Ainsi, quand l'ennemi a été renvoyé sur terre, la terre est devenue informe et vide. Il y avait une grande dévastation.

Mais Dieu est revenu sur scène et se meut davantage pour harmoniser les choses. Raison pour laquelle, il a créé Adam et Eve. Vous maîtrisez l'histoire. Le plan de Dieu pour eux était de dominer sur la terre.

Le Jardin d'Eden était un paradis. Il était parfait. Tout était en ordre. Mais il y avait un ennemi dans le jardin d'Eden. Cet ennemi vit encore sur la terre. Il est toujours à l'œuvre dans votre vie chrétienne, pour vous mettre dans le chaos après vous avoir fait sortir de l'ordre. L'ennemi a apporté le désordre dans le jardin d'Eden. Quand l'ennemi est venu à Eve, il a dit : *''Oh, vous pouvez manger de ce fruit parce que Dieu sait que lorsque vous mangez de l'Arbre de la Connaissance du Bien et du Mal, vous serez semblables à Dieu, le Très-Haut.''*

C'était tellement incroyable, mais elle l'avait cru ! Vous connaissez l'histoire : elle a pris le fruit. Avec Adam à ses côtés, ils en mangèrent et le péché entra dans le monde. Les Saintes-Écritures enseignent que le péché n'y est pas entré par Eve mais par Adam, parce que Satan a trompé Eve. Adam comprenait parfaitement ce qu'il faisait quand il a mangé le fruit. Et quand il l'a accepté, les choses n'ont jamais été les mêmes. Analysons cela maintenant.

Qu'est-ce que le péché a fait à la relation d'Adam et Eve ? Ne voyons-nous pas que quand Dieu a parlé à Adam, il s'est retourné contre sa femme et dit : ''C'est la faute à elle ; Pas à moi. C'est la faute à la femme que tu m'as donnée. En d'autres termes, *"Dieu, c'est vraiment de ta faute, parce que si tu ne m'avais pas donné une femme, je ne l'aurais pas fait."* Quelqu'un peut-il s'y reconnaître ? Nous rejetons la faute sur les autres.

Dans le jardin, il y avait un ordre parfait. Il y avait de la pureté et une réciprocité merveilleuse. Nous savons que Dieu et Adam marchaient ensemble en plein jour. Ils étaient dans une relation intime. Mais le désordre est venu dans la relation parce qu'Adam a cédé à la tentation du diable, et s'est rebellé contre la Parole de

Dieu. Une fracture s'est produite dans leur relation et il y avait une division immédiate.

Ne nous arrêtons pas à Adam. Parlons des enfants d'Adam et Eve. Cela va d'une génération à l'autre. Parlez-moi de Caïn et d'Abel. Étaient-ils divisés ? Étaient-ils en désaccord ? Étaient-ils dans le désordre à cause du péché ?

Ce n'était pas comme ça dès le début. Dieu a créé un paradis. Il était parfait et il le serait resté si le péché n'y était pas entré. Et c'est la même chose avec nous aujourd'hui.

## *Dieu travaille toujours pour mettre de l'ordre :*

Je veux que vous commenciez à envisager quelque chose. Analysons la Bible dans sa totalité. Il existe de nombreuses et différentes façons de concevoir la Bible. Si vous l'analysez avec une perspective globale, c'est-à-dire de Genèse à l'Apocalypse, vous pouvez voir comment Dieu a toujours été à l'œuvre pour instaurer l'ordre lorsqu'il y a du désordre.

Passons à Noah. Quel était le but du déluge ? N'était-ce pas un acte solennel de Dieu afin de mettre de l'ordre dans une situation du désordre ? Noé prêchait la justice et quiconque était prêt à se tourner vers Dieu aurait pu monter à bord de l'arche avec Noé. Le bateau était assez grand. Mais seule la famille de Noé croyait en Dieu et s'est sauvée du déluge.

Considérons Abraham. Il croyait en Dieu et fit confiance en Lui avec sa vie. Il se repentit de l'adoration des idoles pour servir le vrai Dieu. Par la foi, il a quitté sa patrie pour aller vers où Dieu l'a dirigé. Dieu a fait une alliance de paix avec Abraham. C'était une bénédiction de Dieu. C'était la façon de Dieu de mettre de l'ordre dans le désordre.

Et les Israélites ? Ils étaient en esclavage. Ils étaient en servitude. Ils souffraient de douleurs mentales et physiques. La Bible dit que Dieu a entendu leurs cris du ciel. Ils criaient à Dieu pour la délivrance. Moïse était l'homme que Dieu a choisi pour faire sortir les Israélites d'Égypte. Il les a mis en ordre, il les a délivrés du chaos.

Regardons les Dix Commandements. N'était-ce pas une façon pour Dieu à l'époque pour gouverner Son peuple afin de mettre l'ordre dans leur vie

Le message des prophètes était un ordre. Donc, si vous observez vraiment la Bible, vous verrez le thème *mettre de l'ordre dans du désordre* plusieurs fois. Dieu prend l'ordre au sérieux parce qu'Il veut que nous soyons en paix. Il veut que nous soyons un à nouveau. Dieu veut que nous soyons en équilibre et en harmonie les uns avec les autres.

Tout culmine en une seule personne, et Son nom est Jésus le Christ, notre Seigneur et notre Sauveur. On ne peut pas avoir de relation avec la loi, n'est-ce pas ? Je ne peux pas enlacer la loi et lui dire : *"Je t'aime"*. Je ne peux pas avoir une relation personnelle avec la loi, mais je peux avoir une relation avec Le Donneur de la Loi et Qui Veille sur Elle. Et vous ? En donnant ma vie à Christ, je ferai l'expérience de la paix et d'ordre.

## *<u>Le jeu de Blâme</u>* :

Nous aimons jouer le jeu d'accusation des autres. Nous aimons dire : *''Ce n'est pas ma faute. Si seulement les choses allaient mieux. Si seulement cela se produisait. Si seulement cette personne ne l'a pas fait.''* Nous commençons à indexer. Mais si vous voulez vivre la paix que Jésus donne, vous devez admettre quelque chose sur vous-même. Vous devez être honnête et dire : *''Seigneur, j'ai un problème. La raison pour laquelle je n'ai pas la paix, c'est qu'il y a quelque chose en moi qui se rebelle contre ton ordre, ton gouvernement. Seigneur, je crois que <u>tu es pour moi</u>. Tu n'es pas contre moi. Tu veux que j'aie la paix. Tu veux me bénir. Tu veux que je prospère. Tu veux que j'aie de la joie. Tu veux que j'aie du soulagement. Tu veux me délivrer en ce jour ; donc au lieu de regarder au problème, je me retourne vers toi pour te dire : Père, montre-moi ce qui est en moi qui constitue le problème ? Qu'est-ce qui se rebelle en moi contre toi ? Qu'est-ce que c'est, Père ?''*

Dans les Saintes-Écritures, on parlait d'Adam et Eve. Ayant la conception du jeu de blâme à l'esprit, pensez à ce que le désordre fait : « Mais l'Eternal Dieu appela Adam et lui dit : « Où es-tu ? » Il répondit : « J'ai entendu ta voix dans le jardin, et j'ai eu peur. »

Comprenez-vous que ce type de trouble pousse à avoir peur de Dieu ? Avez-vous déjà pensé comme ceci : *"Je ne sais pas ce qui va se passer si j'abandonne toute ma vie à Dieu. Il pourrait m'envoyer dans un endroit inconnu."* ? Cette crainte ne vient pas de Dieu mais de l'ennemi.

La Bible dit qu'Adam avait peur, *"Parce que je suis nu, et je me suis caché."* Savez-vous que plusieurs fois on se cache quand on vit dans le désordre ? Pourquoi ne voulons-nous pas admettre que les choses ne sont pas en ordre avec nous ? Nous préférons plutôt blâmer d'autres personnes et nous cacher de Dieu.

Je vais vous dire une autre chose que vous aimez faire : vous vous isolez. Avez-vous déjà eu envie de dire ceci, *"Je n'irai pas à l'église aujourd'hui ? Je ne peux faire face à qui que ce soit"* ? Au réveil le matin, n'avez-vous jamais eu l'impression de vouloir juste vous cacher sous les couvertures ? On perd toute envie de se réveiller et de faire face à la journée. C'est une indication que les choses ne sont pas en ordre, surtout quand vous avez envie de vous retirer de Dieu, et son peuple. C'est ce qu'Adam a fait.

Il dit : *« J'ai eu peur et je me suis caché. » Et l'Éternel Dieu dit : Qui t'a appris que tu es nu ? Est-ce que tu as mangé de l'arbre dont je t'avais défendu de manger ? L'homme répondit : La femme que tu as mise auprès de moi m'as donné de l'arbre, et j'en ai mangé ». Genèses 3 :10-12*. Donc, en d'autres termes Adam a dit : *"Seigneur, ce n'est pas ma faute. Je ne prendrai aucune responsabilité."* Lisez Genèse 3 :23 ;24 pour examiner cette vérité.

## ***Réconciliés à travers Jésus :***

Encore une fois, le péché fracture et divise les gens, les uns contre les autres et contre soi-même. Jésus-Christ nous emmène dans une intimité constante avec Dieu. En Jésus-Christ, nous pouvons avoir maintenant, ce qu'Adam avait avant la chute. Vous pouvez marcher avec le Créateur de l'Univers dans la fraîcheur de la journée. Vous pouvez lui parler. Vous pouvez l'aimer. Vous pouvez lui dire : *"Seigneur Jésus, embrasse-moi avec les baisers de la justice et de la paix."* C'est le genre d'intimité que le Seigneur Jésus veut avoir avec vous et moi. Et ceci a été rendu possible grâce à notre relation avec Jésus-Christ. Il nous a réconciliés avec Lui. Et s'il nous arrive de ne pas marcher dans la paix, ce n'est pas la faute de Dieu, c'est à cause de notre façon de penser.

> Éphésiens 2 :14-18 Louis Segond (LSG) *« Car il est notre paix, lui qui des deux n'en a fait qu'un, et qui a renversé le mur de séparation, l'inimitié, ayant anéanti par sa chair la loi des ordonnances dans ses prescriptions, afin de créer en lui-même avec les deux un seul homme nouveau, en établissant la paix, et de les réconcilier, l'un et l'autre en un seul corps, avec Dieu par la croix, en détruisant par elle l'inimitié. Il est venu annoncer la paix à vous qui étiez loin, et la paix à ceux qui étaient près ; car par lui nous avons les uns et les autres accès auprès du Père, dans un même Esprit. »*

Les Saintes-Écriture disent dans Éphésiens 2 :14-18. *" Car il est notre paix, lui."* Cherchez-vous la paix dans votre compte bancaire ? Cherchez-vous la paix dans votre mariage ou dans vos amitiés ? Cherchez-vous la paix dans le succès de la vie ? Cherchez-vous la paix dans la bonne santé ? Savez-vous que vous pouvez avoir la paix et ne pas avoir une bonne santé ?_Mais le monde assimile la bonne santé à la paix. Je suis à cent pour cent pour une bonne santé. Mais sachons que la bonne santé et la paix sont deux choses différentes : la paix réelle ne se trouve pas dans votre situation. Il n'y a qu'un seul endroit où se trouve la paix : c'est en Jésus-Christ.

*" Car il est notre paix, lui qui des deux n'en a fait qu'un, et qui a renversé le mur de séparation, l'inimitié..."*

Acceptez et croyez pleinement que Dieu vous aime. Il n'est pas en colère contre vous. Le mur de séparation, de l'inimitié que le péché a mis entre vous et Dieu est le résultat de l'incapacité de l'Homme à observer la Loi et les Commandements. Comprenez-vous que nous ne pouvons pas toujours obéir aux commandements ? Savez-vous que vous enfreindrez de temps en temps la loi de Dieu ? Quand il arrive que vous ayez enfreint la loi de Dieu, pensez-vous qu'Il vous en veut ? Pensez à ce que je dis. Selon les Saintes-Écritures, se fâche-t-il contre vous ? Comment peut-il être en colère contre vous si vous avez accepté Jésus-Christ ? Par l'acceptation du Seigneur Jésus-Christ, Il vous sauve par la foi en Lui. Et la Bible dit qu'Il pardonne vos péchés. Le sang de Jésus vous purifie de vos péchés, y compris vos péchés futurs ; si vous les confessez, vous recevrez le pardon. Sur la croix, Jésus a renversé le mur de séparation et d'inimitié.

Quand vous péchez, vous serez privé de Sa grâce. Courrez vers lui en disant : *"Pardonne-moi Père, répare-moi, papa. Remets-moi sur le bon chemin. Aide-moi"*. Mais une relation personnelle avec Jésus-Christ peut le faire pour vous. Par ailleurs, plus vous aimez le Seigneur, plus vous aurez une relation personnelle avec Lui, moins vous pécherez.

En relisant Éphésiens 2 : 14-18 on voit : "*Car il est notre paix*" Jésus, tu es notre paix ! *"lui qui des deux n'en a fait qu'un, et qui a renversé le mur de séparation, l'inimitié, ayant anéanti par sa chair la loi des ordonnances dans ses prescriptions, afin de créer en lui-même avec les deux un seul homme nouveau, en établissant la paix, et de les réconcilier, l'un et l'autre en un seul corps, avec Dieu par la croix, en détruisant par elle l'inimitié. Il est venu annoncer la paix à vous qui étiez loin, et la paix à ceux qui étaient près ; car par lui nous avons les uns et les autres accès auprès du Père, dans un même Esprit."*

La meilleure façon d'expliquer ce passage biblique ci-dessus est de fournir une illustration. Certaines personnes ont été élevées dans une église, tandis que d'autres n'y sont pas. Normalement, ceux qui ont grandi à l'église devraient être plus proches de Dieu tandis que ceux qui n'ont pas grandi à l'église seraient loin de Dieu. Mais en réalité, nous sommes tous dans le même bateau, que nous ayons été élevés à l'église ou non. Fondamentalement, vous avez deux groupes de personnes. Un groupe qui est loin de Dieu et l'autre groupe de religieux. Parfois, les gens qui ne sont pas élevés dans un système religieux sont mieux que les religieux. Lorsqu'on reçoit la révélation de Jésus, il va falloir peut-être désapprendre certaines choses que les gens vous ont enseignées. Si les gens vous ont endoctrinés avec des choses qui ne s'alignent pas avec la Parole, vous aurez une phase de correction de ce qui est faux. Les religieux ont tendance à affirmer : *"Eh bien, vous savez ? Je ne l'avais pas appris comme ça. Ce n'est pas ce que mon prédicateur ou moniteur de l'école du dimanche m'a enseigné."*

Quand Jésus prend contrôle, rien de tout cela n'aura d'importance. Il devient notre salut. Être une bonne une personne ou celui qui allait à l'église tous les dimanches ne vous serait d'aucun avantage. Cela ne vous sauvera pas ! Seul Jésus peut vous délivrer. Il s'agit d'une relation avec le Christ.

Le passage ci-dessus reflète la vérité sur la nation juive et les païens. Selon les Écritures, les non-Juifs étaient loin de Dieu, de l'alliance de Dieu. Les Juifs sont le peuple choisi par Dieu, pas les païens. Donc vous avez deux groupes de personnes : les païens qui étaient loin de Dieu, et les Juifs, un peuple choisi par Dieu ; toutefois les deux ont besoin du salut. La voie du salut ne consiste pas d'observer la loi ou des êtres éthiques puis des gens moraux. Le salut s'acquiert à travers une seule personne nommée Jésus. Grâce à Lui, vous pouvez vous soumettre au Gouvernement de Dieu, qui apporte le salut.

*" Car il est notre paix, lui qui des deux n'en a fait qu'un, et qui a renversé le mur de séparation, l'inimitié, ayant anéanti par sa chair la loi des ordonnances dans ses prescriptions, afin de créer en lui-même avec les deux un seul homme nouveau, en établissant la paix, et de les réconcilier, l'un et l'autre en un seul corps, avec Dieu par la croix."* La seule façon de nous réconcilier avec Dieu est à travers la croix. Notre moralité, notre bonne réputation dans la société ne peuvent pas nous sauver. Nous sommes peut-être des gens gentils, mais la croix sanglante est ce qui peut nous sauve.

*" ... détruisant par elle l'inimitié. Il est venu annoncer la paix à vous qui étiez loin, et la paix à ceux qui étaient près ; car par lui nous avons les uns et les autres accès auprès du Père, dans un même Esprit."*

Seule notre relation avec Jésus à travers le Saint-Esprit nous donne accès à notre Père Dieu. Peu importe le groupe dans lequel nous sommes parce que seul Jésus-Christ nous purifie.

## *L'œuvre du Saint-Esprit :*

J'entends des gens tenir certains propos comme : *"Je ne suis pas prêt pour donner ma vie au Seigneur."* J'espère sincèrement que vous ne pensez pas que c'est à travers votre intelligence que vous aurez le salut. Si vous croyez que c'est à travers votre intellect que vous *serez sauvé*, vous pensez comme un insensé et je le dis sans hésitation. C'est le Saint-Esprit qui convainc du péché et conduit à recevoir Jésus-Christ.

Avez-vous déjà entendu une personne dire : *''Je suis trop jeune pour accepter Christ. Je vous comprends parfaitement. Je sais que je suis censé accepter Jésus, mais je dois vivre un peu. J'accepterai Jésus quand je serai plus grand. Pour l'instant, je veux jouir de la vie dont je rêve ?''* C'est de la folie parce que cette personne pense qu'elle contrôle tout, qu'elle peut décider à tout moment de recevoir Christ. Il ne contrôle pas tout ! Quand l'Esprit Saint vous convainc d'abandonner votre vie à Christ et que vous lui dites *''Non''*, vous vous mettez dans un grand danger menant en enfer. Vous n'avez aucune garantie que l'Esprit de Dieu vous convaincrait à nouveau parce que Dieu est Dieu et vous ne l'êtes pas. C'est Lui seul qui intercède pour que votre âme soit sauvée.

Quand l'Esprit de Dieu est sur vous et vous dit de faire quelque chose, ne dites pas que je le ferai plus tard parce qu'il ne vous sera peut-être plus disponible. Si l'Esprit de Dieu vous inspire à prendre un certain engagement, obéissez-lui. S'Il vous inspire à imposer la main à une personne, faites-le. S'Il vous donne un message pour quelqu'un, va voir cette personne et communique-le-lui dans la foi. Vous devez obéir pour la cause du Gouvernement de Dieu. Ne dites pas : *''Eh bien, je ne veux pas le faire maintenant. Je vais attendre un peu.''* Oubliez ça parce que le Saint-Esprit pourrait vous alléger ce fardeau. Vous avez raté votre opportunité. C'est raté et il est peu probable qu'elle vous soit encore présentée.

Vous devez agir quand Dieu vous dit d'agir parce qu'à ce moment-là, vous avez son onction sur vous. Vous pourriez vous dire : *''Eh bien, je vais juste aller plus tard chez cette personne quand il n'y aura personne autour d'elle.''* Vous pouvez y aller après, lui parler avec peu de valeur parce que l'onction n'y serait plus là. Vous avez choisi d'agir à votre propre façon et non celle de Dieu. S'il vous plaît arrêtez ça et considérez le calendrier de Dieu.

Quand Dieu vous inspire à communiquer un message à l'église, et vous vous asseyez là en disant : *"Je ne peux pas. Je suis trop timide. Je risque de me causer de souci. Je ne peux pas communiquer ce message"*. Vous auriez manqué une bénédiction ; non seulement vous avez manqué la bénédiction mais le peuple de Dieu en a aussi manqué une. D'accord ? Nous devons avoir un respect pour le gouvernement de Dieu et la façon dont Dieu fonctionne dans notre monde d'aujourd'hui.

Qu'est-ce que la vraie liberté alors ? La vraie liberté se retrouve dans le Saint-Esprit et non dans un tas de règles et de préceptes. Il est plus important d'avoir une relation avec le Saint-Esprit. Il est plus important d'apprendre à coopérer avec l'Esprit Saint. Vous n'avez plus à vous inquiéter pour la loi. Tout en suivant le Saint-Esprit, respecterez la loi sans oublier de connaitre L'Esprit de façon personnelle. Arrivez-vous à écouter Sa voix ? Enfin, voulez-vous entendre Sa voix ? Vous devez vous soumettre à son Gouvernement tout en ayant la foi qu'il vous parlera.

## ***Avez-vous un Roi ?***

Proverbes 14 :12 Louis Segond (LSG) *« Telle voie paraît droite à un homme, Mais son issue, c'est la voie de la mort. »*

Les Saintes-Écriture disent dans Proverbes 14 :12 *« Telle voie paraît droite à un homme, Mais son issue, c'est la voie de la mort. »* La voie qui vous semble juste, finit sans fruits ni bénédictions. Demeurer dans le gouvernement de Dieu, consiste à dire : *"Je m'engage à renoncer à tout ce qui me semble juste et m'appliquer à écouter ce que dit le Saint-Esprit."*

Juges 17 :6 Louis Segond (LSG) : *« En ce temps-là, il n'y avait point de roi en Israël. Chacun faisait ce qui lui semblait bon. »*

Dans Juges 17 :6, nous avions lu : *« En ce temps-là, il n'y avait point de roi en Israël. Chacun faisait ce qui lui semblait bon. »* Avez-vous saisi ce que dit la Parole de Dieu ? Quiconque n'est sous une autorité spirituelle fait ce qui est juste à ses propres yeux.

Dans l'église d'aujourd'hui, agissons-nous comme si nous n'avions pas de Roi ? Je crois que c'est le cas. Or nous avons un roi et son nom est Jésus. Si Jésus est vraiment notre Seigneur, nous ne ferions pas ce qui nous semble bon. Nous devons faire ce qui est bon pour le Roi. Parce que ce que nous pensons être juste mène à la mort. C'est ce que dit les Écritures. Mais si nous pouvons écouter Ses instructions et suivre Sa voix, elles nous mèneront à la vie.

Aujourd'hui, il y a tellement de personnes qui font ce qu'elles veulent. Savez-vous que c'est pourquoi le taux de divorce dans l'église d'aujourd'hui est le même que celui du monde ? Savez-vous que c'est pourquoi nous avons des hommes et des femmes chrétiens qui vivent dans l'adultère, dans la pornographie et qui font juste ce qu'il leur semble juste ?

Relisons ceci : *« En ce temps-là, il n'y avait point de roi en Israël. Chacun faisait ce qui lui semblait bon. »* Ce n'était ni le Gouvernement ni la voie de Dieu.

Les Écritures disent dans

| Proverbes 3 :7-8 Louis Segond (LSG) *« Ne sois point sage à tes propres yeux, Crains l'Éternel, et détourne-toi du mal : Ce sera la santé pour tes muscles, Et un rafraîchissement pour tes os. »* |
|---|

Comprenez-vous qu'en étant sous le gouvernement de Dieu, nous serions en bonne santé ? Je vous dis une réalité. Si nous étions plus obéissants à Dieu, notre corps physique aurait une meilleure santé. Ne me croyez pas seulement sur parole, mais analysez ce que disent les Écritures. Elles nous parlent du corps physique, de votre corps dans sa totalité. Où se situent vos muscles ? Ils se retrouvent dans la totalité de votre corps.

" *Ce sera la santé pour tes muscles, Et un rafraîchissement pour tes os.*" Les os renferment la moelle qui produit votre sang. La vie est dans le sang. Même s'il semble que vous avez raison, vous pouvez toujours prendre du recul et dire : *''Seigneur montre-moi ce qu'il faut faire. '*'Le Seigneur sonde notre esprit. Le Seigneur sonde l'homme spirituel. Il voit ce que vous ne pouvez pas voir. Pouvons-nous admettre que nous pourrions avoir tort ?

## *La puissance vient par l'Esprit et non pas la Loi* :

> Jacques 4 :7-8 Louis Segond (LSG) « *Soumettez-vous donc à Dieu ; résistez au diable, et il fuira loin de vous. Approchez-vous de Dieu, et il s'approchera de vous. Nettoyez vos mains, pécheurs ; purifiez vos cœurs, hommes irrésolus.* »

Jacques 4 :7 et 8 nous enseignent la soumission et je veux vous expliquer quelque chose. Si vous n'êtes pas soumis à Dieu, vous pouvez réprimander le diable toute la journée mais cela ne vous ferait aucun bien. Vous pouvez lier, chasser le diable et implorer le sang de Jésus, mais si vous n'êtes pas soumis à Dieu, vous perdez votre temps. La Bible dit de se soumettre d'abord à Dieu, puis de résister au diable, et il fuira loin de vous. Mettons-nous en ordre, Amen ? Donc, nous devons commencer à nous soumettre à Dieu.

Parlez à Dieu et demandez-lui : *"Seigneur, où me suis-je détourné de toi ? Qu'ai-je fait de mal ? Père, où est-ce que je me suis détourné de ton plan ? Où me suis-je sorti de l'ordre ? Montre-moi, Père, parce que je veux me soumettre à toi."*

Sans soumission à Dieu, vous ne pouvez rien entendre de Dieu. Si vous ne pouvez pas vous soumettre à Dieu, vous ne serez pas en mesure d'écouter Sa voix. Or il est essentiel pour vous et moi d'entendre Sa voix. Sans être capable d'écouter la voix de Dieu, la victoire n'est pas possible. Pensez-vous que vous pouvez obtenir la victoire dans cette vie sans être en mesure d'entendre Sa voix ? Ce n'est pas possible.

Alors vous vous dites, *"Eh bien, lire ma Bible serait suffisant."* Laissez-moi vous dire quelque chose concernant votre Bible. Vous pouvez lire votre Bible, mais si vous n'êtes pas inspirés par le Saint-Esprit pour cerner ce que dit la Parole de Dieu, cela ne vous profitera point. Vous ne pouvez pas faire divorcer la Parole de Dieu de son Saint-Esprit ! C'est du désordre : cette façon fait que certaines personnes construisent une doctrine sur ce que dit la Parole de Dieu tout en détestant leur frère. Ils prendront la Bible pour justifier leur acte en disant : ''c'est ce que dit la Bible'' Oh ! Cela n'est pas censé être de Dieu. Ce n'est pas Dieu !

Vous ne pouvez pas faire divorcer la Parole de Dieu de son Esprit. Il est un SPIRIT, PAS UNE LETTRE DE COMMAMDEMENTS. Et si l'église ne met pas cela dans nos esprits, c'est que nous y sommes perdus aujourd'hui. L'Esprit de Dieu se meut et Il vous dit : *"rejoignez Ma Parole à mon Esprit et ceci reproduira de la puissance."* Mais la connaissance de la parole sans la direction de l'Esprit Saint est une forme de piété qui n'a pas le pouvoir de changer les vies.

Je veux que vous voyiez cela dans les Écritures. Nous devons nous soumettre à l'onction de Dieu. Nous devons apprécier la Parole de Dieu à travers le Saint-Esprit. Avez-vous déjà essayé d'apprécier la Parole de Dieu uniquement à travers votre intellect ? Lisez-vous la Parole de Dieu de façon académique ? Vous devez vous soumettre à Dieu quand vous êtes devant sa Parole. Vous devez demander à l'Esprit Saint de vous parler et de vous rendre la Parole vivante.

## *Dieu opère à travers les humains :*

Votre premier enseignant était une personne. Si vous avez été béni d'avoir les deux parents, ils ont été vos premiers enseignants. Dieu passe à travers les gens pour vous enseigner et vous diriger. Les enfants doivent obéir à leurs parents. Faites attention à cela. Une bonne obéissance protège. Les parents qui connaissent Dieu enseignent à leurs enfants comment distinguer le bien du mal, ce qu'il faut faire et ce qu'il ne faut pas faire. Mais parfois, les parents démissionnent. Les gens naissent dans des familles où les parents sont dirigés par l'esprit de justice. Les enfants nés dans des familles religieuses qui séparent l'Esprit de la Parole, grandissent en haïssant l'église parce qu'ils étaient forcés pour y aller. Il n'y a pas de vie parce que le Saint-Esprit y était absent. Vous devez comprendre cela. On peut être religieux et ne pas suivre le Saint-Esprit, mais c'est vos enfants qui en souffriront. Les parents ont besoin de la direction de l'Esprit Saint.

La Bible dit que si les enfants obéissent à leurs parents qui ont la connaissance de Dieu, des parents qui sont dirigés par l'Esprit Saint, ils vivront longtemps selon *(Éphésiens 6 :1-3)*. En d'autres termes, si les enfants se soumettent au gouvernement de Dieu, par l'intermédiaire de leurs parents, la Bible leur promet une vie de qualité et de la protection. Mais est-ce que tous les enfants obéissent-ils à leurs parents ? Tous les enfants se soumettent-ils au gouvernement de leurs parents qui ont une bonne relation avec Dieu ? Je parle de parents remplis de l'Esprit. On sait qu'ils ne le font pas. Et quand ils choisissent de quitter cette protection, ils sont en grand danger. Lisons les Écritures dans

> Éphésiens 6 :1-3 Louis Segond (LSG) « *Enfants, obéissez à vos parents, selon le Seigneur, car cela est juste. Honore ton père et ta mère (c'est le premier commandement avec une promesse), afin que tu sois heureux et que tu vives longtemps sur la terre.* »

Dieu a une façon de passer à travers les gens. Dans *Éphésiens 4 :11-13*, la Bible dit que Dieu a placé dans l'église, les apôtres, les prophètes, les évangélistes, les pasteurs et les enseignants pour équiper les croyants et les amener à la maturité spirituelle.

> Hébreux 13 :17 Louis Segond (LSG) « *Obéissez à vos conducteurs et ayez pour eux de la déférence, car ils veillent sur vos âmes comme devant en rendre compte ; qu'il en soit ainsi, afin qu'ils le fassent avec joie, et non en gémissant, ce qui vous ne serait d'aucun avantage.* »

Obéissez à vos dirigeants et soumettez-vous à leur autorité car Dieu leur a ordonné de veiller sur vos âmes. Je ne parle pas d'une soumission aveugle. Certains leaders ne sont pas soumis au Saint-Esprit. Il y a des pasteurs qui sont dirigés par la chair. Personne ne doit se soumettre à un pasteur dirigé par la chair, n'est-ce pas ? Vous ne devriez pas vous soumettre à un dirigeant qui n'est pas sous l'autorité de Dieu. N'avons-nous pas eu des dirigeants dans les églises, au sens général, qui ne se sont pas soumis au Saint-Esprit ?

Le genre de leaders auxquels vous devez vous soumettre serait celui ou ceux qui veillent sur vous. En d'autres termes, vos meilleurs intérêts leurs tiennent à cœur. Ils vous servent. Ils vous aiment. Ils aspirent vous voir aller de l'avant avec l'Esprit de Dieu. Ils aiment vous aider. Ils aiment vous imposer la main et prier pour votre guérison. Ils aiment vous aider afin de mouvoir dans une grande relation profonde avec Dieu. "...*car ils veillent sur vos âmes comme devant en rendre compte*..." Permettez-moi de vous dire quelque chose : vos leaders rendront compte à Dieu. Ils se tiendront devant le Trône du Jugement de Christ et rendront compte à Dieu en ce qui concerne la façon dont ils vous ont conduit. Les dirigeants influencent beaucoup de gens. S'ils ne les ont pas influencés de la bonne façon, ils en répondront cela le jour du jugement.

« *...qu'il en soit ainsi, afin qu'ils le fassent avec joie, et non en gémissant...* » Lorsque vous n'obéissez pas aux vrais leaders spirituels, lorsque vous vous moquez de leurs conseils, quand vous ne faites pas ce qu'ils vous recommandent, veiller sur vous devient un fardeau pour ces dirigeants. Dans ce cas, vos dirigeants se demandent : ''Pourquoi ? Pourquoi ne peuvent-ils pas simplement faire confiance à l'Esprit de Dieu qui est sur moi ? Pourquoi ne peuvent-ils pas le faire ? Cette situation devient un fardeau et non un sujet de joie. Mais quand vous obéissez à vos dirigeants et que vous les soutenez c'est un sujet de joie.

La Bible dit : « *; qu'il en soit ainsi, afin qu'ils le fassent avec joie, et non en gémissant, ce qui vous ne serait d'aucun avantage.* » Si vous ne vous soumettez pas au bon leadership, personnellement, cela ne vous serait d'aucun avantage ; en plus vous serez un fardeau pour le Corps du Christ. Vous passerez à côté de l'idéal. Dieu veut que tout soit à votre avantage et non à votre désavantage.

Le Seigneur nous aime. Le Seigneur veut que nous nous soumettions à Lui. Rapprochons-nous de Dieu en Esprit. Rapprochons-nous de Lui en vérité. Approchons-nous de Lui tout en étant dirigés par l'Esprit Saint. Soumettons-nous à Dieu et aux autres

> Hébreux 12 :9 Louis Segond (LSG) *« D'ailleurs, puisque nos pères selon la chair nous ont châtiés, et que nous les avons respectés, ne devons-nous pas à bien plus forte raison nous soumettre au Père des esprits, pour avoir la vie ? »*

Examiner de près Hébreux 12 :9. Voulez-vous vivre dans la plénitude ? Soumettez-vous au Père des esprits.

Prions. ''Père, nous te louons et nous te remercions pour ta Parole, Seigneur. Nous savons qu'elle est la vérité. Nous nous repentons, Seigneur, d'avoir séparé ta Parole de l'Esprit Saint. Nous désirons suivre l'Esprit Saint et ne plus suivre un modèle de légalisme, mais suivre l'Esprit de Vérité. Seigneur, nous te confions cet enseignement. Nous croyons que l'Esprit Saint nous aidera afin qu'il porte de fruits. Nous croyons que le Saint-Esprit rendra témoigne de la vérité et du Père ; nous nous tenons dans le nom de Jésus et nous commandons les oiseaux de l'air, de ne pas venir voler cette Parole du cœur du peuple de Dieu. Père, je décrète que la Parole sera du pain pour le mangeur et ce sera une graine pour le semeur. Elle ne reviendra pas sans effet. Je le prophétise, le crois et déclare qu'elle ait son effet au nom de Jésus-Christ. Amen.

# Chapitre Trois

## __Les croyants doivent marcher par la foi__ :

Nous avons fermement établi le fait que Dieu est un Dieu d'ordre. Maintenant, si Dieu est le Dieu de l'ordre, que pensez-vous de Satan ? Satan est donc le dieu du désordre, de confusion. Or tout ce qui est désordonné ne peut pas être accompagné de la bénédiction de Dieu. Réfléchissez-y.

Est-il possible de paraître béni, sans l'être en réalité ? La Bible dit que les serviteurs du Seigneur ne doivent pas juger selon la vue ou ce qu'ils entendent de leurs oreilles. Au lieu de cela, les serviteurs du Seigneur doivent faire preuve du discernement à travers l'Esprit de Dieu qui réside dans leur cœur. Nous ne devons pas marcher par vue, mais par la foi. Les réalités des choses ne sont pas toujours les mêmes comme elles apparaissent ; nous devons nous en rappeler lorsque nous faisons des jugements sans la perspective complète des choses. Nous qui sommes les Hommes de foi, que Dieu conduit dans le gouvernement divin, avons besoin de comprendre ce que signifie être soumis à Son gouvernement.

Maintenant, en observant bien notre pays aujourd'hui, croyez-vous que Dieu soit en charge de ce celui-ci ? Est-ce que cette observation donne l'impression que Dieu soit en charge de l'univers ? La réalité est la suivante : Dieu est à sa charge. Il peut ne pas paraître qu'Il soit à sa charge à cause des évènements qui sont contraires à ce qu'ils présentent à l'extérieur. La Bible déclare que la domination repose sur les épaules de Jésus-Christ. Le gouvernement de Dieu se repose donc sur les épaules du Christ et son gouvernement ne prendra jamais fin.

Même si le gouvernement de Dieu est invisible à nos yeux naturels, nous devons nous en rendre compte et être prêts à nous y soumettre dans nos vies personnelles. Soit on reconnaît le gouvernement de Dieu maintenant ou soit on est dans un choc énorme plus tard. En cette période de notre vie, nous ne devons pas vivre par ce que nous voyons avec nos yeux physiques. Nous devons vivre par ce que nous voyons avec nos yeux spirituels. En ce moment où nous vivons sur la terre, il nous incombe de vivre par la foi et non par la vue. Quiconque veut plaire à Dieu, doit vivre par la foi.

Si vous êtes chrétien, c'est parce que vous avez reçu Jésus-Christ par la foi, pas en le voyant avec vos yeux naturels. Vous n'avez pas cru en Jésus-Christ parce que vous l'avez vu. Vous avez cru en Lui à travers la foi. N'est-ce pas ? Un jour, toi et moi verrons Jésus-Christ en chair et en os. Et nous n'aurions plus besoin de la foi en ce moment-là parce que nous nous tiendrions juste en face de Lui. Et quand le Fils de Dieu se tiendra devant nous, il ne faudrait plus la foi pour croire qu'Il est le Fils de Dieu.

Vous pouvez entrer maintenant dans le royaume invisible et le monde spirituel à travers les yeux de la foi. Vos yeux spirituels peuvent voir Jésus de la même façon qu'Il vous voit maintenant. Vous pouvez vous soumettre maintenant, par votre foi en Christ, au gouvernement invisible de Dieu. Ce n'est pas parce que son gouvernement est invisible qu'il est irréel. Les Saintes-Écritures enseignent que les choses invisibles sont des choses éternelles. En vous observant en ce moment, vous verrez un corps constitué de la chair et du sang. Mais ce corps que vous voyez n'est pas éternel. Il semble être réel, mais il n'est pas éternel. Par conséquent, il n'est pas réel. Mais il y a quelque chose dans votre corps qui est réel. La partie que vous ne pouvez pas voir est éternelle.

Le gouvernement de Dieu est réel parce qu'il est éternel. Beaucoup de gens ne se soumettent pas au gouvernement de Dieu parce qu'ils ne peuvent pas le voir. Si vous voulez plaire à Dieu, vous devez marcher par la foi. Alors, Dieu vous demande : *''Soumettez-vous à mon gouvernement''* ? Et certains d'entre nous répondent : *''Non, Seigneur. Je n'y arrive pas parce que je ne vois pas ton gouvernement''*. Nous avons besoin de le voir ; pas avec nos yeux physiques, mais nous avons besoin de le voir avec les yeux de notre cœur.

## Qui es-tu ?

> Romains 14 :10-12 Louis Segond (LSG) *« ... puisque nous comparaîtrons tous devant le tribunal de Dieu. Car il est écrit : Je suis vivant, dit le Seigneur, Tout genou fléchira devant moi, Et toute langue donnera gloire à Dieu. Ainsi chacun de nous rendra compte à Dieu pour lui-même. »*

Les Saintes-Écritures disent que nous comparaitrons tous devant le tribunal de Dieu. Le tribunal de Dieu signifie son trône. Rendez-vous compte que *'tous'* signifie vous et moi, sans exception ? Vous vous tiendrez devant Dieu un jour, je me tiendrai aussi devant Dieu. Y aura-t-il des excuses au Jour du Jugement ? Oh oui.  Il y en aura pleines. Les gens verront Dieu et donneront toutes les excuses dans le livre. Mais savez-vous quoi une chose ? Ce serait devant le tribunal divin, et Dieu va vous dire ce qui est vrai et ce qui est faux. Donc, bien qu'il puisse y avoir des excuses sur nos lèvres, Dieu rendra le jugement juste.

En relisant les Écritures, l'expression « *...puisque nous comparaîtrons tous devant le tribunal de Dieu. Car il est écrit : Je suis vivant* », met l'accent sur le fait que Dieu tient à cet évènement dans votre vie et dans ma vie.

" *Je suis vivant, dit le Seigneur, Tout genou fléchira devant moi,* "

Est-ce que ça veut dire que le genou d'Hitler va se fléchir ? Saviez-vous que le corps d'Hitler va sortir de la tombe ? Hitler va se tenir devant Dieu et s'inclinera devant Dieu.

« *Tout genou fléchira devant moi, Et toute langue donnera gloire à Dieu.* Ainsi chacun de nous rendra compte à Dieu pour lui-même. »

Chacun de nous rendra compte à Dieu pour lui-même. Je pense que c'est intéressant. Analysons ça. Remarquez-vous que Dieu ne dit pas que vous allez devoir rendre compte de vos ACTIONS, bien que vous le feriez ? Il dit surtout que, vous allez rendre compte de qui vous êtes. Il va vous regarder et il vous demandera *''qui es-tu''* ? Vous devriez répondre à cette question ainsi que moi. Est-ce que cela signifie que je ne peux pas m'accrocher à mon statut de pasteur ? Non, nous allons chacun rendre compte de qui nous sommes. C'est important parce qu'il faut bien comprendre la question suivante : *''Qui es-tu''* ? Si vous ne saisissez pas bien cette question, alors vous ne pourriez pas faire ce qui est juste. Parce que vos actions dépendent de qui vous croyez être.

Certaines personnes veulent s'assurer qu'ils fassent tout à bon escient afin de savoir qui ils sont. Ça c'est le mauvais ordre. Vous devez SAVOIR qui vous êtes avant de pouvoir faire ce que vous êtes censé faire. Nous ne sommes pas des faits humains. Nous sommes des êtres humains. Nous devons ÊTRE avant de pouvoir le FAIRE.

Jésus savait qui IL était. Jésus avait-il une mission ? Jésus était-il en mission ? A-t-il été envoyé sur terre ? Jésus a-t-il fait ce qu'il était censé faire ? Absolument oui ! Mais il pouvait le faire parce qu'il savait qui il était. Il le savait.

Si je vous pose la question : *"Qui êtes-vous ?"* la façon dont vous répondrez révèlera beaucoup de chose sur ce que vous pouvez faire. Si en répondant vous dites : *''Je suis disciple de Jésus-Christ''* Ou *"Je suis fils du Dieu vivant"*, ces réponses vont me dire beaucoup de chose sur la façon dont vous menez votre vie.

Si je demande : *"Qui êtes-vous ?"* Et vous dites : *"Je suis le PDG de telle ou telle société"*, cela me révèle où vos investissements et intérêts sont placés dans la vie. Si vous dites, *"Je suis la femme de tel et tel"* ou *"Je suis le mari de tel et tel"* cela me dirait comment vous vous voyez. Qui vous croyez être, détermine ce que vous faites de votre vie.

Quand vous serez devant Dieu pour rendre compte de qui vous êtes, il serait imprudent de dire quelque chose comme : *''Seigneur, j'étais membre de la plus grande congrégation de ma ville.''*

Qui sommes-nous ? Sommes-nous en mission ? Dieu nous a-t-il envoyés sur terre ? Vivons-nous sous le gouvernement de Dieu ? Avons-nous une mission ? Allons-nous remplir notre mission ? Si vous croyez que nous venons de Dieu, alors vous devez comprendre que nous allons revenir à Dieu. Et quand nous retournerons à Dieu, nous rendrons compte pour NOUS-MÊMES.

Quand vous et moi disons que nous sommes chrétiens, nous devrions plutôt dire que nous sommes des Disciples du Christ. Être chrétien, c'est être un petit Christ, ce qui signifie que votre vie est conforme à Jésus-Christ, et Dieu s'y attend. Les gens ne semblent pas comprendre ce que cela signifie vraiment d'être chrétien aujourd'hui. Savons-nous que l'Église de Dieu est le représentant de Dieu sur la terre ? Vous rendez-vous compte que VOUS êtes un représentant de Dieu sur cette terre ? Méditez-le sur ça juste une minute. Lorsque vous vous tiendrez devant Dieu, Il vous demandera de rendre compte de la façon dont vous l'avez représenté. C'est quelque chose à quoi nous devons vraiment penser.

## *Être pour faire* :

Parlons du principe selon lequel il faut ÊTRE premièrement avant de faire. Les intérêts de certaines églises d'aujourd'hui sont focalisés sur ce qu'elles font au lieu de ce qu'elles sont. Considérons cela un instant. Je pense que nous sommes beaucoup plus intéressés à donner l'impression que nous agissons, faisons, menons des actes : mais qui sommes- nous ? Sommes-nous cet outil rempli de l'Esprit de Dieu ? Sommes-nous individuellement des représentants de Jésus-Christ ?

Ne mettons pas la charrue avant le cheval. Église, il faut ÊTRE avant de faire. Si nous pourrons ÊTRE d'abord, alors naturellement, le FAIRE découlera de ce que nous sommes. La majorité des gens croient que vous devez le FAIRE pour nécessairement ÊTRE. C'est le mauvais ordre. Vous devez ÊTRE dans le but de FAIRE.

Vous pouvez faire de bonnes œuvres ; d'ailleurs beaucoup d'entre vous veulent tout faire correctement parce que vous supposez que si vous faites tout à bon escient, alors cela vous donnerait peut-être l'impression d'être bon. Mais ça ne peut jamais marcher. Jésus vous rend juste, et c'est ce qui compte. Il justifie quand il vous établit dans Sa justice. S'il vous plaît, comprenez cela. Croyez qui vous êtes en Jésus-Christ, et qu'il faut faire s'en sortira sans se forcer ou obligation. Les œuvres que vous accomplirez viendront par l'Esprit de Dieu.

## *L'Ancien Testament, réservoir du savoir :*

> Romains 15 :4 Louis Segond (LSG) *« Or, tout ce qui a été écrit d'avance l'a été pour notre instruction, afin que, par la patience, et par la consolation que donnent les Écritures, nous possédions l'espérance ».*

Dans le passage ci-dessus, l'apôtre Paul parle de l'Ancien Testament. Grâce à l'Ancien Testament, nous pouvons apprendre ; par la patience et le confort que procurent les Saintes-Écritures, nous pouvons avoir de l'espoir. Les exemples des personnes dans l'Ancien Testament nous enseignent de nombreuses leçons.

Observez l'Ancien Testament et voyez comment les gens se soumettaient à Dieu. Certaines personnes se soumettaient au gouvernement de Dieu et d'autres non. Il y a des gens dans l'église aujourd'hui qui ne font pas un avec le gouvernement de Dieu. De l'Ancien Testament, nous pouvons recueillir beaucoup d'informations sur la façon dont Dieu voudrait que nous vivions et comment nous devrions vivre aujourd'hui sous son autorité.

## *Le Seigneur ne change jamais :*

> Malachie 3 :6-7 Louis Segond (LSG) *« Car je suis l'Éternel, je ne change pas ; Et vous, enfants de Jacob, vous n'avez pas été consumés. Depuis le temps de vos pères, vous vous êtes écartés de mes ordonnances, Vous ne les avez point observées. Revenez à moi, et je reviendrai à vous, dit l'Éternel des armées. Et vous dites : En quoi devons-nous revenir ? »*

Les Saintes-Écritures disent dans Malachie 3 : *« Car je suis l'Éternel, je ne change pas ; Et vous, enfants de Jacob, vous n'avez pas été consumés. Depuis le temps de vos pères, vous vous êtes écartés de mes ordonnances, Vous ne les avez point observées. Revenez à moi, et je reviendrai à vous, dit l'Éternel des armées. Et vous dites : En quoi devons-nous revenir ? »*

Dieu n'est pas de mauvaise humeur mais lent à la colère. Par conséquent, Il ne nous a pas consumés de Sa colère. Tu n'es pas content que Dieu ne change pas ? Nous ne servons pas un Dieu instable. S'il était capricieux, nous pourrions être à la merci d'un Dieu imprévisible. Il est le même hier, aujourd'hui et éternellement. C'est le but des Saintes-Écritures.

*« Car je suis l'Éternel, je ne change pas ; Et vous, enfants de Jacob, vous n'avez pas été consumés. Depuis le temps de vos pères, vous vous êtes écartés de mes ordonnances, Vous ne les avez point observées. »*

## *Revenir au Seigneur* :

Voyez-vous ce que dit l'Esprit de Dieu ? Dieu avait donné des instructions aux gens sur comment vivre, mais comment vivaient-ils ? Ils ne vivaient pas sous ses ordonnances. Ils ne vivaient pas selon ses préceptes. Ils faisaient leur propre truc. Or quand nous faisons nos propres choses, sommes-nous près de Dieu ? Non, nous ne le sommes pas.

Alors Dieu dit : « *Revenez à moi, et je reviendrai à vous.* » N'est-ce pas merveilleux ? La bonne nouvelle est que même si vous êtes un rétrograde, vous emmenant à être en dehors des ordonnances de Dieu, Dieu reviendra à vous si vous retournez à Lui. Quiconque vit selon ses propres objectifs ne vit pas selon le plan de Dieu. Si vous ne vivez pas selon la volonté de Dieu, vous vivez la VÔTRE, c'est-à-dire comme vous le jugez bon. Rechercher Dieu à nouveau et demandez-lui : *"Père, pourquoi suis-je né ? Qui suis-je ? Qui suis-je vraiment ?"* Vous allez voir qu'il y en a plus que ce qui se voit à l'œil nu. Vous allez déclarer finalement : *"Je suis plus qu'un conjoint. Je suis plus qu'un parent. Je suis plus qu'un ouvrier d'usine. Je suis plus qu'un retraité. Je suis un représentant de Dieu sur la terre."*

En tant que mère ou père, soyez-en conscient que vous représentez Dieu à votre enfant. Comprenez-vous que vos enfants ne vous appartiennent pas ? Vous rendez-vous compte qu'un jour, quand vous irez au ciel, vos enfants deviendront vos sœurs et vos frères dans Seigneur ? Cela devrait se concrétiser avant même qu'on aille au ciel. A un certain moment vous devez reconnaître vos enfants adultes comme étant au même niveau que vous dans le Seigneur. Nous avons tendance à nous identifier aux mauvaises choses. Si vous vous vous identifiez aux mauvaises choses, vous ne vivrez pas votre vie selon la volonté de Dieu. Vous devez reconnaitre votre véritable identité.

Donc, si vous êtes quelqu'un qui vit selon ses propres standards, le Seigneur déclare : *"Revenez à moi, et je reviendrai à vous."* C'est une belle chose, et c'est ce que l'Esprit de Dieu demande au peuple de Dieu à faire en ce moment.

« *Revenez à moi, et je reviendrai à vous, dit l'Éternel des armées. Et vous dites : En quoi devons-nous revenir ?* »

Certains d'entre nous ne veulent pas y retourner. Nous ne reconnaissons plus le chemin de retour, et nous ne voulons plus le reconnaître parce que nous sommes assez heureux dans la nouvelle façon dont nous vivons nos vies. Certaines personnes se disent : *"Il suffit que j'aille au ciel, Seigneur, c'est tout ce que je te demande. Je ne me soucie pas vraiment de te connaître ici sur terre, mais si tu peux ouvrir les écluses des cieux pour moi, je serai heureux.''* J'écoute ce que les gens disent, et ça me trouble l'esprit. Nos paroles nous trahissent.

Si vous avez un être cher qui meurt, au lieu de dire : *'' il est parti pour être avec Jésus.''* Les gens disent : '' elle est partie pour être avec son mari, elle est partie pour être avec sa fille. Il est allé ici, Il est parti là-bas.'' Qui est notre Dieu ? Où habite-t-il ? Quand nous mourrons, nous n'aurons pas besoin d'être avec notre mari terrestre qui est là-haut dans le ciel. Avant tout et surtout, nous devons être avec Jésus. Dieu a conçu le mariage comme un modèle ou une image de la relation intime entre le Christ et Son Église, l'épouse du Christ.

Les Saintes-Écritures nous enseignent que nous devons rendre compte de nous-mêmes. Qui sommes-nous vraiment ? Pourquoi nous appelons-nous chrétiens ? Le but d'être chrétien est d'être un apprenti de Jésus-Christ. Un apprenti c'est celui qui apprend un métier particulier. Nous devons apprendre de Jésus et vivre dans tous les domaines comme Lui. Savez-vous que lorsque vous choisissez de vous soumettre à Dieu, Il vous rend conformera à l'image de Jésus ? Avez-vous choisi l'engagement total envers Christ, pour être son disciple ? Rien n'est caché aux yeux de Dieu. Il voit tout ce que nous faisons, ce qui fait que nous ne pourrions jamais tromper Dieu. Est-ce qu'on trompe les gens ou tout simplement nous-mêmes ?

Une fois que nous prenons la décision selon laquelle : *''Seigneur, je veux être ton apprenti''*, et une fois que quelqu'un vous pointe du doigt et vous dit : *''Je veux savoir qui vous êtes''* vous pouvez répondre sans réserve en disant : *''Je veux que vous sachiez que je suis fils du Dieu vivant. Je représente Jésus. Je suis un disciple du Christ.''*

Une fois qu'on est à ce niveau, on grandit dans son engagement avec le Seigneur. Si vous voulez être son représentant, alors vous ne pourrez plus représenter vos propres intérêts. Vous devez représenter les intérêts de Jésus. Vous devez vous soumettre à Lui. Il doit être votre maître.

Quand Jésus-Christ reviendra, la Bible dit qu'Il sera sur un cheval blanc. Apocalypse 19 :16 dit que sur son vêtement et sur sa cuisse seront écrits, "Roi des rois et Seigneur des seigneurs." Jésus avait une vie mais il a choisi de représenter le Père. En d'autres termes, dans tout ce que Jésus a fait sur la terre, Il a incarné Dieu. Il ne se représentait pas lui-même et c'est pourquoi on l'appelle Roi des rois et Seigneur des seigneurs."

Où est le rôle de l'église aujourd'hui ? L'église devrait représenter le Christ. Où est-ce que ta vie s'y répond ? Êtes-vous un véritable et fidèle témoin de Jésus-Christ ?

Pensez-vous que les derniers mots d'une personne sont-ils importants ? Si votre mère ou votre père était mourant et que vous étiez à son chevet, s'il ou elle avait quelques derniers mots pour vous, ne voudriez-vous pas écouter chaque mot qu'il ou elle aura à vous dire ? Et si les derniers mots qui sortent de sa bouche étaient des instructions, ne seraient-ils pas vitaux pour vous ? N'obéiriez-vous pas à ces recommandations ?

Les dernières paroles de Jésus avant qu'Il ne monte à Son Père céleste ont été écrites. Il ordonna : *« Allez faire de toutes les nations mes disciples. »* C'est notre mission. C'est une recommandation. Alors, est-ce qu'on la fait mesdames et messieurs ? Si nous suivons effectivement Christ et le représentons, c'est ce que nous sommes sur la bonne voie.

Maintenant, où pouvons-nous résoudre ce problème de ne pas être un véritable et fidèle témoignage de Jésus ? Il n'y a qu'un seul endroit où nous pouvons résoudre ce problème et c'est au moment où nous vivons sur la terre. Le Seigneur nous a donné un espace pour nous repentir. Pouvez-vous apporter un changement ? Pouvez-vous revenir ? Vous le pouvez. C'est le moment de le faire parce que, lorsque vous vous tiendrez devant le tribunal de Dieu, il sera absolument trop tard pour vous de faire une différence.

## ***Pouvez-vous prendre des commandes ?***

Le Seigneur nous dit, je veux que tu sois mon représentant. Je veux que tu sois sous mon autorité. Je veux que tu prennes des ordres de moi. Combien d'entre vous aiment être commandés ? Certains d'entre nous arrivent à prendre des commandes s'ils sont payés. On déclare : *" juste paie-moi et je prendrai des ordres toute la journée."*

Mais savez-vous que Dieu aussi a un salaire pour nous ? Nous obtiendrons une récompense, mais nous devons apprendre à être en mesure de suivre des instructions. Nous devons apprendre à suivre la direction du Saint-Esprit. Nous devons apprendre que notre propre vie ne nous appartient plus. Nos vies sont cachées en Christ, en Dieu. Vous me comprenez ? Selon les Écritures, nos vies que ce soit la vôtre et la mienne sont ensevelies en Christ, en Dieu. Nous n'avons plus de vie sur la terre. Notre expérience se cache en Christ ; quand il apparaîtra, nous apparaîtrons avec Lui dans la gloire.

## *Samuel et Eli - Un regard sur Samuel :*

> 1 Samuel 2 :18-21 Louis Segond (LSG) *« Samuel faisait le service devant l'Éternel, et cet enfant était revêtu d'un éphod de lin. Sa mère lui faisait chaque année une petite robe, et la lui apportait en montant avec son mari pour offrir le sacrifice annuel. Éli bénit Elkana et sa femme, en disant : Que l'Éternel te fasse avoir des enfants de cette femme, pour remplacer celui qu'elle a prêté à l'Éternel ! Et ils s'en retournèrent chez eux. Lorsque l'Éternel eut visité Anne, elle devint enceinte, et elle enfanta trois fils et deux filles. Et le jeune Samuel grandissait auprès de l'Éternel. »*

Étudions les Écritures et voyons comment Dieu a ouvré à une période spécifique de temps. Étudions Samuel et Eli. Eli est un exemple d'un homme choisi pour représenter Dieu. C'était un souverain sacrificateur, qui avait une position et un rang très élevés. On lui avait assigné un rôle que Dieu prenait beaucoup au sérieux. Mais Eli n'a pas bien représenté Dieu ; et il l'a payé cher.

*1 Samuel 2 :18 ;19 « Samuel faisait le service devant l'Éternel, et cet enfant était revêtu d'un éphod de lin. Sa mère lui faisait chaque année une petite robe, et la lui apportait en montant avec son mari pour offrir le sacrifice annuel. »*

Ici, nous voyons que Samuel était un petit garçon et qu'il faisait le ministre devant le Seigneur. Samuel, ce petit garçon, savait-il qui il était ? Absolument oui ! Savez-vous pourquoi je pense qu'il savait qui il était ? Je crois que sa mère lui avait dit qui il était. Est-il possible que quand il était jeune, elle lui ait dit : *'' sache que je vais t'offrir au Seigneur ?''* Elle lui aurait dit ça tous les jours. Aurait-elle pu lui dire ça dans le ventre ? Pensez-y. Imaginez ce qu'Hannah disait à cet enfant de sa période de sevrage jusqu'au moment où il grandissait : *" Dieu t'a offert à moi, or je Lui ai promis que s'il me donnait un fils, je le rendrais au Seigneur."*

Ainsi, dès son plus jeune âge, Samuel a compris qu'il venait de Dieu. Il avait la compréhension qu'il était envoyé du ciel sur la terre et qu'il appartenait à Dieu. Samuel ne savait peut-être pas très bien qui il était, mais il avait la compréhension qu'il appartenait à Dieu.

L'Esprit de Dieu veut que vous compreniez que vous êtes venu de Dieu, et vous retournez à Dieu. Vous ne vous appartenez point. Si vous avez une révélation de qui vous êtes, alors vous serez en mesure de vivre votre vie selon le dessein de votre Dieu. Mais si vous ne savez pas qui vous êtes, si vous n'arrivez pas à bien saisir cette réalité, alors tout ce que vous faites ne sera pas juste. Vous devez comprendre que faire les choses de façon juste ne vous justifie pas nécessairement.

La Bible dit : « *Sa mère lui faisait chaque année une petite robe, et la lui apportait en montant avec son mari pour offrir le sacrifice annuel. Éli bénit Elkana et sa femme, en disant : Que l'Éternel te fasse avoir des enfants de cette femme, pour remplacer celui qu'elle a prêté à l'Éternel ! Et ils s'en retournèrent chez eux. Lorsque l'Éternel eut visité Anne, elle devint enceinte, et elle enfanta trois fils et deux filles. Et le jeune Samuel grandissait auprès de l'Éternel.* »

La Bible dit : « Eli bénirait Elkanah et sa femme en disant : « Que le Seigneur vous donne des enfants par cette femme pour prendre la place de celle qu'elle a priée et a donnée au Seigneur » Alors ils rentreraient chez eux. Et le Seigneur a été aimable envers Hannah, et elle a conçu et donné naissance à trois fils et deux filles.

N'est-ce pas merveilleux ? Elle était stérile. Elle n'a pas eu d'enfants et le Seigneur lui a donnée Samuel, puis le Seigneur lui en a ajoutés 3 fils et deux filles de plus. Comme c'est merveilleux ! Comprenez-vous ce qui s'est passé ici et ce que cela dit sur Dieu ? Je vais vous l'expliquer. D'abord, on doit apprendre à donner. Donner, donner puis donner. Et Dieu le rendra. Si vous donnez votre vie à Dieu, Dieu vous la rendra. N'est-ce pas excitant ? Donnez votre vie à Dieu. Savez-vous que dans l'ensemble, nous n'avons vraiment juste qu'une vie insignifiante à donner ? Mais si nous donnons notre petite vie à Dieu, Dieu va nous la rendre en abondance. Nous en recevons en retour en grande qualité.

Poursuivant, la Bible a dit, *"elle devint enceinte, et elle enfanta trois fils et deux filles. Et le jeune Samuel grandissait auprès de l'Éternel."* Voyez-vous, Samuel savait qu'il venait de Dieu et il a grandi dans la présence du Seigneur. Dès le début, Samuel savait qui il était. Il a été donné à Dieu. Il appartenait à Dieu. Il n'a pas eu de problème à se présenter à Dieu et être en Sa présence. On a du mal à se soumettre à Dieu si on ne sait pas qu'on appartient à Dieu. Il vous a fait, il vous a créé et envoyé du ciel. Vous appartenez à Dieu. Comprendre cela aiderait à se soumettre à Lui. Ce n'est que lorsque nous sommes confus dans nos cœurs et esprits par rapport à cela que nous y éprouvons de difficultés.

## *Samuel et Eli : Un regard sur Eli*

> 1 Samuel 2 :27-29 Louis Segond (LSG) *« Un homme de Dieu vint auprès d'Éli, et lui dit : Ainsi parle l'Éternel : Ne me suis-je pas révélé à la maison de ton père, lorsqu'ils étaient en Égypte dans la maison de Pharaon ? Je l'ai choisie parmi toutes les tribus d'Israël pour être à mon service dans le sacerdoce, pour monter à mon autel, pour brûler le parfum, pour porter l'éphod devant moi, et j'ai donné à la maison de ton père tous les sacrifices consumés par le feu et offerts par les enfants d'Israël. Pourquoi foulez-vous aux pieds mes sacrifices et mes offrandes, que j'ai ordonné de faire dans ma demeure ? Et d'où vient que tu honores tes fils plus que moi, afin de vous engraisser des prémices de toutes les offrandes d'Israël, mon peuple ? »*

Étudions Eli. *« Un homme de Dieu vint auprès d'Éli, et lui dit : Ainsi parle l'Éternel : Ne me suis-je pas révélé à la maison de ton père, lorsqu'ils étaient en Égypte dans la maison de Pharaon ? Je l'ai choisie parmi toutes les tribus d'Israël pour être à mon service dans le sacerdoce, pour monter à mon autel, pour brûler le parfum, pour porter l'éphod devant moi. »*

En d'autres termes, je t'ai choisi pour me représenter. J'ai choisi votre lignée familiale pour me représenter. C'est très dangereux de dénaturer une ordonnance de Dieu. Quand vous vous levez et criez : *'Je suis chrétien'*, c'est que vous dites que vous êtes un *petit Christ*. Le christianisme est un mode de vie. Mais dans de nombreuses églises, il est devenu seulement un rassemblement social. Cela pourrait être difficile pour nous à comprendre mais sachons que nous rendrons compte à Dieu pour nous-mêmes. C'est une affaire délicate.

Les Écriture disent aussi : « *et j'ai donné à la maison de ton père tous les sacrifices consumés par le feu et offerts par les enfants d'Israël. Pourquoi foulez-vous aux pieds mes sacrifices et mes offrandes, que j'ai ordonné de faire dans ma demeure ? Et d'où vient que tu honores tes fils plus que moi… ?* »

Quel était le problème d'Eli ? Aimait-il ses enfants plus que Dieu ? Il était plus intéressé à représenter ses fils et leur bien-être que celui de Dieu. Avec qui pensez-vous qu'Eli s'est identifié ? De toute évidence, il s'identifiait à ses enfants plus qu'à Dieu.

Pouvez-vous imaginer les excuses qu'Eli allait se créer pour se défendre devant Dieu ? *"Oh, non, Seigneur. Ce n'est pas comme ça que ça a été."* Si Dieu l'a reproché, alors qui a raison ? Dieu n'est pas un Homme pour mentir.

« *Pourquoi foulez-vous aux pieds mes sacrifices et mes offrandes, que j'ai ordonné de faire dans ma demeure ? Et d'où vient que tu honores tes fils plus que moi, afin de vous engraisser des prémices de toutes les offrandes d'Israël, mon peuple ?* »

Eli et ses fils mangeaient les sacrifices que le peuple consacrait à Dieu. C'était un sacrilège. Comment les vrais adorateurs d'Israël se sentiraient-ils lorsqu'ils venaient sacrifier à Dieu et remarquaient que leurs sacrificateurs utilisaient mal leurs offrandes ?

Je vais vous dire que vous offensez Dieu lorsque vous êtes en position d'autorité et que vous abusez de son peuple. Se mettre à une telle position est très délicate. Or c'était précisément ce qui se passait.

Une remarque dans les versets suivants nous permet de comprendre qu'Eli était un leader spirituel, mais qu'en est-il d'Israël ? Quelle était la condition spirituelle d'Israël à cette époque ?

> 1 Samuel 3 :1-4 Louis Segond (LSG) « *Le jeune Samuel était au service de l'Éternel devant Éli. La parole de l'Éternel était*

> *rare en ce temps-là, les visions n'étaient pas fréquentes. En ce même temps, Éli, qui commençait à avoir les yeux troubles et ne pouvait plus voir, était couché à sa place, la lampe de Dieu n'était pas encore éteinte, et Samuel était couché dans le temple de l'Éternel, où était l'arche de Dieu. Alors l'Éternel appela Samuel. Il répondit : Me voici ! »*

Nous voyons que *le jeune Samuel était au service de l'Éternel.* Mais quels sont les mots suivants ? Il était au service de l'Éternel *devant Éli. La parole de l'Éternel était rare en ce temps-là.* La Parole de Dieu était rare parce que le leadership spirituel d'Israël de cette époque n'était pas très bon. Eli n'était pas un bon exemple. Il dénaturait le sacerdoce de Dieu, et par conséquent, la Parole de Dieu était rare à cette époque. Les Écritures disent que *les visions n'étaient pas fréquentes.*

Quelle était la condition physique d'Eli ? *Éli commençait à avoir les yeux troubles.* Il pouvait à peine voir. Et ses yeux spirituels ? Ne pensez-vous pas que ses yeux physiques étaient le reflet de ses yeux spirituels ? Eli pouvait à peine voir que ce soit dans le domaine naturel que spirituel. Bien qu'Eli fût couché à sa place habituelle, le Seigneur a parlé plutôt à Samuel. *La lampe de Dieu n'était pas encore éteinte, et Samuel était couché dans le temple de l'Éternel, où était l'arche de Dieu.* L'arche de Dieu représentait la présence de Dieu. Samuel pouvait entendre Dieu parce qu'il est resté en sa présence.

Eli n'a pas pu recevoir un mot de Dieu mais Samuel a reçu un Message du Seigneur. Il pouvait entendre Dieu parce que Samuel savait qu'il appartenait à Dieu. Il savait qui il était. Il a su se soumettre à l'autorité. Il s'est soumis à Eli mais aussi à Dieu. Il était clair que Samuel n'avait pas de problème avec l'institution de l'autorité. Maintenant, vous pourriez vous demander : *''Pourquoi Samuel aurait-il à se soumettre à Eli ? C'était un mauvais leader.''*

Qu'en est-il du don des ministères ? Les ministères signifient-t-elles quelque chose pour nous ? Elles devraient. Avons-nous des ministères dans l'église aujourd'hui ? Nous en avons. Selon les Écritures, nous devons respecter ces ministères. Samuel aimait le Seigneur et appréciait le fait que Dieu ait consacré Eli pour le sacerdoce.

Eli n'a pas été béni parce qu'il n'avait pas honoré le sacerdoce que Dieu lui ait confié. Dieu a jugé Eli et ses fils pour leurs actions. Ils ont récolté de graves conséquences pour leur comportement impie. La belle-fille anonyme d'Eli a aussi eu de graves conséquences. Le jugement de Dieu est tombé et la mort est entrée dans leur famille.

## *C'est dangereux de mal représenter Dieu* :

> 1 Samuel 3 :11-14 Louis Segond (LSG) « *Alors l'Éternel dit à Samuel : Voici, je vais faire en Israël une chose qui étourdira les oreilles de quiconque l'entendra. En ce jour j'accomplirai sur Éli tout ce que j'ai prononcé contre sa maison ; je commencerai et j'achèverai. Je lui ai déclaré que je veux punir sa maison à perpétuité, à cause du crime dont il a connaissance, et par lequel ses fils se sont rendus méprisables, sans qu'il les ait réprimés. C'est pourquoi je jure à la maison d'Éli que jamais le crime de la maison d'Éli ne sera expié, ni par des sacrifices ni par des offrandes.* »

Lecture de 1 Samuel 3:11 et 12, « *Voici, je vais faire en Israël une chose qui étourdira les oreilles de quiconque l'entendra. En ce jour j'accomplirai sur Éli tout ce que j'ai prononcé contre sa maison ; je commencerai et j'achèverai* ».

La famille d'Eli déformait-elle le sacerdoce ? Ne pensez-vous pas que les petits-fils de la famille d'Eli continueraient aussi probablement à déformer l'image de Dieu ? Oui. Et donc le jugement est venu contre sa famille.

" *Je lui ai déclaré que je veux punir sa maison à perpétuité, à cause du crime dont il a connaissance.*"

Eli savait-il que lui et ses fils péchaient ? Oh oui ! Mais, de toute façon Eli a choisi de pécher. Il savait qu'il avait besoin de se soumettre à la voie de Dieu, mais il a choisi le contraire. Eli s'est rebellé.

''*Je lui ai déclaré que je veux punir sa maison à perpétuité, à cause du crime dont il a connaissance, et par lequel ses fils se sont rendus méprisables, sans qu'il les ait réprimés. C'est pourquoi je jure à la maison d'Éli que jamais le crime de la maison d'Éli ne sera expié, ni par des sacrifices ni par des offrandes.*''

Déformer délibérément la parole de Dieu est un fardeau très lourd. Si vous êtes un leader spirituel, ayant n'importe quel type d'autorité, et que vous déformez ce ministère, je ne voudrais pas être à votre place. Je ne veux pas être une personne qui manipule le ministère car cela offense beaucoup Dieu.

## *Les Ministères, dans l'Église contemporaine* :

> Éphésiens 4 :11-14 Louis Segond (LSG) « *Et il a donné les uns comme apôtres, les autres comme prophètes, les autres comme évangélistes, les autres comme pasteurs et docteurs, pour le perfectionnement des saints en vue de l'œuvre du ministère et de l'édification du corps de Christ, jusqu'à ce que nous soyons tous parvenus à l'unité de la foi et de la connaissance du Fils de Dieu, à l'état d'homme fait, à la mesure de la stature parfaite de Christ, afin que nous ne soyons plus des enfants, flottants et emportés à tout vent de doctrine, par la tromperie des hommes, par leur ruse dans les moyens de séduction* »

La Bible dit clairement que nous avons des canaux humains qui sont des dons au Corps du Christ. Éphésiens 4 : 11-14 dit : " *Et il a donné les uns comme apôtres, les autres comme prophètes, les autres comme évangélistes, les autres comme pasteurs et docteurs...*"

Il y a une autorité donnée aux apôtres, aux prophètes et aux enseignants. Dieu donne des responsabilités d'autorité aux évangélistes et aux pasteurs "préparer le peuple de Dieu aux différents ministères." Alors, est-ce que leur autorité appartient à eux-mêmes ? Leur ministère leur est-il d'une façon ou d'une autre un privilège de la part de Dieu ? Dieu donne ces dons humains à l'église pour permettre la maturité dans le Seigneur. Dieu aime son peuple.

« *… pour le perfectionnement des saints en vue de l'œuvre du ministère et de l'édification du corps de Christ, jusqu'à ce que nous soyons tous parvenus à l'unité de la foi et de la connaissance du Fils de Dieu, à l'état d'homme fait, à la mesure de la stature parfaite de Christ, afin que nous ne soyons plus des enfants, flottants et emportés à tout vent de doctrine, par la tromperie des hommes, par leur ruse dans les moyens de séduction* »

Les disciples du Christ doivent respecter ces ministères ou ces dons. Les gens perdent des bénédictions de Dieu qui leur sont destinées s'ils ne tiennent pas compte du leadership spirituel qui leur est envoyé.

Pourquoi Eli ne voulait-il pas se soumettre à Dieu ? Pourquoi ne voulait-il pas se placer sous le gouvernement de Dieu et pourquoi n'a-t-il pas amené ses enfants sous le gouvernement de Dieu ? Je crois qu'Eli n'a pas fait tout ça parce qu'il ne comprenait pas qui il était. Il ne comprenait pas son but dans la vie. De toute évidence, il y avait une certaine rébellion en lui. Si nous ne savons pas qui nous sommes, si nous ne savons pas que nous appartenons à Dieu, que nous sommes ses représentants, nous nous rebellerions aussi.

## *David et Absalom* :

Vous souvenez-vous du récit d'Absalom ? Absalom était l'un des fils préférés de David. David aimait Absalom et Absalom était dans la lignée de la succession au trône. Il allait être roi. Mais si vous étudiez Absalom dans la Bible, vous saurez qu'il s'est rebellé contre son père. Il ne l'avait pas honoré ni comme son parent ni comme son roi. Il a fait le tour du territoire et a rassemblé des gens qui se plaignaient contre son père et a fait sien leurs plaintes.

Beaucoup de gens détestent le leadership. Ils peuvent vous dire qu'ils veulent être dirigés, mais quand l'occasion se présente, ces mêmes personnes murmurent contre le leader. C'est exactement ce qui est arrivé à David. Les gens se plaignaient de lui. Absalom sortit, et invita les plaignants et leur dit : "*Venez me suivre.*" En fait, Absalom initia une révolte contre son père et s'est autoproclamé roi. Savez-vous pourquoi Absalom a fait ça ? C'était parce qu'il ne savait pas qui il était. Il était l'un des fils préférés de David. S'il avait compris que David l'aimait et que son véritable but dans la vie était de soutenir la royauté de son père, il aurait pu se soumettre, n'est-ce pas ? Mais il a choisi de se rebeller parce qu'il ne savait pas qui il était. Il aurait pu succéder légitimement à son père sur le trône, mais au lieu de cela, il décéda prématurément : il fut tué, percé par trois lances dans le cœur.

## *Lucifer, Adam et la Rébellion :*

Dans l'exemple de Lucifer, nous pouvons retracer l'origine de la rébellion jusqu'au Jardin d'Eden. La rébellion remonte jusqu'à Adam, notre patriarche. Y a-t-elle une rébellion en nous aujourd'hui ? Y a-t-il un petit quelque chose, un peu de résistance, cette pensée qui vous dit : *"tout simplement, je ne vais pas le faire, ou je vais le faire à ma façon ?"* Savez-vous d'où elle vient ? Elle vient de notre héritage ancestral ou patriarcal. Nous avons dans notre sang une iniquité transmise à travers les générations.

Dans le monde spirituel, il faut retracer la rébellion jusqu'à Lucifer. On savait que Satan n'était pas Satan au début. Les gens disent : *"Pourquoi Dieu a-t-il créé Satan ?"* Dieu n'a pas créé Satan. Dieu avait créé un ange qui s'appelait Lucifer.

> Ésaïe 14 :12-14 Louis Segond (LSG) « *Te voilà tombé du ciel, Astre brillant, fils de l'aurore ! Tu es abattu à terre, Toi, le vainqueur des nations ! Tu disais en ton cœur : Je monterai au ciel, J'élèverai mon trône au-dessus des étoiles de Dieu ; Je m'assiérai sur la montagne de l'assemblée, À l'extrémité du septentrion ; Je monterai sur le sommet des nues, Je serai semblable au Très Haut.* »

Étudions Ésaïe 14 :12-14. Les Écritures disent : « *Te voilà tombé du ciel, Astre brillant, fils de l'aurore !* »

Où était Lucifer ? Il était au paradis. Avait-il une grande autorité ? Bien sûr qu'il en avait. Lucifer était au paradis. Et c'est un excellent endroit à être !

Relisons. " *Te voilà tombé du ciel, Astre brillant, fils de l'aurore ! Tu es abattu à terre, Toi, le vainqueur des nations ! Tu disais en ton cœur :...*"

Maintenant, nous en arrivons à l'origine du fait. Voici son problème : « *Je monterai au ciel, J'élèverai mon trône au-dessus des étoiles de Dieu ; Je m'assiérai sur la montagne de l'assemblée, À l'extrémité du septentrion ; Je monterai sur le sommet des nues, Je serai semblable au Très Haut.* »

"*J'élèverai mon trône au-dessus des étoiles de Dieu.*" En d'autres mots, Lucifer voulait un trône. Il voulait être au contrôle et a essayé de s'élever au-dessus sur Dieu. Le verset disait aussi ceci : « *Je m'assiérai sur la montagne de l'assemblée, À l'extrémité du septentrion ; Je monterai sur le sommet des nues, Je serai semblable au Très Haut.*»

Le problème de Satan, c'est qu'il ne savait pas qui il était. Il avait été créé. Dieu l'a créé et personne ne s'élever au-dessus de son créateur. Ce n'était pas possible. Mais il pensait en être capable parce que Lucifer ne savait pas qui il était. Par ailleurs, si nous ne reconnaissons pas notre identité, notre but, qui nous représentons alors nous tomberons aussi dans rébellion. L'ordre divin nous protège et nous maintient dans un endroit où Dieu peut nous bénir.

Lucifer qui est devenu Satan, est l'auteur de la confusion et du désordre. Satan est l'auteur de la rébellion. Voulez-vous vous soumettre au diable dans un domaine de votre vie ? Moi je ne veux pas me rebeller. Toutefois je peux vous dire qu'il y a des moments où je suis certainement tenté de changer d'avis. Et vous ?

Je veux me soumettre. Je veux apprendre à me soumettre sous l'autorité du Seigneur. Je ne veux pas être comme l'ennemi.

## ***La désobéissance et la divination :***

> 1 Samuel 15 :23 Louis Segond (LSG) *« Car la désobéissance est aussi coupable que la divination, et la résistance ne l'est pas moins que l'idolâtrie et les théraphim. Puisque tu as rejeté la parole de l'Éternel, il te rejette aussi comme roi. »*

En lisant ce verset, voyons ce que les Écritures disent de la rébellion en rapport avec le roi Saül, qui a perdu son trône à cause de sa rébellion. Le roi Saul aussi ne se soumettait pas à Dieu.

1 Samuel 15 :23 dit : « *Car la désobéissance est aussi coupable que la divination.* » Quiconque est désobéissant pense que tout doit aller selon son principe. Pas selon la façon d'autrui. Si vous êtes concerné peu importe votre apparence de l'extérieur, la Bible dit que c'est de l'idolâtrie.

" *Puisque tu as rejeté la parole de l'Éternel, il te rejette aussi comme roi.*" Si Saul avait fait confiance à Dieu sachant qu'il était son représentant, sous Son autorité, il serait resté roi. Mais il s'est rebellé !

La rébellion est intrinsèquement liée à la sorcellerie. Elle exerce un pouvoir et un contrôle sur les personnes et les circonstances. C'est pourquoi les sorts jetés sur les gens influencent ou contrôlent leur vie. Certains d'entre nous qui marchent dans la rébellion ne comprennent pas cela, mais d'une certaine façon, c'est comme pratiquer la sorcellerie parce qu'il s'agit de posséder un pouvoir ou de contrôler. Vous n'avez pas besoin de pratiquer de la magie pour être une sorcière. Les gens peuvent manipuler à travers des mots, des tromperies et du chantage émotionnel pour posséder le pouvoir sur les autres.

## *Autorité* :

Avoir une autorité ne devrait jamais être motivé par la possession du contrôle sur les autres. La vraie autorité représente Dieu et sert les gens. Il s'agit d'aider les gens plutôt qu'aspirer à un gain personnel. Il ne s'agit pas d'exercer le pouvoir sur les gens.

> Éphésiens 5 :21 Louis Segond (LSG) *« vous soumettant les uns aux autres dans la crainte de Christ. »*
>
> Romains 12 :10 Louis Segond (LSG*) « Par amour fraternel, soyez pleins d'affection les uns pour les autres ; par honneur, usez de prévenances réciproques. »*
>
> Galates 5 :13 Louis Segond (LSG) *« Frères, vous avez été appelés à la liberté, seulement ne faites pas de cette liberté un prétexte de vivre selon la chair ; mais rendez-vous, par la charité, serviteurs les uns des autres. »*
>
> Galates 5 :6 Louis Segond (LSG) *« Car, en Jésus Christ, ni la circoncision ni l'incirconcision n'a de valeur, mais la foi qui est agissante par la charité. »*

L'Écriture dit dans Éphésiens 5 :21 "*vous soumettant les uns aux autres dans la crainte de Christ. À* qui devons-nous nous soumettre dans le corps du Christ ? Nous devons nous soumettre les uns aux autres.

Romains 12 :10 dit ceci : *''Par amour fraternel, soyez pleins d'affection les uns pour les autres ; par honneur, usez de prévenances réciproques.''* Nous devons honorer les uns les autres. C'est de la soumission. Le Corps du Christ s'unifiera lorsque nous marcherons dans la crainte de Dieu se soumettant les uns aux autres.

Galates 5 :13 dit ceci, « *Frères, vous avez été appelés à la liberté, seulement ne faites pas de cette liberté un prétexte de vivre selon la chair ; mais rendez-vous, par la charité, serviteurs les uns des autres.* » Nous devons nous servir les uns les autres par la charité. Il s'agit d'un processus d'apprentissage. Il est difficile pour nous pour nous de servir les uns les autres. Mais on doit l'apprendre, amen ?

Dans Les Galates 5 :6 l'apôtre Paul a écrit : « *Car, en Jésus Christ, ni la circoncision ni l'incirconcision n'a de valeur, mais la foi qui est agissante par la charité.* »

S'il y a l'insoumission dans notre vie, nous devons nous repentir. S'il y a même une touche de rébellion dans nos cœurs, nous devons gérer les choses avec Dieu et nous repentir. Nous devons nous soumettre au gouvernement de Dieu. Nous devons être en unité les uns avec les autres ; ce qui est impossible à faire si nous sommes têtus et ne voulons pas honorer les uns les autres. Désirez-vous une véritable touche de Dieu ? Voulez-vous voir la gloire de Dieu ? Cela n'arrivera pas si nous ne sommes pas sous le bon gouvernement. Cela n'arrivera pas si on insiste pour faire les choses à notre façon. L'Esprit-Saint veut nous conduire vers l'unité. Et c'est comme ça que ça marche. Jésus-Christ est le chef de l'Église et Il œuvre par l'intermédiaire des dirigeants envoyés pour vous aider. Croyez-vous que Dieu vous envoie des dirigeants ? Soit, vous y croyez soit vous n'y croyez point. Vos dirigeants sont responsables à la fois envers vous et avant tout devant Dieu. Toute position de responsabilité exige des comptes. Si vous êtes un leader, vous devez rendre compte à Dieu de la façon dont vous instruisez et guidez les gens. Ce n'est pas une responsabilité à prendre à la légère. Vous feriez mieux de savoir ce que vous faites. Donc le leadership est ici avec des dirigeants humains, mais tout commence avec Jésus à la tête ; après tout marche delà vers tout le corps. Comprenez cela dès maintenant. C'est comme ça que l'onction fonctionne. Il commence au sommet et coule vers le bas vers tous. Nous devons donc rester dans l'unité.

> Psaumes 133 Louis Segond (LSG) « *Voici, oh ! qu'il est agréable, qu'il est doux Pour des frères de demeurer ensemble ! C'est comme l'huile précieuse qui, répandue sur la tête, Descend sur la barbe, sur la barbe d'Aaron, Qui descend sur le bord de ses vêtements. C'est comme la rosée de l'Hermon, Qui descend sur les montagnes de Sion ; Car c'est là que l'Éternel envoie la bénédiction, La vie, pour l'éternité.* »

Dans Psaumes 133 la Bible dit : « *Voici, oh ! qu'il est agréable, qu'il est doux Pour des frères de demeurer ensemble ! C'est comme l'huile.* » Il est très agréable lorsqu'on est sur la même longueur d'onde. C'est une onction, une huile. Et d'où se répand-elle ? « *C'est comme l'huile précieuse qui, répandue sur la tête, Descend sur la barbe, sur la barbe d'Aaron, Qui descend sur le bord de ses vêtements.* » Elle se répand sur la tête et descend. Est-ce qu'elle se stagne sur la tête ? Qu'est-ce qu'elle fait ? Elle descend en bas. L'onction doit descendre et couler sur tout le corps lorsque nous demeurons dans l'unité, sous le gouvernement et l'autorité qu'il faut. « *C'est comme la rosée de l'Hermon, Qui descend sur les montagnes de Sion ; Car c'est là que l'Éternel envoie la bénédiction, La vie, pour l'éternité.* »

Fils de Dieu, soumettons-nous !

> Paumes 91 :1-3 Louis Segond (LSG) « *Celui qui demeure sous l'abri du Très Haut Repose à l'ombre du Tout Puissant. Je dis à l'Éternel : Mon refuge et ma forteresse, Mon Dieu en qui je me confie ! Car c'est lui qui te délivre du filet de l'oiseleur, De la peste et de ses ravages.* »

Psaumes 91 :1-3 dit : « *Celui qui demeure sous l'abri du Très Haut Repose à l'ombre du Tout Puissant...* » Nous devons demeurer sous l'abri et reposer à l'ombre. « *… Repose à l'ombre du Tout Puissant. Je dis à l'Éternel : Mon refuge et ma forteresse, Mon Dieu en qui je me confie !* »

Lorsque vous vous soumettez au Seigneur, vous pouvez dire au Seigneur, qu'Il est votre refuge et votre forteresse. Vous pouvez Lui faire confiance. Mais permettez-moi aussi de vous dire que si vous n'êtes pas sous Dieu, vous ne pouvez pas Lui faire appel pour la protection. Vous vous placé en dehors de sa zone de protection si vous n'êtes pas sous Lui.

Je vais vous dire une autre chose. Vous n'avez aucune raison de dire que vous faites confiance en Dieu si vous n'êtes pas soumis à Lui. Quand vous êtes en dehors de son gouvernement, vous pouvez dire toute la journée, *"J'ai confiance en Dieu."* Mais ce sera en vain.

Les Saintes-Écritures disent : « *Car c'est lui qui te délivre du filet de l'oiseleur, De la peste et de ses ravages.* » Qui aspire à la délivrance ? Je veux être délivrée du diable. Je veux que Dieu me livre de la maladie et du plan de l'ennemi. Mais pour que Dieu m'en livre, je dois me mettre sous sa protection et son autorité. Avez-vous des oreilles à entendre ? Faites cette prière de votre cœur :

*"Père, je t'aime et je te loue. Je te remercie pour ta Parole et de me l'avoir donnée. Je déclare Seigneur que tu es la vérité. Tu es à l'œuvre. Tu es précis. Tu viens de parler clairement à mon cœur, Père. Montre-moi comment tu veux me bénir. Révèle-moi Père, la bénédiction qui accompagne ceux qui se soumettent à ton autorité. Amen.''*

# Chapitre Quatre

## *Le mystère de la volonté de Dieu :*

J'ai souvent entendu des gens dire : *"En quoi consiste la volonté de Dieu ?"* Vous vous êtes probablement, une fois, posé la même question en ces termes : *"c'est quoi la volonté de Dieu ?"* De façon générale, la volonté de Dieu se trouve dans la Parole de Dieu et se voit clairement dans *Éphésiens 1 :9 et 10*.

> Éphésiens 1 :9 et 10 Louis Segond (LSG) *« Nous faisant connaître le mystère de sa volonté, selon le bienveillant dessein qu'il avait formé en lui-même, pour le mettre à exécution lorsque les temps seraient accomplis, de réunir toutes choses en Christ, celles qui sont dans les cieux et celles qui sont sur la terre. »*

" Nous faisant connaître le mystère de sa volonté …" Nous disons souvent que Dieu est mystérieux, n'est-ce pas ? Or parfois, c'est notre excuse à nous pour ne pas apprendre à connaître Dieu ou apprendre à connaître Sa Parole. Plus nous développons une relation personnelle avec le Seigneur, plus nous le connaissons et plus nous entrons dans l'intimité avec Lui, moins Il devient mystérieux. Toutefois, il sera toujours mystérieux dans une certaine mesure. Nous ne pourrons jamais cerner le Seigneur parce qu'il est Dieu et nous ne le sommes pas. Mais souvent, nous ne parvenons pas à saisir ce que nous *pouvons* savoir et jusqu'où nous pouvons *grandir* dans le Seigneur. Parfois, nous disons : *"Eh bien, les voies de Dieu sont élevées au-dessus de nos voies et les pensées de Dieu sont élevées au-dessus de nos pensées."* Mais c'est aussi une sorte d'excuse pour que nous puissions simplement hausser les épaules et affirmer que nous ne le comprenons pas. Et parfois, nous ne le cernons pas parce que nous ne cherchons pas à mieux comprendre le Seigneur.

Dans ce verset biblique il est écrit : " Nous faisant connaître…" Saviez-vous que la Parole de Dieu nous révèle Dieu ? Nous pouvons connaître Dieu, nous pouvons connaître Ses voies si nous soupirons après Sa Parole. Mais nous ne pouvons pas saisir Sa Parole sans la puissance du Saint-Esprit dans notre vie. Vous devez faire confiance à l'enseignant, au conseiller, celui-là même qui est en vous et qui a été appelé à être à votre côté : le Paraclet ;

c'est lui qui vous révélera la Parole de Dieu. Nous devons apprendre à connaître l'Esprit Saint et le reconnaître. Nous devons apprendre à honorer l'Esprit Saint et à lui demander d'ouvrir notre cœur pour vraiment lui faire confiance. Alors déclare-le en disant : " *Oui Père, je peux cerner ta volonté pour ma vie parce que tu m'as donné l'Esprit Saint pour me la faire connaître. Je veux te connaitre mieux, Père.* " Si vous avez ce désir dans votre cœur, le Seigneur l'accomplira.

La Bible dit : « Nous faisant connaître le mystère de sa volonté, selon le bienveillant dessein qu'il avait formé en lui-même, pour le mettre à exécution lorsque les temps seraient accomplis, de réunir toutes choses en Christ, celles qui sont dans les cieux et celles qui sont sur la terre. » C'est la volonté ultime de Dieu, c'est pourquoi il œuvre présentement pour l'accomplissement de Son dessein. Il désire réunir toutes choses en Jésus-Christ.

Beaucoup de différentes choses divisent les gens. La diversité culturelle et la race séparent les Hommes. Les barrières linguistiques divisent les populations. Le statut économique sépare les humains. La seule solution leur permettant d'être un et d'être dans l'unité se retrouve en une personne : son nom est Jésus-Christ. Vous pouvez aller dans un coin très reculé de la Chine mais si vous connaissez Jésus-Christ et vous tombez sur quelqu'un d'autre qui le connaît, vous pouvez être en unité l'un avec l'autre. Imaginez-vous à quel point c'est très étonnant ? C'est un miracle ! Dieu œuvre afin de réunir toutes choses en Christ et sous Sa Seigneurie.

Observez notre monde d'aujourd'hui. Parfois, les chrétiens semblent avoir un complexe d'infériorité quand le monde est en face d'eux. En suivant les journaux, nous voyons les gens se plaindre des chrétiens. Nous écoutons des commentaires tels que : *"Comment pouvez-vous croire de telles choses ? Si vous aviez de l'intelligence, vous ne les croiriez pas"*. Comprenez que Jésus-Christ aura le dernier mot. Il l'aura ! Voyez-vous ? Nous vivons en deçà de notre privilège parce que nous sommes déjà *en* Christ. Il est le Seigneur de cet univers, peu importe ce que les gens disent ou ce qu'ils font ; un jour la vérité se fera connaitre de façon limpide. Compte tenu de ce fait, nous devons commencer à vivre dès à présent comme Il est le Seigneur de tous. Nous devons vivre comme ceux qui ont un roi dont le nom est Jésus-Christ et que nous sommes sous ses ordres.

Êtes-vous fier du roi Jésus ? Pensez-y. Êtes-vous fier de votre Seigneur ? Vous devriez savoir qu'il faut l'être. Pourtant parfois, nous concevons la fierté comme une chose horrible. Elle est mauvaise quand elle contredit Dieu. Le type de fierté dont je parle implique une grande appréciation de Jésus. Elle honore le Seigneur et vous êtes fier de Lui. Quand vous connaissez le roi Jésus et que vous êtes fier de Lui, vous n'êtes pas à la recherche d'une solution. Vous avez la solution. Vous avez la solution pour chaque âme précieuse qui est hors de l'ordre. Vous avez la réponse à l'homosexualité, à l'athéisme et à la toxicomanie. Ils n'ont pas la réponse, mais vous l'avez. Haussez vos épaules et marchez dans l'amour de Dieu sachant que c'est Sa vérité qui libère. Donc, Dieu le Père veut que vous rentriez dans l'alliance destinée à qui vous êtes. Il veut que nous soyons en accord avec Sa Volonté. Qu'est-ce que sa volonté ? Réunir toutes choses en Christ. Christ est notre vie, nous devons marcher chaque jour dans la volonté de Dieu.

Considérez cette phrase de la Prière du Seigneur, "*Père, que ta volonté soit faite sur terre comme au ciel*." En faisant cette prière, prononcez-vous ces paroles de façon insouciante ou priez avec foi ? Vous devez savoir ce que vous dites à travers cette prière. En priant "*Que ta volonté soit faite sur terre comme au ciel*", vous dites : "*Seigneur Dieu, je veux que ton gouvernement qui est au ciel soit dans ma vie sur terre.*" Prioritairement, vous dites que vous voulez que votre vie soit en ordre, sous Sa Seigneurie.

Jésus est-il le Seigneur dans le ciel ? Est-ce que tout le monde s'incline devant Jésus dans le ciel ? Est-il loué au ciel ? Est-il honoré ? Est-ce que quelque chose précède le Seigneur dans le ciel ? Alors quand vous priez en disant : *Seigneur, que ta volonté soit faite sur terre comme au ciel*, pensez bien à l'implication de cette prière : cela signifie que vous voulez faire de sa volonté votre priorité et que vous voulez vous soumettre à Sa Seigneurie. Du coup, non seulement vous voulez vous soumettre à Sa Seigneurie, mais vous désirez aussi que les gens et les situations autour de vous se placent sous Sa Seigneurie.

Par ailleurs, c'est vrai qu'on ne peut pas contrôler les gens. Donc il y a des choses qui se passent autour de nous que nous ne pouvons pas contrôler. Nous avons même parfois du mal à nous contrôler. D'abord, il est important de s'assurer que nous voulons que la volonté de Dieu soit faite dans notre vie avant de commencer à fourrer notre nez dans la vie des autres. C'est une prière très belle et efficace : « *Que TA volonté soit faite sur terre comme au ciel.*"

Sur la terre, il y a aussi des choses qui ne sont pas au ciel. Considérez ceci. Y a-t-il de maladies au ciel ? Le cancer ne fait pas de distinction entre un croyant et un incroyant. Il se saisit de n'importe qui quand il peut. Y a-t-il de meurtres au ciel ? Y a-t-il des disputes au ciel ? Y a-t-il de rage et de colère au ciel ? Alors, quand nous disons : « *que ta volonté soit faite sur terre comme au ciel* », nous demandons également au Seigneur d'ôter certaines choses. Le mal n'existe pas au ciel : l'ordre Divin qui est établi au ciel le rend nul et inexistant. Sans l'ordre divin, il y a des confusions et toute sortes d'œuvres maléfiques. Donc à moins qu'il ne soit établi sur la terre, nous ne serons jamais en mesure de faire l'expérience du ciel sur terre. Mais un jour, nous aurons le ciel sur terre parce que Jésus-Christ régnera sur toute la terre de la cité de Dieu, Jérusalem, et vous et moi régnerons avec Lui. Méditez ce sujet pendant une minute afin de le graver véritablement dans votre esprit. Quelle priorité donnez-vous à cela dans votre vie ?

## *Chaîne de commandement :*

Jésus-Christ a eu un corps physique de chair et d'os. Je ne parle pas de l'Esprit Saint. Je parle de Jésus-Christ. Quand il régnera sur toute la terre de Jérusalem, il y aura des millions de chrétiens impliqués qui sont à la fois dans le ciel et sur cette terre à sa disposition. Comment Jésus va-t-il faire passer ses ordres à toutes les parties les plus reculées de la planète ? Comment va-t-il les exécuter ? Il va utiliser des gens. Quelle place voudriez-vous occuper dans le cercle d'influence de Jésus ?

Considérez ceci. Le commandant en chef des Etats-Unis d'Amérique est son président. En temps de guerre, le président fait d'abord une déclaration. Il prend les décisions. Le soldat de première classe peut ne pas être dans le même sanctuaire que le président ; mais il finira par recevoir ses ordres. Ainsi, les ordres passent par une chaîne de commandement.

Nous avons déjà confirmé que Dieu a non seulement établi un ordre sur la terre, mais il a aussi mis en place des dirigeants et un gouvernement. S'il y a une chaîne de commandement sur terre, ne veut-il pas dire qu'il y en a une aussi au ciel ? Où voulez-vous être dans cette chaîne de commandement ? Voulez-vous être à la place d'un soldat de première classe ou voulez-vous être un commandant sur le champ de bataille ? Voulez-vous être dans le cercle d'influence de Jésus ? La façon dont vous vivez votre vie maintenant sur terre déterminera votre position future dans la chaîne de commandement.

L'ordre divin est très délicat : vous devez vous en emparer et y croire. Il est préférable pour vous de décider maintenant que Jésus soit votre commandant en chef. Vous pouvez accepter que même si vous ne pouvez pas le voir, vous savez qu'Il est en vous à travers le Saint-Esprit. Vous pouvez dire au Seigneur Jésus que vous voulez recevoir des ordres de Lui. Vous pouvez lui dire que vous êtes sur la terre pour que sa volonté soit faite comme au Ciel.

N'êtes-vous pas toujours sûr de ce fait ? Selon vous, qui va-t-il utiliser pour exécuter sa volonté sur la terre ? Croyez-vous qu'il va utiliser des anges qui vivent au paradis ? Les anges ont leurs propres missions. Il va utiliser des humains qui vivent sur la terre : vous et moi. Dieu vous enverra des anges pour vous aider à faire le travail.

Maintenant ceci dit sur les anges, Dieu leur donne des missions sur la terre, mais il a besoin de gens qui sont nés de nouveau et ont l'Esprit de Dieu en eux pour le représenter et faire ses œuvres. Les anges sont des espèces différentes. Les anges ne sont pas comme vous. Vous êtes plus élevé que les anges parce que vous êtes nés de nouveau par l'Esprit de Dieu, vous êtes fils de Dieu. Les anges ne sont pas des enfants de Dieu. Ils sont des créatures de Dieu mais ils ne sont pas conçus comme vous. Si vous lisez les Saintes-Écritures, vous découvrirez qu'un jour vous et moi jugerons les anges. Vous direz aux anges : « *Vous avez fait du bon travail. Vous n'avez pas fait un bon travail (1 Corinthiens 6 :3)*.

Si vous ne saisissez pas cette révélation maintenant, où allez-vous être au ciel ? Nous avons cette notion célèbre qui stipule que vous avez juste besoin d'aller au ciel. Et que c'est le plus important. Si vous vivez juste pour ça, vous aurez honte de vous-même quand vous serez au paradis. Vous aurez accepté Jésus, mais vous serez resté un bébé spirituel pendant votre séjour sur terre.

Laissez-moi vous expliquer ce que je veux dire par là. J'aime ma mère. Je suis avec elle depuis longtemps. Quand j'étais née, je ne l'avais ni identifiée comme ma mère ni moi-même comme sa fille. En grandissant, j'ai appris qu'elle était ma mère et j'avais une relation très affectueuse avec elle. En tant que femme adulte, je connais ma mère beaucoup mieux maintenant comme je n'aurais jamais pu la connaître étant enfant. Vous pouvez lire la Bible et aller à l'église, mais comment est-ce que votre relation peut-elle se développer avec votre Seigneur ? Vous connectez-vous avec la parole de Dieu et avez-vous réalisé qu'elle est une lettre d'amour pour vous ? Vous ne pouvez pas connaître le Christ sans avoir expérimenté la maturité en Lui.

## *Ce monde n'est pas votre demeure :*

Si la volonté de Dieu doit être faite sur terre, elle doit être faite par les gens. Pointez vous-même du doigt et dites : ''elle doit se faire à travers moi.'' Tel est le dessein de Dieu.

Maintenant, pensez au fait que vous êtes une espèce différente. Vous êtes différents des anges. Vous êtes exceptionnels. Vous êtes différents parce que vous êtes nés de nouveau de l'Esprit de Dieu.

Comment est-il possible pour vous et pour moi de vivre sous le Gouvernement de Dieu sur cette terre ? La Bible dit que le diable est le dieu de ce monde. Si Satan est le dieu de ce monde, comment pourrions-nous vivre ici-bas et être sous la direction d'un autre gouvernement ? Nous pouvons le faire parce que Satan n'est pas notre père. Dieu est notre père parce que nous avons donné notre vie à Christ. C'est ce qui le rend possible.

Vous devriez vous comparer à un poisson hors de l'eau dans ce monde en raison de la façon dont il fonctionne. Ce monde n'est pas votre demeure. Bien que vous vous leviez tous les jours, déjeunez et allez travailler, ici n'est pas votre demeure. Ce n'est pas votre environnement naturel. Ce monde est un endroit déchu et vous devriez le sentir au fond de vous. C'est dur de se sentir comme un poisson hors de l'eau à moins d'être un poisson, mais vous comprenez l'analogie, n'est-ce pas ? Nous ne devrions pas nous conformer aux systèmes du monde. Nous vivons dans le monde mais nous ne lui appartenons pas. Plus on grandit dans le Seigneur, plus ce monde devient éloigné de nous. Les choses mondaines qui nous faisaient autrefois plaisir nous deviennent de moins en moins attrayantes. Lorsque vous ressentez cela, c'est une indication de votre processus de maturité prouvant que vous grandissez dans le Seigneur. Vous êtes enfants de Dieu et vous ressemblez de plus en plus à votre Père. Vous êtes à l'image de Jésus-Christ. Jésus n'étant pas de ce monde, vous non plus.

## ***Nous sommes sa progéniture :***

> Actes 17 :28 Louis Segond (LSG) : « *car en lui nous avons la vie, le mouvement, et l'être. C'est ce qu'ont dit aussi quelques-uns de vos poètes : De lui nous sommes la race...* »

« Car en Lui nous avons la vie, le mouvement, et l'être. » Comprenez-vous ? C'est en Jésus que nous avons la vie. Nous nous déplaçons en Jésus. Et nous avons notre être en Lui.

''…C'est ce qu'ont dit aussi quelques-uns de vos poètes : De lui nous sommes la race...'' Vous êtes la progéniture de Dieu Tout-Puissant. C'est compris ? Il est important d'avoir une compréhension, une révélation de cela.

Revenons à l'analogie du poisson hors de l'eau. Vous n'êtes pas satisfait de ce monde. Vous aspirez à la piété. C'est en Christ que vous trouvez votre bien-être et la paix, pas dans les plaisirs de ce monde. Le seul endroit où vous pourriez être à l'aise dans ce monde est en Jésus parce que, vous vivez en Lui. Vous devez marcher en Lui et comprendre que votre être est en Lui : Vous êtes sa progéniture.

C'est plus intéressant lorsqu'on a vraiment la révélation de qui on est. Vous êtes une espèce entièrement différente. Lorsque vous étiez né dans ce monde, la personne qui est sortie des reins de votre père à la naissance, était une espèce unique. En effet, lorsque vous avez choisi Jésus-Christ à travers l'invitation du Saint-Esprit, vous avez reçu la nouvelle naissance. Né de Nouveau de Dieu, votre esprit vit maintenant en Dieu. En Christ, vous êtes une espèce entièrement différente. Vous êtes une progéniture de Dieu en Jésus-Christ.

# *Le principe de la semence :*

Pensez à une graine. Si je prends une graine de tomate et je la plante dans le sol, elle va se reproduire selon sa propre espèce. N'est-ce pas vrai ? Une graine de tomate ne reproduirait pas de bananes. Si je plante un bulbe de tulipes, je m'attendrai à ce qu'une tulipe repousse. Mais la graine de tulipe a besoin de certaines conditions pour qu'elle se développe. La graine a besoin d'un sol fertile pour devenir une plante saine. Il doit y avoir un accord entre la graine et le sol.

J'ai semé des graines, celles de la Parole de Dieu. Les graines divines ont besoin d'un sol fertile pour se développer. Les graines se reproduisent une fois plantées dans le cœur de ceux qui ont une alliance avec Dieu. Une fois qu'une graine divine tombe sur le sol fertile : c'est-à-dire le cœur d'une personne, quelque chose de bon sort de cette graine.

La Parole de Dieu est une semence divine. Pour semer la Parole, vous devez la proclamer. Si on a un cœur qui est prompt à écouter avec l'intention d'obéir, alors il devient productif. Il y a un lien entre la Parole et un bon sol du cœur. Des fruits en découleront. La vie s'améliorera. De bonnes choses vont arriver. De la même façon, vous êtes né de nouveau non pas de vos parents biologiques mais de Dieu. D'ailleurs, La Bible dit que nous nous reproduisons selon notre espèce. *(Confer Genèse 1 :11-13).*

> Genèse 1 :11-13 Louis Segond (LSG) : *« Puis Dieu dit : Que la terre produise de la verdure, de l'herbe portant de la semence, des arbres fruitiers donnant du fruit selon leur espèce et ayant en eux leur semence sur la terre. Et cela fut ainsi. La terre produisit de la verdure, de l'herbe portant de la semence selon son espèce, et des arbres donnant du fruit et ayant en eux leur semence selon leur espèce. Dieu vit que cela était bon. Ainsi, il y eut un soir, et il y eut un matin : ce fut le troisième jour. »*

« Puis Dieu dit : Que la terre produise de la verdure, de l'herbe portant de la semence, des arbres fruitiers donnant du fruit selon leur espèce et ayant en eux leur semence sur la terre. Et cela fut ainsi. La terre produisit de la verdure, de l'herbe portant de la semence selon son espèce, et des arbres donnant du fruit et ayant en eux leur semence selon leur espèce. Dieu vit que cela était bon. » Il y a un principe sur les semences dans la Bible et le voici :

toute graine plantée se reproduit. Si vous plantez une bonne graine, que reproduira-t-elle ? Une bonne plante. Si vous plantez une graine charnelle ou pécheresse, que reproduira-t-elle ? Quelque chose de mauvais. Et il y a différents types de semences.

Dans le monde des humains, c'est l'homme qui possède la semence qu'il implante dans la femme. Ceci reproduit un enfant lorsqu'il y a accord. Quand il n'y a pas d'accord, aucun enfant ne se reproduit.

La graine de la Parole de Dieu se reproduit selon son espèce. Si vous possédez la révélation selon laquelle vous êtes nés de nouveau de Dieu et que sa semence et Sa Parole est en vous, alors comment devriez-vous reproduire ? Votre reproduction sera à l'image de votre Père céleste. Vous porterez son fruit.

Continuons alors d'examiner le principe des semences. Supposons que vous ayez planté une graine de tomate dans le sol. Vous avez choisi un sol fertile, vous l'avez plantée correctement. Reviendriez-vous tous les jours la déterrer, la regarder et vous demander si elle va germer et ensuite se dire ceci : *"je ne pense pas qu'elle va germer, peut-être, elle ne produirait rien''* ; puis, la recouvrir de nouveau avec le sol fertile, le lendemain, y retourner et la déterrer à nouveau ? Que se passerait-il si vous procédiez de la sorte ?

En réalité, vous ne ferez pas une telle chose. Si vous plantez une graine de tomate, vous la laisserez dans le sol, l'arroserez, peut-être la fertiliserez afin qu'elle germe. N'est-ce pas ? Avant que vous ne le sachiez, vous aurez une plante de tomate.

Si la graine tombe dans le sol, la Bible dit qu'elle meurt *(confer Jean 12 :24).* Cela décrit en totalité le concept de résurrection. Aimeriez-vous faire mourir votre vieil homme si vous pouviez être comme Jésus ? C'est si simple mais si profond. Vous avez tout ce dont vous avez besoin parce que vous avez Jésus. Et où est Jésus ? Il est en vous à travers le Saint-Esprit. Dieu a planté Sa Parole en vous. Elle est déjà dans un sol fertile. Libérez le chemin afin de laisser la graine germer. Quand elle grandira, elle ne ressemblera pas à votre nature Adamique. Tout ce dont vous avez hérité de vos ancêtres, et qui sont contraires à la nature du Christ, vous devriez les faire mourir. J'entends beaucoup de filles et de fils dire : *"Je ne veux pas être comme mon père. Je n'aimerais pas être comme ma mère.''* La bonne nouvelle est que vous hériterez tout ce que vous aimez chez vos parents en Christ ce qui fait que si vous coopérez avec Christ, il vous ôtera tout ce qui lui est contradictoire.

Je ne veux pas que ma fille Hope me ressemble dans ma nature Adamique. Je voudrais que Hope hérite toutes les choses qui sont en Christ. Et que tout ce qu'elle aimerait ou apprécierait chez moi, soit seulement motivé par le fait que Christ vit en elle. Non pas parce que je suis une mère exceptionnellement bonne. Jamais. Ça doit être seulement parce que Jésus vit en moi.

Il y a aussi beaucoup de gens qui sont nés dans des maisons avec des parents qui sont inconvertis, abusifs, émotionnellement dangereux et très haineux. Et imaginez-vous qu'il y a aussi des chrétiens qui ont élevé leurs enfants dans la chair au lieu de l'Esprit Saint ? Pouvez-vous l'admettre ? La bonne nouvelle, c'est qu'en Christ, la chair est crucifiée. Où que se trouve votre enfant, même s'il est déjà majeur et a déménagé de votre de maison, s'il ou elle soumet sa vie à l'Esprit de Dieu, il se reproduira selon son espèce qui n'est que celui de l'Esprit de Dieu. N'est-ce pas ce que vous voulez ? C'est ce que nous voulons tous.

Vous et moi, au moment même de la conception, avons eu en nous un produit chimique appelé l'ADN. L'ADN a un programme qui dicte tout ce que vous allez hériter de vos parents biologiques. Il renferme la programmation du teint que vos enfants vont avoir. Il vous indique quelle couleur de cheveux vous allez avoir ainsi que la taille de votre pied. Votre ADN détermine votre physique et il y a très peu de possibilité de modification à y faire.

Je veux que vous compreniez qu'il y a toujours une connotation spirituelle aux choses que l'on retrouve dans le domaine naturel. Quand on est né de nouveau, on acquiert un nouvel ADN. On acquiert la nature de Dieu. C'est une nature divine qui sera implantée en vous. Lorsque vous ferez mourir votre propre nature, celle que vous avez héritée de vos ancêtres, le vieil homme, et que vous vous soumettez au Saint-Esprit, alors l'ADN de Jésus se manifestera puis vous n'aurez pas à y travailler.

N'êtes-vous pas fatigués de travailler à être chrétien ? On est appelé à la liberté. Qu'a dit Jésus sur la croix ? Il a dit : ''Tout est accompli''. Êtes-vous capables de faire quelque chose qui puisse améliorer ce qu'il a fait pour vous sur la croix ? Combien d'entre nous veulent travailler à être un meilleur chrétien ? Pourquoi ne pas s'abandonner et dire : *"Seigneur, que tu œuvres à travers moi. Que tu vives à travers moi, je veux m'appuyer sur toi et que tu prennes contrôle de tout"*.

Dieu est en vous. Il vous habite par la puissance du Saint-Esprit. Laissez-le vous façonner afin que vous soyez à son image. Votre devoir consiste à faire mourir vos désirs de la chair afin qu'à leur place vous ayez de la piété. Vous saurez intuitivement comment opérer. Vous n'aurez plus l'impression que vous devez lire la Bible. Mais vous voudrez méditer la Parole et communier avec le Seigneur. Vous ne direz plus : *"Oh, je dois faire ma méditation quotidienne de la Bible. Je dois travailler sur ceci. Je sais que je dois le faire !"* Vous vous abandonnerez. Vous arriverez au point où vous voudriez exécuter ce que vous n'aviez pas vraiment l'habitude de faire. Et ce ne sera plus : *"Oh, non. On doit encore chanter une autre chanson d'adoration aujourd'hui. Oh, mon Dieu, il est déjà midi dépassé de douze minutes, que j'ai faim !"* Mais quelque chose va se passer à l'intérieur de vous et vous déclarerez : *"Tout ce que je veux faire Seigneur, c'est de te louer et t'adorer."* Ce sera une aspiration naturelle. Ce sera le fruit d'un abandon total au point où, où que vous soyez, vous irez vers le Seigneur et lui dire : *"Père, je veux être réel. Je veux arrêter de travailler sur ma chrétienté ; je veux trouver du repos en toi"*.

Je ne dis pas que Dieu ne veut pas que vous travailliez. Il veut que vous travailliez. Mais vous n'avez pas à travailler à être chrétien. Si vous travaillez à être chrétien, vous avez une mauvaise définition du christianisme. Jésus a tout payé. Le salut est un don. Il ne peut jamais être payé et vous ne pouvez pas travailler pour l'acquérir. Si vous vous efforcez d'être chrétien, vous mettez la charrue devant le bœuf. Manifestez qui vous êtes en ayant la foi qu'en Christ, vous êtes une nouvelle créature. Déclarez ceci : *"Les choses anciennes sont passées, voici toutes choses sont nouvelles. Seigneur, je me repose en toi. Je veux t'obéir. Quoi que tu me dises de faire, je le ferai."* C'est à ce prix qu'on devient mature dans le Seigneur parce qu'on y apprend à vivre. Vous apprendrez à vivre. Vous apprendrez à avoir tout votre être dans le Seigneur.

## *Choisis du milieu du monde :*

Jésus-Christ à travers le Saint-Esprit qui vit au-dedans de vous, manifeste-t-il en vous aujourd'hui ? Jésus nous a appris que nous ne sommes pas de ce monde, mais nous vivons dans le monde.

> Jean 15 :19 Louis Segond (LSG) « *Si vous étiez du monde, le monde aimerait ce qui est à lui ; mais parce que vous n'êtes pas du monde, et que je vous ai choisis du milieu du monde, à cause de cela le monde vous hait.* »

La Bible dit dans Jean 15 :19 que : « Si vous étiez du monde, le monde aimerait ce qui est à lui ; mais parce que vous n'êtes pas du monde, et que je vous ai choisis du milieu du monde, à cause de cela le monde vous hait. »

Jésus vous a choisis du milieu de ce monde ; par conséquent, le monde vous déteste. Quand est-ce que le monde vous a-t-il détesté pour la dernière fois ? Notre environnement n'est pas notre monde qu'il faut. Notre environnement adéquat est l'endroit où Jésus vit. Nous ne sommes pas conformes avec ici. L'église a fait tellement de compromis que beaucoup de gens qui professent être chrétiens s'adaptent très bien au monde. Jésus dit : *« Malheur à vous lorsque tous les hommes diront bien de vous » Luc 6 :26.*

Nous sommes nés de nouveau de l'Esprit de Dieu, donc nous perdons notre identité quand nous faisons des compromis. Pourtant, il est si facile de faire des compromis et d'être un caméléon. C'est pourquoi il y a du désordre dans nos vies. Raison pour laquelle on est malheureux. Ce qui fait que nous ne sommes pas dans un bon gouvernement. La cause est que nous essayons de nous conformer à ce monde. Savez-vous que Jésus ne se conformerait jamais à ce monde ? Alors pourquoi essayons-nous de nous y conformer ? Nous devons nous repentir en changeant notre façon de penser. Nous n'avons pas besoin de nous conformer au monde. C'est le MONDE qui devrait se conformer à nous ! Malheureusement nous faisons ce que le monde fait. C'est pourquoi nous sommes dans le désordre et que nous ne sommes pas heureux : en conséquence, nous ne régnons pas dans cette vie. Notre vie n'est pas dans l'abondance. La raison en est que nous ne sommes pas en ordre !

## *Le monde mourra dans son péché :*

> Jean 8 :23-24 Louis Segond (LSG) « *Et il leur dit : Vous êtes d'en bas ; moi, je suis d'en haut. Vous êtes de ce monde ; moi, je ne suis pas de ce monde. C'est pourquoi je vous ai dit que vous mourrez dans vos péchés ; car si vous ne croyez pas ce que je suis, vous mourrez dans vos péchés.* »

Jésus a dit ceci dans Jean 8 :23-24. « *Et il leur dit : Vous êtes d'en bas ; moi, je suis d'en haut. Vous êtes de ce monde ; moi, je ne suis pas de ce monde. C'est pourquoi je vous ai dit que vous mourrez dans vos péchés ; car si vous ne croyez pas ce que je suis, vous mourrez dans vos péchés.* »

On court après le monde. Nous voulons le ressembler, mais il va mourir dans ses péchés ! Nous ne sommes pas de ce monde. On n'est pas d'en bas. Nous venons d'en haut tout comme Jésus. Mais il faut le croire afin de marcher selon ses préceptes.

Où irait votre esprit qui est né de nouveau de Dieu, quand votre corps mourra ? Il retournera à Dieu. Il ira au paradis.

## *L'Esprit retourne à Dieu qui l'a donné :*

> Ecclésiaste 12 :6-7 Louis Segond (LSG) « *(12 :8) Avant que le cordon d'argent se détache, que le vase d'or se brise, que le seau se rompe sur la source, et que la roue se casse sur la citerne ; (12 :9) avant que la poussière retourne à la terre, comme elle y était, et que l'esprit retourne à Dieu qui l'a donné.* »

L'expression « *Avant que le cordon d'argent se détache* » retrouvée dans Ecclésiastes 12 :6 signifie que vous devez connaître le Seigneur maintenant. Êtes-vous conscient de cela ? N'attendez pas la dernière heure pour connaître le Seigneur. C'est possible, vous pouvez aller au paradis. Mais la meilleure vie de Dieu pour vous commence dès maintenant. Êtes-vous prêt ?

« Souvenez-vous de votre créateur *avant que le cordon d'argent se détache, que le vase d'or se brise, que le seau se rompe sur la source, et que la roue se casse sur la citerne ; (12 :9) avant que la poussière retourne à la terre, comme elle y était, et que l'esprit retourne à Dieu qui l'a donné.* »

Il est important de comprendre qu'en tant que chrétien, vous avez été choisi en Christ AVANT la fondation du monde.

Je dis souvent à ma fille que Dieu l'a choisie. Je lui dis, *"Hope, tu viens du ciel et un jour, tu y retourneras"* Et je lui disais cela depuis qu'elle avait 2 ans. Elle y croit ; elle ferait mieux de le croire parce que c'est une vérité. Chacun doit savoir qu'il ou elle vient du ciel. Vous venez du ciel. Si c'est le cas, où retournerez-vous ? Au paradis. Nous devons graver cela dans notre esprit et vivre avec. Le ciel est votre demeure. Votre demeure n'est pas ici-bas. Vous n'appartiendrez jamais d'ici. Votre mission est d'amener le ciel sur terre et d'emmener autant de personnes avec vous au ciel. La grande interrogation consiste à savoir si vous croyez vraiment que vous êtes en Christ ?

> Jean 16 :28 Louis Segond (LSG) *« Je suis sorti du Père, et je suis venu dans le monde ; maintenant je quitte le monde, et je vais au Père »*

Regardez ce que Jésus a dit de Lui-même dans Jean 16 28 « Je suis sorti du Père, et je suis venu dans le monde ; maintenant je quitte le monde, et je vais au Père. » Savez-vous que vous pouvez personnaliser cette phrase ?

*« Linda Lariscy est sortie du Père, et elle est venue dans le monde. Linda Lariscy quittera le monde, et elle retournera au père. »* Je suis venu au monde, mais je retourne à qui ? Je retourne chez mon père. Qu'en est-il de vous ? En venant dans ce monde, à qui retournerez-vous ? Retournerez-vous à votre Père Créateur ?

Beaucoup de gens pensent que ce monde est leur demeure. Il n'en est pas un : peu importe votre succès, votre fortune ou statut. Tout ce qui compte, c'est ce que vous avez accompli en Christ. Le Jour du Jugement, tout ce qui comptera, c'est qui vous êtes en Christ. À quoi bon d'être le président d'une grande entreprise si vous n'avez rien fait sur la terre pour construire le Royaume de Dieu ? À quoi bon construire son propre royaume sur la terre et perdre son âme ? Qu'est-ce que cela va vous apporter comme gain ? Il ne vous servira à rien. La vie est une vapeur. Vous n'avez qu'un temps limité sur terre. Vous devez vous décider. Allez-vous construire votre propre royaume ou laisser Dieu construire Son Royaume à travers vous ? Êtes-vous motivé par sa mission ou son gouvernement ? Vous êtes venu dans le monde pour une période limitée, un jour votre esprit retournera à Dieu. Mais lors de votre retour, est-ce que votre âme et votre corps accompagneront-ils votre esprit ? Êtes-vous en Christ ? Avez-vous fait de sa volonté votre priorité ? Avez-vous choisi ce qu'Il a choisi pour vous ? Qu'avez-vous fait pour faire avancer son Royaume sur Terre ?

## ***Demeurer dans la Parole de Dieu :***

Le monde a son moyen de fonctionnement. Les gens qui ne connaissent pas Jésus ne marchent pas selon l'Esprit Saint ; au lieu de cela, ils marchent selon leurs désirs de la chair. Les chrétiens marchent aussi selon la chair, refusant de conformer leurs désirs à celui du Christ. Ils marchent selon le train de ce monde. Ce qui est contraire à celui de Dieu, donc contraire au train de son gouvernement. C'est du désordre quand on se réfère à Éphésiens 2 :2 qui dit : « … vous marchez autrefois, selon le train de ce monde, selon le prince de la puissance de l'air, de l'esprit qui agit maintenant dans les fils de la rébellion. »

Savez-vous qu'il y a de bons esprits et aussi des esprits mauvais ? Lorsque nous sommes désobéissants aux lois de Dieu, nous désobéissons au Saint-Esprit qui est en nous. Lorsque nous sommes désobéissants à la Parole de Dieu, nous marchons sous l'influence de l'esprit qui agit dans les fils de la rébellion. Réfléchissez-y une minute. Croyez-vous à la Bible ? Satan est le prince de la puissance de l'air. Que signifie une-t-elle expression ? Le diable rode-t-il tout autour de nous ? Il est dans l'air ? Il est très facile de marcher selon son train parce qu'il n'est pas loin de nous.

> Jean 15 :4-7 Louis Segond (LSG) *« Demeurez en moi, et je demeurerai en vous. Comme le sarment ne peut de lui-même porter du fruit, s'il ne demeure attaché au cep, ainsi vous ne le pouvez non plus, si vous ne demeurez en moi. Je suis le cep, vous êtes les sarments. Celui qui demeure en moi et en qui je demeure porte beaucoup de fruit, car sans moi vous ne pouvez rien faire. Si quelqu'un ne demeure pas en moi, il est jeté dehors, comme le sarment, et il sèche ; puis on ramasse les sarments, on les jette au feu, et ils brûlent. Si vous demeurez en moi, et que mes paroles demeurent en vous, demandez ce que vous voudrez, et cela vous sera accordé. »*

Qui est dans l'air que vous respirez ? Est-ce Jésus ? Pas du tout. Mais comment pouvez-vous respirer Son air et marcher selon Lui ? Il n'y a qu'un seul moyen et cela se retrouve dans les paroles du Christ quand Il disait si clairement : « *Demeurez en moi, et je demeurerai en vous. Comme le sarment ne peut de lui-même porter du fruit, s'il ne demeure attaché au cep, ainsi vous ne le pouvez non plus, si vous ne demeurez en moi.* » Comment pouvez-vous reproduire selon l'espèce du Christ ? En demeurant en Lui. Mais comment demeurer en Christ ? En priant sans cesse. Vous devez fixer vos pensées sur le Seigneur. Vous vivez pour Christ. Pensez encore au poisson. Tel qu'un poisson meurt quand il vit hors de l'eau, quand vous sortez du Christ, vous mourrez aussi. Demeurons dans la foi. Vivons selon la Parole de Dieu. Reconnaissons-Le. Il vit à jamais.

Dieu prend-il possession de toutes vos pensées ? À un moment donné, Dieu doit être le point focal de tout notre système de pensées. C'est comme cela que l'on demeure en Christ. Et c'est comme cela que l'on peut se reproduire selon son espèce. Vous ne pouvez pas vous reproduire selon Christ en se basant sur vos propres œuvres. Vous pouvez vous reproduire selon l'ADN de Christ, si vous demeurez en Lui. Il est l'environnement dans lequel vous vivez. Il est la mer dans laquelle vous nagez.

"*Celui qui demeure en moi et en qui je demeure porte beaucoup de fruit, car sans moi vous ne pouvez rien faire.*" Vous ne pouvez rien faire d'éternelle sans Jésus. Vous ne pouvez pas correctement élever vos enfants sans Jésus. Vous ne pouvez pas être un bon ami sans Jésus. Vous ne pouvez être ni une bonne femme ni un bon mari sans Jésus. La Bible déclare que *vous ne pouvez rien faire* sans Lui : c'est-à-dire rien de significatif, quoi que ce soit de valeur ou rien qui puisse durer.

« *Si quelqu'un ne demeure pas en moi, il est jeté dehors, comme le sarment, et il sèche ; puis on ramasse les sarments, on les jette au feu, et ils brûlent. Si vous demeurez en moi, et que mes paroles demeurent en vous, demandez ce que vous voudrez, et cela vous sera accordé.* » C'est pourquoi nous devons méditer la Parole de Dieu. Nous devons écouter la Parole de Dieu. Nous devons nous nourrir de la Parole de Dieu parce que Jésus a recommandé que sa parole demeure en nous.

Devant n'importe quel type de décision à prendre, dans n'importe quel type de situation dans laquelle vous vous trouvez, vous devriez vous référer aux Saintes Écritures. Elles devraient venir du fond de votre esprit. La Parole de Dieu doit vous environner de sorte que vous ne soyez pas en mesure de vous en passer. Si dans un moment de faiblesse, vous êtes tenté de vous fâcher contre quelqu'un, la Parole de Dieu devrait prendre le dessus en vous disant : « *Tu aimeras ton prochain comme toi-même (Marc 12 :31).*" Vous entendrez la Parole vous dire : « Si vous vous mettez en colère, ne péchez point ; que le soleil ne se couche pas sur votre colère » (Éphésiens 4 :26). Quoi que vous fassiez, la Parole devrait vous remplir de façon significative et prioritaire. Sa parole doit demeurer en vous et vous devez aussi demeurer en Christ.

Où est l'église aujourd'hui ? Demeurons-nous en Christ ? Ou demeurons-nous plutôt dans les choses du monde ? Où vivons-nous ? Où est notre environnement ? Il doit être en Jésus. Or s'il n'est pas en Jésus et si Jésus n'est pas l'air que nous respirons, donc nous respirons l'air de qui ?

Croyez-vous en la vérité de la recommandation de Jésus selon lequel nous devons le suivre ? Pour ce faire, nous devons renoncer à nous-même, prendre notre croix, et le suivre. Croyez-vous que cette recommandation de Jésus, lui est très importante ? Lorsque nous nous renonçons, nous nous positionnons dans son environnement.

## ***Mettre les premières choses en priorité*** :

Beaucoup d'entre nous ont une douleur spécifique dans la vie. La douleur peut être une bonne chose parce qu'elle nous informe que nous avons un problème. Si nous restons insensibles à notre mal, nous ne saurons pas où notre problème se situe. Endormir notre douleur n'est qu'un compromis temporaire parce que nous savons qu'il va revenir au galop. Ne serait-ce pas mieux que votre douleur soit traitée à la racine ? Ne voulez-vous pas savoir ce qui est à l'origine de l'agonie plutôt que de simplement l'engourdir ?

Beaucoup de chrétiens demeurent dans leur douleur émotionnelle plutôt qu'en Christ. Leur vie est hors de l'ordre divin. Ne pas se soumettre à la Seigneurie de Jésus-Christ revient à engourdir sa douleur. Nous préférons dire : *''Eh bien, permettez-moi de ne pas y penser ou laissez-moi regarder la télévision. Permettez-moi de me divertir un peu.''*

Savez-vous que le divertissement peut être nuisible ? Le divertissement peut vous engourdir lorsque vous avez une situation hors de l'ordre et que vous ne voulez pas la confronter. Au lieu d'aller à Jésus avec elle, vous la niez. Je dirais que quand nous avons un souci, retrouvons quelqu'un qui a Jésus en lui, un chrétien mûr pour en parler. J'adore quand celui qui souffre affirme : *''J'ai besoin d'aide.''* Dans ce cas je peux lui dire, *"Chéri(e), vous êtes sur la bonne voie."*

Ce sont les gens qui nient continuellement qu'ils ont un souci qui ne peuvent jamais le surmonter. Voyez-vous ? Ils essaient toujours de tout anesthésier. Le Seigneur veut que nous soyons en mesure de nous regarder de façon objective.

Les Saintes-Écriture disent de *ne pas mentir contre la vérité (Jacques 3 :14)*. Que signifie mentir contre la vérité ? Avez-vous déjà observé à l'intérieur de vous quelque chose que vous n'aimiez pas et pour ce faire vous avez formulé une excuse pour cela ? Avez-vous déjà entendu un message biblique ou un sermon qui vous a vraiment frotté dans le mauvais sens ? Au point où vous n'aviez pas pu le supporter ? Jusqu'à ce que vous eussiez voulu donner au prédicateur un coup de point sur un œil ? Le message vous a piqué. Il vous a fait mal. C'est à ce type de message qu'il faut penser parce que les Saintes-Écritures disent qu'il ne faut pas mentir contre la vérité.

Dans la Bible rien n'est un gâchis. Si tout ce qui est dans la Bible est adressé aux chrétiens, alors cela signifie que le chrétien a un problème dans ce domaine spécifique. Analysons nos vies pour voir si elles sont en relation avec l'ordre qu'il faut et si nous voyons des choses qui sont douloureuses dans nos vies, ne les ignorons point. Retrouvons une solution à ces problèmes. Allons vers Dieu en lui disant : *"Père, je ne sais pas ce que c'est, mais je sais que tu le sais, et je suis prêt à ce que tu me corriges."*

Êtes-vous prêt à être corrigé ? Je préfère la correction de l'Esprit Saint à celle d'un humain. Mais la correction, qu'elle vienne de Dieu ou d'un disciple du Christ est une bonne chose parce qu'elle nous remet en ordre. En y réfléchissant, concluons avec la façon dont nous avons commencé : tout au long de la Bible, il y a quelque chose qu'on appelle l'ordre des prémices. Lisez le livre de Lévitique dans l'Ancien Testament. Prenez note du nombre de fois où vous verrez ce petit mot, *"premier"* : prenez le premier de ceci, prenez le premier de cela, prenez la première partie de votre revenu. Faites-le à la première partie du mois. Dieu nous dit de faire de lui notre priorité avant tout. Dans l'église d'aujourd'hui, nous avons perdu le concept du premier ordre des choses. Si nous perdons ce principe alors nous sommes hors de l'ordre.

Dans l'église d'aujourd'hui, il y a une attitude apathique poussant les gens à dire : *"J'irai à l'église lorsque cela me conviendrait d'y aller. Surtout lorsque c'est compatible avec mon emploi du temps."* Est-ce comme cela qu'on fait du Royaume de Dieu sa priorité ? Le travail du Royaume doit occuper la première place et toutes autres choses doivent être au second plan. Je ne sais pas comment faire passer ce message mais c'est une vérité que quelqu'un doit prêcher. Vous devez le prêcher et vous devez le proclamer. Vous devez en être un exemple. Les gens sont incapables de faire des premières choses une priorité. Ce qui se sent même dans notre leadership aujourd'hui. Ce n'est pas l'ordre qu'il faut et Dieu ne fermera pas ses yeux sur cela. Or quand on n'est pas en ordre, on en souffre. Ne cherchons pas d'excuses, ne détournons pas notre attention de cela, ou prétendre que nous ne comprenons pas l'ordre des premières choses.

> Matthieu 6 :31-34 Louis Segond (LSG) « *Ne vous inquiétez donc point, et ne dites pas : Que mangerons-nous ? que boirons-nous ? de quoi serons-nous vêtus ? Car toutes ces choses, ce sont les païens qui les recherchent. Votre Père céleste sait que vous en avez besoin. Cherchez premièrement le royaume et la justice de Dieu ; et toutes ces choses vous seront données par-dessus. Ne vous inquiétez donc pas du lendemain ; car le lendemain aura soin de lui-même. À chaque jour suffit sa peine.* »

Faisons quelque chose à cet effet ! Mettons les paroles de Jésus-Christ en pratique. Qu'a-t-il dit dans Matthieu 6 :31 ? Il a dit ceci, « *Ne vous inquiétez donc point, et ne dites pas : Que mangerons-nous ? Que boirons-nous ? De quoi serons-nous vêtus ?* » Combien d'entre vous aimeraient vivre une vie sans souci ? La réponse vient d'être donnée.

« *Ne vous inquiétez donc point, et ne dites pas : Que mangerons-nous ? que boirons-nous ? de quoi serons-nous vêtus ? Car toutes ces choses, ce sont les païens (les incroyants) qui les recherchent.* » Ceux du monde s'inquiètent de ce qu'ils vont faire, comment pourvoir aux besoins. Ça c'est la mentalité du monde.

" *Votre Père céleste sait que vous en avez besoin* " Qui est votre Père céleste ? Êtes-vous dans son Royaume ? Croyez-vous qu'Il pourvoira à vos besoins ?

" *Cherchez premièrement,*" Que veut dire ces deux lettres ? « Premièrement. » dans ''*…Cherchez premièrement le royaume et la justice.* » On peut formuler de cette façon : ''*Cherchez premièrement le gouvernement de Dieu*'' et sa justice. En conséquence, que va-t-il se passer ? *Et toutes ces choses vous seront données par-dessus par votre père qui est aux cieux.* Ce sera un bonus pour vous.

Vous n'avez pas peut-être ces choses parce que vous ne mettez pas le Royaume de Dieu en PRIORITÉ. Vous le mettez peut-être à la troisième ou quatrième position. C'est très simple mais ce n'est pas facile.

« " *Ne vous inquiétez donc pas du lendemain ; car le lendemain aura soin de lui-même. À chaque jour suffit sa peine.* »

Cherchez premièrement son gouvernement ou son ordre divin dans votre vie personnelle ? Cherchez sa justice et non la vôtre ? Est-ce qu'il vient vraiment en première position dans votre vie ? Prions.

Seigneur, merci pour ta Parole. Nous te bénissons. Nous te remercions, Père, parce que ta Parole est une graine pour le semeur et du pain pour l'affamé. Père, nous disons au nom de Jésus-Christ qu'une fois que la Parole de Dieu est sortie, elle a fait une alliance avec un sol et Seigneur, nous déclarons qu'elle portera de fruit éternel. Elle portera des fruits qui demeureront, ce qui t'apportera la gloire et aussi à ton Royaume, Seigneur. Nous t'aimons. Nous t'adorons. Nous disons de tout notre cœur que Jésus-Christ est Seigneur. Et c'est au nom de Jésus que nous avons prié. Amen.

# Chapitre Sinq

## *Revenir en Ordre* :

Nous devons nous mettre en ordre, donc il y a lieu de comprendre ce que cela signifie. Vous êtes esprit et âme. Mais vous vivez dans un corps. L'ordre dans lequel nous voyons cela est important. L'esprit doit passer en premier, puis l'âme et enfin le corps. Combien de fois accordons-nous plus d'attention à notre corps qu'à notre esprit ?

> Matthieu 6 :33-34 Louis Segond (LSG) *« Cherchez premièrement le royaume et la justice de Dieu ; et toutes ces choses vous seront données par-dessus. »*

Jésus dit : *Matthieu 6 :33-34 Louis Segond (LSG) « Cherchez premièrement le royaume et la justice de Dieu ; et toutes ces choses vous seront données par-dessus. »*

Il n'y a rien de mal concernant les richesses terrestres. Avez-vous besoin de quoi manger et d'une maison dans laquelle vivre ? Qu'en est-il des vêtements ? Bien que Dieu veuille que nous ayons ces choses, nous nous inquiétons souvent et mettons trop l'accent sur elles. Quand les choses terrestres deviennent notre priorité, il est facile de négliger ce que Jésus définit comme la chose la plus importante, qui est Son Royaume, le Royaume des Cieux, le Royaume de Dieu.

Prenons l'exemple des maux de dos. Si vous avez un malaise dans la moelle épinière, convenez-vous avec moi que tout votre corps vous ferait mal ? Est-ce que cela empêcherait tous vos mouvements ? Oui, Bien sûr ! Vous pourriez avoir un tout petit malaise dans votre moelle épinière, mais cela affecterait tout votre corps. Ce qui se serait passé est que, pour avoir eu un dysfonctionnement dans votre colonne vertébrale, vous auriez besoin d'un rétablissement. C'est facile de s'identifier à cet exemple. Ceux qui éprouvent des maux de dos sont obligés de consulter un chiropraticien s'ils veulent que les choses se remettre en ordre.

Nous devons nous comporter correctement et commencer à mettre les premières choses en priorité dans notre propre vie. Nous devons nous référer à ce que le Seigneur nous dit et nous concentrer sur les choses éternelles de la vie. Toutes les choses éternelles sont invisibles à l'œil physique. Il va falloir voir, non pas avec vos yeux naturels, mais avec les yeux spirituels, ce qui nécessite d'apprendre à discerner. Vous devez évaluer les choses selon l'esprit, c'est-à-dire selon ce que l'esprit vous dit.

Dieu peut vous parler à travers les circonstances. Vous avez-vous une fois demandé : *''Pourquoi cela m'est-il arrivé ?''* Vous devez commencer à demander au père : *''Mon Dieu, qu'est-ce que vous voulez me dire à travers cette circonstance ?''* Vous devez visualiser au-delà du physique afin d'atteindre le spirituel. Vous devez apprendre cela. Beaucoup d'entre nous sont lents à écouter. Nous devenons sensibles à l'esprit lorsque nous commençons à nous concentrer davantage sur le monde spirituel. Le monde spirituel invisible a une vie et est une réalité.

Regardons les choses que nous voyons dans le monde naturel. Prenons le cas d'une chaise, par exemple. Vous pouvez le voir. A-t-elle une fonction spécifique ? C'est le cas. Mais une chaise n'est pas éternelle, donc elle n'est pas réelle parce qu'elle ne va pas durer indéfiniment. Nous devons comprendre que ce corps dans lequel nous sommes, que nous pouvons pincer, qui vieillit tous les jours, n'est pas éternel. Ce qu'il y a en toi, c'est ce qui est réel. Il est important de commencer à apprendre à identifier les choses qui sont éternelles et celles qui ne sont pas éternelles. Vous devez apprendre à votre esprit à écouter l'Esprit de Dieu parce, cela ne vient pas naturellement. Ceci est impossible à moins que ce ne soit quelque chose que vous désirez. C'est pourquoi Jésus a dit de chercher premièrement le Royaume de Dieu et Sa justice, et toutes choses seront en ordre. Il s'occupera de vous. Nous sommes hors ordre lorsque nous faisons du corps une priorité au détriment de l'âme et l'esprit. L'ordre devrait être esprit, âme et corps. Nous devons être dans l'ordre divin.

## **Un gouvernement invisible :**

Ésaïe 9 :7 Louis Segond (LSG) (9 :6) *« Donner à l'empire de l'accroissement, Et une paix sans fin au trône de David et à son royaume, L'affermir et le soutenir par le droit et par la justice, Dès maintenant et à toujours : Voilà ce que fera le zèle de l'Éternel des armées. »*

Le gouvernement de Dieu est un gouvernement invisible. Dans Ésaïe 9 :7, la Bible dit : « *Donner à l'empire de l'accroissement, Et une paix sans fin.* »

Le gouvernement de Dieu n'a pas de fin. Il ne cesse de croître. Avez-vous déjà observé le monde d'aujourd'hui et dire : *"ce monde se dégrade"* ? Mais je vous dis que l'accroissement du gouvernement du Christ n'aura jamais de fin. Je crois que Christ connait tout. Il détient tout. Peu importe à quoi les choses ressemblent à l'extérieur ; Christ contrôle absolument tout. Rien ne le surprend. Dieu utilise tout ce que nous voyons, même celles qui ne sont pas en ordre dans le domaine physique. Il utilise tout selon ses desseins.

« *Donner à l'empire de l'accroissement, Et une paix sans fin au trône de David et à son royaume, L'affermir et le soutenir par le droit et par la justice, Dès maintenant et à toujours.* » Il y a un Royaume. Il y a un ordre. Il y a un gouvernement même si vous n'arrivez pas à le voir de vos yeux. Il est parmi nous. Il est en toi. Jésus a dit que le Royaume de Dieu est parmi nous. (Luc 17 :21). Il ne se voit pas avec nos yeux physiques. C'est quelque chose que nous devons voir avec les yeux de notre homme spirituel. Mais il ne cesse d'accroitre.

Maintenant, la question est de savoir si je lui suis soumis ? Posez-vous la question suivante : " De façon individuelle, suis-je personnellement, sous le gouvernement de Jésus-Christ aujourd'hui ? Suis-je volontairement, précisément, intentionnellement, soumis au Gouvernement de Dieu ? Personnellement, vous levez-vous tous les jours et vous dites : *"Est-ce que je me soumets au gouvernement du Christ ?"* C'est une question qu'il faut se poser, vous devez être honnête dans la façon dont vous répondez à cette question.

L'ordre divin vous apportera toujours la paix et l'harmonie. Il cherche toujours à apporter la gloire et la gloire de Dieu.

Il y a quelqu'un qui demeure dans un vrai croyant qui vit en Christ ; il n'est pas originaire de cette terre. Le Père l'a envoyé du ciel pour vous guider et vous instruire sur la terre. Il est le Saint-Esprit. Il vient du ciel et s'il est en vous, il vous conduira au paradis où vous appartenez.

Nous devons apprendre à aimer l'Esprit Saint et à l'honorer. Vous pouvez lui parler. Le reconnaissez-vous tous les jours ? Lui ouvrez-vous votre cœur ? Notre Père Dieu a envoyé l'Esprit Saint et Il vit en vous, Il est celui qui apportera l'ordre divin dans votre vie. Si vous obéissez à l'Esprit Saint, Il vous remettra dans l'ordre qu'il faut. Si vous voulez avoir la paix et la faveur de Dieu dans votre vie, vous devez apprendre à obéir à l'Esprit Saint.

## *Le Saint Esprit conduit dans toute la vérité :*

> Jean 16 :13 Louis Segond (LSG) « *Quand le consolateur sera venu, l'Esprit de vérité, il vous conduira dans toute la vérité ; car il ne parlera pas de lui-même, mais il dira tout ce qu'il aura entendu, et il vous annoncera les choses à venir.* »

Jean 16 :13 dit : « *Quand le consolateur sera venu, l'Esprit de vérité, il vous conduira dans toute la vérité.* » Nous avons un problème : nous sommes hors de l'ordre parce que nous croyons aux mensonges. Tout le monde, dans une certaine mesure, croit aux choses qui ne sont pas vraies. Nous croyons aux choses sur nous-mêmes qui sont des mensonges. Nous nions les choses qui sont vraies sur nous-mêmes parce que nous préférons ne pas faire face à ce qui fait mal afin de le surmonter. Nul ne peut vaincre sans avoir combattu au préalable. Oubliez-vous votre mal et votre chagrin parce que vous ne voulez pas faire face à vos réalités douloureuses ? Si vous les évitez, vous n'obtiendrez jamais la victoire devant les défis. On ne peut conquérir que lorsqu'on fait face aux problèmes.

Notre Père, Dieu a envoyé l'Esprit Saint pour nous conduire dans toute la vérité. « *Car il ne parlera pas de lui-même, mais il dira tout ce qu'il aura entendu, et il vous annoncera les choses à venir.* » C'est très important. L'Esprit Saint sait ce qu'il réserve pour vous chaque jour. Il vous instruira de faire de bons choix. Il ne vous prédira pas tout votre avenir, mais il vous aidera et vous guidera. Personne ne sait ce qui va lui arriver dans la journée, mais l'Esprit Saint le sait. Et il aura pour rôle de vous aider à écouter ce que Dieu vous réserve dans la journée. Voulez-vous prendre des décisions et faire des choix aujourd'hui ? Très probablement, vous avez plusieurs choix à faire aujourd'hui. Les décisions que vous prendrez en ces quelques minutes n'auront-elles pas un impact sur toute votre journée ? Maintenant, l'Esprit Saint ne sait-il pas ce que la journée vous réserve ? Alors nous ferions mieux d'apprendre à écouter ce qu'Il nous dit.

Je lisais un livre un jour. L'auteur parlait d'une femme de Dieu, dont le nom était Agnès Sanford. Elle est depuis longtemps appelée dans la gloire de Dieu. Le Seigneur l'a utilisée dans le domaine de la guérison intérieure. Elle avait la capacité d'écouter l'Esprit Saint. Lorsqu'on est le conseiller de ceux qui ont eu des difficultés toute leur vie, vous devez être en mesure d'entendre le Seigneur, surtout pour aider les gens. Vous devez écouter pour être en mesure d'identifier le problème. Elle a appris à écouter l'Esprit Saint. Elle a entretenu ce don dans sa vie. Voulez-vous affiner vos compétences d'écoute ? Si vous n'arrivez pas à écouter votre femme ou votre mari, pensez-vous que vous serez en mesure d'écouter l'Esprit Saint ? Si vous ne pouvez pas écouter les gens, vous aurez un problème à écouter Dieu.

Agnès Sanford s'est entraînée à écouter l'Esprit Saint dans toute sa vie. Une fois dans son ministère, elle était sur le point de monter à bord d'un avion, et le Saint-Esprit lui dit : *"ne monte pas dans cet avion."* Vous pouvez deviner ce à quoi ressemble le reste de l'histoire. L'avion s'est écrasé ; plus tard elle raconta cette histoire et quelqu'un s'est senti offensé. Cette personne a dit à Agnès : *"Eh bien, pourquoi Dieu n'a-t-il pas dit aux autres de ne pas monter dans l'avion ?"* Et Agnès a répondu très simplement en disant : *"Oh, je crois qu'il leur disait de ne pas monter dans l'avion. Je crois qu'il disait à nous tous de ne pas monter dans l'avion. Mais j'ai pu entendre Sa voix ; pour une raison quelconque, ils ne l'avaient pas entendue."*

Alors, à qui revient la responsabilité ? C'est à nous. Mais si nous ne voulons pas assumer la responsabilité, nous blâmerions quelqu'un d'autre. C'est à nous de l'assumer individuellement. Certains ont une plus profonde relation avec l'Esprit Saint et d'autres ne l'ont pas. Il y a un prix à payer pour avoir une bonne relation avec l'Esprit Saint. On ne peut y arriver sans investissement. On ne peut y arriver sans persécution. On ne peut pas y arriver sans épreuves et tribulations. Mais après avoir persévéré, continuez, endurez, petit à petit, vous y arriverez, et tout deviendra de plus en plus facile. Mais cela n'arrivera pas du jour au lendemain.

Pour faire pousser quelque chose, il faut planter la graine premièrement. Si c'est du maïs, lorsque la plante commence par germer, elle commence par la tige au début. Puis la partie extérieure et l'enveloppe commencent à prendre forme. Après le maïs prend forme de façon totale. Cela n'arrive pas du jour au lendemain. C'est un processus.

## *Exercice et mise en pratique :*

Vous et moi devons apprendre à écouter l'Esprit Saint si nous voulons nous soumettre à son ordre divin. L'Esprit Saint nous conseille de prendre les bonnes décisions dans la vie et de pouvoir discerner ce qui est bon du mal. Nous savons que la pédophile est mauvaise ; n'est-ce pas ? Mais combien d'entre nous savent que certains hommes et femmes peuvent être beaux semblant être des gens moraux à l'extérieur, mais peuvent être des agresseurs d'enfants ? Une fois exposée, vous saurez que c'est une mauvaise personne, mais qu'en est-il de la puissance du discernement avant son exposition ?

Pour atteindre la maturité dans votre foi, les Écritures disent qu'il faut exercer ses sens. Nous exerçons nos sens pour être en mesure de discerner ce qui est bon de ce qui est mauvais. (Hébreux 5 :14) et cela ne vient pas du jour au lendemain. Il est le fruit de l'exercice et de l'apprentissage : ceux-ci à travers l'Esprit de Dieu.

Savez-vous ce qu'est le discernement ? Rappelez-vous, les choses ne sont pas toujours comme elles semblent. Tout ce qui a l'air d'être bien n'est pas toujours bon. Et certaines choses qui semblent mauvaises sont par essence bonnes. Ce n'est que lorsque nous commençons à faire de l'esprit une priorité, suivi de l'âme, puis le corps ; nous mettre en ordre, que nous pourrons apprendre à discerner par l'Esprit Saint. Le discernement exige la foi et la discipline dans sa pratique.

## *Je ne t'ai jamais connu :*

Matthieu 7 :21-23 Louis Segond (LSG) *« Ceux qui me disent : Seigneur, Seigneur ! n'entreront pas tous dans le royaume des cieux, mais celui-là seul qui fait la volonté de mon Père qui est dans les cieux. Plusieurs me diront en ce jour-là : Seigneur, Seigneur, n'avons-nous pas prophétisé par ton nom ? n'avons-nous pas chassé des démons par ton nom ? et n'avons-nous pas*

> *fait beaucoup de miracles par ton nom ? Alors je leur dirai ouvertement : Je ne vous ai jamais connus, retirez-vous de moi, vous qui commettez l'iniquité. »*

Il y a un gouvernement ici-bas et Dieu observe tout. Dieu vous observe. S'Il vous dit de faire certaines choses, allez-vous être obéissant ou bien désobéissant ? Vous pouvez sembler être béni sur cette terre. Les choses peuvent vous sembler être très bien, mais Jésus parle d'une époque où le gouvernement invisible de Dieu deviendra visible.

Voici ce qu'il dit dans Matthieu 7 :21-23. « *Ceux qui me disent : Seigneur, Seigneur ! n'entreront pas tous dans le royaume des cieux, mais celui-là seul qui fait la volonté de mon Père qui est dans les cieux. Plusieurs me diront en ce jour-là : Seigneur, Seigneur, n'avons-nous pas prophétisé par ton nom ?* »

Le « JOUR » dont Jésus fait référence est le Jour du Jugement. Quand le Jour du Jugement viendra, nous verrons ce gouvernement invisible de Dieu. Nous verrons ce qui nous est invisible présentement. Le Jour du Jugement vient.

Jésus parle ici et Il dit : *Ceux*... Est-ce que cela ne vous a-t-il pas fait peur ? « *Ceux qui me disent : Seigneur, Seigneur !* » Ils vont l'appeler, Seigneur. Quand Jésus sera en face de moi une fois assis sur son trône de jugement, je suis prête pour l'appeler Seigneur, qu'en est-il de vous ? N'importe quel incrédule peut l'appeler Seigneur dès lors. La manière dont vous l'appelez actuellement fera toute la différence. Parce qu'ACTUELLEMENT Il est Seigneur, que nous le reconnaissions ou non. Je ne parle pas de ceux qui l'honorent des lèvres. Vous pouvez vous balader en disant : *"Jésus est Seigneur. Jésus est Seigneur."* Il est possible de le dire de midi à quatorze heures. Mais si cela ne se démontre pas dans votre vie, est-il Seigneur ? Non, parce que vous n'avez pas fait de Lui, Seigneur dans *votre vie*. Seigneur signifie souverain. Jésus-Christ gouverne-t-il votre vie actuellement ?

Il nous interpelle de faire de Lui Seigneur et Maître dans notre vie actuelle. En faisant cela, nous serons en mesure de nous soumettre à l'ordre qu'il faut. Cela signifie-t-il que nous devons être parfaits ? Non, mais Dieu sonde votre cœur. Vous pourriez ne pas tout comprendre, mais si votre cœur est juste et votre désir est de faire la volonté de Jésus-Christ, le Seigneur vous bénira. Il faut aller dans ce sens et il vous aidera.

Le jour du jugement vient. Je veux que vous soyez au côté droit et non gauche. Je veux que vous soyez du côté des brebis et non des chèvres. Je veux que vous soyez du côté du blé et non de l'ivraie. Soyons du bon côté.

La Bible dit : « *Seigneur, Seigneur, n'avons-nous pas prophétisé par ton nom ? n'avons-nous pas chassé des démons par ton nom ? et n'avons-nous pas fait beaucoup de miracles par ton nom ? Alors je leur dirai ouvertement : Je ne vous ai jamais connus.* »

« *Je ne vous ai jamais connus* » Si Jésus dit qu'il ne vous a jamais connu, alors vous allez devoir admettre que vous n'avez jamais connu Jésus.

Puis il qualifiera leur « fameuses » œuvres *d'iniquité*. La Bible dit : « *retirez-vous de moi, vous qui commettez l'iniquité.* » Leurs fameuses œuvres qui sont simplement religieuses, exécutées pour paraître positivement, ne sont-elles pas perverses aux yeux de Dieu ? Cela devrait motiver la crainte de Dieu dans notre cœur. Ceci est une réalité et cela va se produire à moins que nous nous soumettions à Dieu en disant : *''Père, je veux être dirigé par ton Esprit. La justice ne m'appartient pas. Tu es toute ma justice. Tu es mon espoir. Tu es mon désir. Seigneur, à part toi, je ne peux rien faire.''*

## *<u>Notions sur Jésus :</u>*

Nous devons examiner nos vies et nous assurer que nous sommes sous sa Seigneurie, sous son gouvernement. Croyez-vous ou conformez-vous simplement à des notions sur Jésus ? Êtes-vous obéissant à Jésus-Christ ou simplement à vos hypothèses sur ce que vous pensez que vous êtes censé être ou faire ? Certains d'entre nous ont tous ces systèmes de croyance sur Jésus, mais ne le connaissent pas. Tout ce que nous savons, c'est que nos croyances nous ont été enseignées à son sujet. Il vous demande aujourd'hui de mettre de côté toutes ces croyances et d'apprendre à LE connaître.

Croyez-vous qu'Abraham Lincoln ait vécu et aboli l'esclavage ? Croyez-vous qu'il ait été le président des États-Unis pendant la guerre civile ? Croyez-vous à tout ça ? Connaissez-vous Abraham Lincoln ? Bien sûr, vous ne connaissez pas Abraham Lincoln. Mais vous savez beaucoup de chose sur lui. En plus, vous avez beaucoup de croyances à son sujet, n'est-ce pas ? Vous savez qu'il a vécu et que c'était réel. Mais la question est de savoir si vous connaissez Abraham Lincoln ? Il n'y a aucun moyen que vous puissiez connaître Abraham Lincoln parce que son corps est présentement dans la tombe.

La seule façon de connaître quelqu'un est à face-à-face. Jésus n'est pas dans la tombe. Jésus n'est pas mort. Il vit. Lui avez-vous parlé aujourd'hui ? Mais plus important que ça, vous a-t-il parlé aujourd'hui ? C'est comme ça qu'on connait Jésus. Il est temps de prendre du recul et d'avoir connaissance de ce qu'il vous dit sur Lui-même. Cela fait toute la différence dans le monde.

Sondez-vous maintenant et répondez à cette question : croyez-vous en Jésus ? Communiquez-vous avec Lui ? Il vous parle ? Avez-vous une bonne relation avec Jésus-Christ ? Et si ce message vous dérange, je dis gloire au Seigneur. Dites-lui : *'' S'il te plaît Seigneur, que ce message me dérange une fois de plus. Qu'il me dérange parce que Seigneur, je veux du concret. Je ne veux pas d'une copie. Je veux de l'authentique. Je ne veux pas d'une contrefaçon. Je ne veux pas quelque chose qui a l'air du réel. Je veux de l'original.''* Le christianisme, c'est être authentique parce que Dieu est réel et que vous êtes réel. Vous devez connaître Dieu pour que lorsque vous vous tiendrez devant Lui, pour qu'il vous dise : *''Je te connais. Entre dans mon royaume.''*

Aimez-vous voyager ? Quand vous partez en voyage, même si vous l'appréciez, n'aimez-vous pas rentrer à la maison ? Quand vous rentrez à la maison et que vous franchissez votre porte, ne vous dites pas : *''Gloire à Dieu, je suis à la maison''* ? Oui. J'aime voyager, mais quand je rentre à la maison, c'est merveilleux. Je me dis : *''C'est ici que j'appartiens.''* De la même manière, quand vous mourez et que vous irez au paradis, ce sera comme ça.

Vous allez voir que tout ce que vous aviez fait sur cette terre était juste un fait de voyage. Vous étiez un visiteur. C'était comme si vous étiez en voyage prolongé. Cette terre n'est pas votre vraie maison. Quand votre corps mourra et que votre esprit et votre âme iront au ciel, vous direz : *"Seigneur, je suis enfin à la maison. Je suis de retour ! Je suis de retour à ma place."*

C'est pourquoi la Bible dit que celui donc qui veut être ami du monde, qui veut être à l'aise dans ce monde et veut être amical avec ce système mondial, se rend ennemi de Dieu (Jacques 4 :4). Ce monde n'est pas un océan où l'on nage. Vous êtes un poisson hors de l'eau ici et si vous appartenez à ici, alors vous devez examiner votre cœur parce que les Disciples du Christ ne se conforment pas à ce système du monde. Vous appartenez au Royaume des Cieux. Si vous vous conformez à ce monde, alors quelque chose est hors de l'ordre. Le Seigneur veut vous mettre dans l'ordre qu'il faut.

## *Les Fils de Dieu sont dirigés par l'Esprit de Dieu :*

> Romains 8 :14-17 Louis Segond (LSG) « *car tous ceux qui sont conduits par l'Esprit de Dieu sont fils de Dieu. Et vous n'avez point reçu un esprit de servitude, pour être encore dans la crainte ; mais vous avez reçu un Esprit d'adoption, par lequel nous crions : Abba ! Père ! L'Esprit lui-même rend témoignage à notre esprit que nous sommes enfants de Dieu. Or, si nous sommes enfants, nous sommes aussi héritiers : héritiers de Dieu, et cohéritiers de Christ, si toutefois nous souffrons avec lui, afin d'être glorifiés avec lui.* »

Pourquoi devons-nous entendre la voix du Seigneur ? Dans Romains 8 :14, nous trouvons la réponse à cette question. « *Car tous ceux qui sont conduits par l'Esprit de Dieu sont fils de Dieu.* » La seule façon vous permettant de rentrer dans l'ordre divin est d'être conduit par l'ESPRIT DE DIEU, pas par votre intellect ou vos émotions. L'Esprit Saint doit vous guider.

Les Écritures disent : « *car tous ceux qui sont conduits par l'Esprit de Dieu sont fils de Dieu.* » Selon la Bible, si vous êtes un fils de Dieu, alors vous êtes dirigé par l'Esprit de Dieu. Et si vous dites : *"Eh bien, je n'arrive pas entendre la voix de Dieu"*, vous devez vous demander pourquoi. Et si vous vous dites : *"Je ne suis pas conduit par l'Esprit"*, repentez-vous parce que les Écritures disent que les fils de Dieu sont conduits par l'Esprit de Dieu.

Maintenant, vous pourriez dire, *"Je ne sais pas si je suis dirigé par l'Esprit ou non."* Vous pouvez dire cela ; mais il devrait y avoir une assurance profonde quelque part dans votre cœur que vous ne pourriez pas être en mesure d'expliquer, de toute façon : il doit y avoir un sentiment de paix en vous. Vous devez savoir dans votre cœur que l'Esprit vous conduit. Et si vous n'avez pas la paix intérieure, vous devez véritablement vous sonder.

Si vous marchez selon l'esprit du monde, vous marchez selon la chair. Vous devez vous repentir et faire mourir vos désirs et vos passions charnels puis commencer à entrainer votre esprit pour entendre l'Esprit Saint. L'Esprit de Dieu désire vous conduire parce qu'Il vous aime. *En Christ, vous n'avez point reçu un esprit de servitude, pour être encore dans la crainte ; mais vous avez reçu un Esprit d'adoption.*

Il y a quelque chose de génial dans la nouvelle naissance : on acquiert l'assurance selon laquelle on appartient à Dieu et qu'on est son fils ou sa fille. On rentre dans une intimité avec Dieu, laquelle nous évite la peur. La relation est du genre : *"Seigneur, tu es mon père. Tu es vraiment mon père céleste. Je t'appartiens et tu m'appartiens."*

Si ce n'est pas le cas dans votre vie, ça peut l'être. C'est si simple. Tout ce qu'il faut, c'est que vous priiepz en déclarant : *"Je veux être ton fils, Père. Je veux te connaître. Je te veux dans ma vie."* Ce qui veut dire : *"Je suis fatigué de vivre ma vie selon mes propres pensées, et je veux te donner ma vie. Je veux être ta fille. Je veux être votre fils."*

Être chrétien implique la connaissance de Dieu. ''En le connaissant, *nous crions : Abba ! Père !*'' Le mot Abba, est un mot grec. Combien de personnes d'entre vous ont appelé leur père terrestre, père ou papa ? Ou l'avez-vous toujours appelé *''Père''* ? Il y a une différence entre les termes papa et père. Le terme Père a l'air si formel. Préférez-vous juste dire : *''Hé, papa !''* C'est le genre de relation que Dieu a avec ses enfants. C'est de l'affection. C'est le genre de relation dans laquelle le père se met à genou, embrasse et démontre son amour à l'enfant. Il n'y aucune crainte. Il n'y a pas de peur excessive même quand on commet une erreur. Mais plus on est en erreur, plus on veut se corriger et refaire les choses correctement : tout en sachant qu'il t'aime toujours. C'est ce qu'implique l'ordre divin.

« *L'Esprit lui-même rend témoignage à notre esprit* » Analysons ceci. Chaque fois que vous voyez le mot Esprit, et qu'il est en majuscule, il se réfère à l'Esprit Saint, à l'Esprit de Dieu. Maintenant, regardez l'écriture du deuxième mot *''esprit''*. Cette fois, le mot n'est pas en majuscule. Ce mot fait référence à VOTRE esprit. Tu es un esprit.

« *L'Esprit lui-même rend témoignage à notre esprit que nous sommes enfants de Dieu.* » Ne rend-Il pas témoignage à notre esprit ? Est-ce que la Bible dit qu'Il rend témoignage à notre intellect ? Non. Est-ce qu'il rend témoignage à notre corps ? Non. L'Esprit Saint communique avec notre esprit.

Connaissez-vous quelqu'un qui vous dit : *''Eh bien, j'espère que je suis sauvé ?''* Il ne connait pas Dieu. Si vous ne pouvez pas dire avec assurance que vous avez le salut, vous ne l'avez pas probablement. Vous avez quelque chose : un système de croyance. Vous avez des notions sur Jésus. Vous marchez selon ce que le prédicateur vous a enseignés sur Jésus, mais vous ne le connaissez pas.

Croyez-vous en la Bible ? Alors nous avons besoin d'avoir cette relation « *par laquelle nous crions : Abba ! Père ! L'Esprit lui-même rend témoignage à notre esprit que nous sommes enfants de Dieu.* » Il doit y avoir une assurance complète. Il y avait un cas réel dans une ancienne église où le pasteur Race et moi connaissions une dame de 65 ans qui ne pouvait pas dire : *''Je sais que j'ai le Seigneur dans ma vie.''* Cela nous a troublés. Et nous sommes allés vers cette dame plusieurs fois en lui disant qu'elle peut connaître le Seigneur et elle peut savoir qu'Il est dans sa vie. Mais chaque fois que nous allions chez elle, tout ce qu'elle disait était : *''Eh bien, j'espère que je suis sauvé.''* Elle a été dans ce lien. Elle n'avait pas de véritable relation avec Jésus.

Croyez-vous que, j'affirme aux gens que : *''J'espère que je suis mariée ?''* Non, je sais que je suis mariée. Je n'espère pas. Je sais que je suis mariée et que je le vis.

Et quand nous entrerons en relation avec le Christ, ne savez-vous pas que nous devenons son épouse ? Il est notre époux. L'Église est sa fiancée. Je sais que je suis mariée. Je suis mariée à Race dans le royaume terrestre, mais je suis aussi mariée à Jésus-Christ dans le monde spirituel. Il est mon Seigneur.

# *Enseigne-moi la voie de tes statuts :*

> Psaumes 119 :33 Louis Segond (LSG) « *Enseigne-moi, Éternel, la voie de tes statuts, pour que je la retienne jusqu'à la fin !* »

Partons sur la base du fait que pour connaître Dieu, il faut converser avec Lui ; vous devez parler avec Lui, et c'est l'une des façons à travers laquelle Il guide. Jésus dit dans *Jean 10 :27* « *Mes brebis entendent ma voix ; je les connais et elles me suivent* ».

Psaumes 119 :33 dit : « « *Enseigne-moi, Éternel, la voie de tes statuts, pour que je la retienne jusqu'à la fin !* » Quelle prière si puissante ! En te réveillant le matin, prie en disant : « Père, enseigne-moi la voie de tes statuts. » Vous pourriez penser que le terme « Statut » signifie seulement la Bible. Mais savez-vous que la Parole témoignage de Dieu, de Jésus et de l'Esprit Saint ? Sans la révélation de l'Esprit, la Bible est comparable à un simple manuel. Pouvez-vous être honnête et dire que vous avez quelques fois lu la Bible et qu'elle était tout de même sec que le pain grillé ? C'est parce que vous n'arriviez pas à séparer la Parole écrite de la Parole articulée ; de la Vie. La Parole est l'Esprit.

> Jean 6 :63 Louis Segond (LSG) « *C'est l'esprit qui vivifie ; la chair ne sert de rien. Les paroles que je vous ai dites sont esprit et vie.* »

Jésus a dit dans Jean 6 :63 que sa Parole est Esprit et Vie. Quand vous vous levez le matin, sortez-vous votre Bible par obligation pour la lire sans entendre le Seigneur vous parler ? La lecture obligatoire de la Bible ne vous fera aucun bien. Vous devez comprendre qu'il ne faut pas prendre la Bible et la lire afin de se dire : *" je suis un bon chrétien parce que j'ai lu ma Bible aujourd'hui."* Est-ce que je me fais comprendre ? Ne pensez pas de cette sorte : *"Je suis un bon chrétien parce que je fais mes lectures quotidiennes de la Bible. Je peux la cocher comme une tache exécutée. C'est bon pour moi. Je vais passer une bonne journée parce que j'ai lu ma Bible."*

Non ! En lisant les Écritures, il faut chercher à entendre la voix du Seigneur à travers les Statuts de Dieu tout en priant en ces termes : *"Seigneur enseigne-moi tes statuts."* Il commencera donc à vous parler dans votre esprit. Quand les Écritures disent : « *Enseigne-moi, Éternel, la voie de tes Statuts* », cela implique plus que ce qui est écrit sur les morceaux de papier. Cela signifie, prendre des instructions d'un être vivant et de façon personnelle, Dieu Tout-Puissant. Nous devons aussi croire qu'il sait tout sur notre journée.

Si vous recherchez le sens du mot « ordre » en hébreu, cela signifie établir en préparant. N'êtes-vous pas heureux de ce que Dieu sait ce que votre journée vous réserve ? Croyez-vous que Dieu ait pris une disposition pour votre journée ? Il sait où vous devez aller. Il sait où vous devez virer. Il connaît chaque itinéraire de votre parcours et chaque intersection que vous rencontrerez. Il sait tout cela parce qu'il est déjà devant vous et a fait une préparation d'avance. Mais si vous ne l'entendez pas ou n'écoutez pas ce qu'il dit, vous risquez de rencontrer un blocage sur la route ou de virer au mauvais endroit.

> Ésaïe 30 :21 Louis Segond (LSG) « *Tes oreilles entendront derrière toi la voix qui dira : Voici le chemin, marchez-y ! Car vous iriez à droite, ou vous iriez à gauche.* »

Nous devons commencer à apprendre à entendre le Seigneur. Regardez Ésaïe 30 :21, « *Tes oreilles entendront derrière toi la voix* » En d'autres mots, le Seigneur doit vous diriger. Est-ce qu'il est présentement à vos côtés et vous conduit ? Est-ce qu'Il vous dirige de la façon suivante : *"Voici le chemin, marche sur cette voie, vire à droite puis à gauche"* ? Il est à côté. L'écoutez-vous ? L'entendez-vous ?

Espérez-vous entendre la voix du Seigneur tous les jours ? Vous devez changer votre façon de penser si vous espérez l'écouter tous les jours.

## *<u>Confiez votre programme à Dieu :</u>*

Aimez-vous tout planifier à partir d'un calendrier ? Aujourd'hui, voici la liste de ce que je vais faire. Ensuite, je ferai ceci et cela : vous avez tout programmé. Vous êtes en charge de votre propre journée. En ce moment, je vous suggèrerais une meilleure vision pour votre vie. Êtes-vous prêt à dire : *"Père, dirige ma journée ; si ce que j'ai prévu faire de ma journée n'est pas selon ta volonté, Seigneur, je l'abandonne dans tes mains. Je te demande, Seigneur, de me montrer ce qu'il faut faire aujourd'hui."* ? Pensez-vous que quotidiennement, il faut affronter la journée avant de faire face à Dieu ? Avant de sortir de chez vous, tournez-vous vers Dieu. Confiez-lui votre journée. Le premier entraine les autres.

Il vous indiquera dès l'aube, comment votre journée devrait se dérouler. Il le fera si vous l'écoutez et êtes prêt à lui obéir. Ce fait nous connecte avec l'ordre divin. Mais cela nous impose aussi plus de responsabilités. Nous devenons responsables et ne pourrons plus jouer au novice tout le temps. Il est facile de dire : *"Oh je n'en savais rien"*. Mais quand vous commencerez à vous agenouiller devant Dieu et lui dire : *"Seigneur, je veux que tu organises ma journée"*, croyez-vous qu'il vous répondrait et vous donnerait des instructions ? Quand Il vous dira une chose ou deux, vous devriez l'exécuter ou les exécuter.

Peut-être préférons-nous ne pas Lui confier la journée afin de rester libres de toute responsabilité envers Lui. Nous voulons peut-être faire les choses à notre façon. Nous arrivons même à dire : *"Je procède comme cela depuis longtemps et j'aime la façon dont je fais les choses. Je vais faire mon programme journalier et demander à Dieu de le bénir. Je ne veux pas qu'il change mes plans. Je suis quand même doté du bon sens pour savoir ce qui est mieux pour moi."* Mais S'il vous plaît ne pensez pas de cette façon. Les Écritures nous disent de prier, « *Enseigne-moi, Éternel, la voie de tes statuts, pour que je la retienne jusqu'à la fin !* » Si Dieu ne guide pas vos pas et que vous faites les choses à votre façon, vous allez avoir l'iniquité dans votre vie. Et le diable vous vaincra.

Chaque jour, il est possible de savoir ce qu'est la volonté du Seigneur. C'est possible.

Combien d'entre vous prient de cette façon : *"Sois avec moi tout au long de cette journée, Seigneur. Je ne te demande pas de me dire ce qui est ta volonté pour moi dans deux ans. Je veux seulement savoir quelle est ta volonté d'aujourd'hui, pour moi."* ? Jésus nous dit de ne pas nous inquiéter du lendemain, car chaque jour suffit sa peine. (Matthieu 6 :34).

Chaque journée est une victoire quand vous la mettez entre les mains du Seigneur. Vivez le jour au jour. Levez-vous tous les jours et dites : *"Seigneur, quel est ton but pour moi aujourd'hui ? Seigneur, si j'ai quelque chose sur mon calendrier qui n'est pas dans ta volonté, qui va être une perte de mon temps, épargne-le-moi."*

Des gens m'ont appelée pour la prière et ont voulu organiser un rendez-vous avec moi. J'ai demandé au Seigneur que si ce n'est pas sa volonté et que si ce rendez-vous serait une perte de temps, de le supprimer. Certaines personnes veulent juste vous dire leurs problèmes. Vous pouvez leur donner des conseils édifiants ; mais elles ne vous écouteront pas parce qu'elles aiment faire les choses à leur façon, de toute façon. Je n'ai pas de temps pour ça. Le temps est trop précieux pour le gaspiller. J'ai littéralement prié en disant : *"Père, si quelqu'un va venir dans mon bureau aujourd'hui avec un problème et que ça serait un piège ou une distraction venant de l'ennemi, daigne me protéger de cela, Seigneur. Je te demande de diriger mes pas."* J'ai vu des gens annuler leur rendez-vous çà et là, partout. Et savez-vous que je remercie Dieu une fois devant ces cas ? Je suis libre. Vous ne saurez à quel point c'est libérateur pour moi. Et ce serait la même sensation pour vous.

Avez-vous fait des choses qui se sont révélées comme une perte totale de votre temps ? Ce ne serait peut-être pas une perte pour quelqu'un d'autre mais c'était une perte de temps. Voyez-vous ? Dieu a un ordre, un plan, un but spécifique pour votre vie. Il a un plan pour ma vie et je veux rester dans ce but. Je veux aller dans cette direction. Alors si vous soupiriez être dans l'ordre divin de Dieu et ses buts, Il va vous dire des choses que vous ne voudrez peut-être pas entendre. Il peut vous dire que vous devez soustraire certaines choses de votre vie afin que vous puissiez y ajouter de nouvelles.

Dieu ne peut pas vous donner une bénédiction si vous avez quelque chose dans votre vie qui prendrait la place que devrait occuper cette bénédiction. Si Dieu veut me donner quelque chose et que j'ai une autre chose dans la main, que devrais-je faire de ce que j'ai dans la main ? Le laisser tomber. Il faut s'en débarrasser. J'ai besoin de le jeter pour que ma main soit vide afin que je puisse recevoir ce que Dieu veut me donner. S'il vous plaît, gravons cela dans notre esprit.

Les gens s'inquiètent et ont de l'anxiété à propos de certaines choses. Or, ils ont besoin d'éliminer certaines choses afin que Dieu puisse les bénir. C'est son ordre divin. Mais combien d'entre nous s'accrochent à des choses inutiles ? On s'y accroche parce qu'on y est habitué.  Nous sommes à l'aise avec elles mais Dieu dit : ''débarrassez-vous en''. Nous devons y renoncer pour que Dieu puisse nous donner quelque chose à la place.

> Éphésiens 5 :14-17 Louis Segond (LSG) *« C'est pour cela qu'il est dit : Réveille-toi, toi qui dors, Relève-toi d'entre les morts, Et Christ t'éclairera. Prenez donc garde de vous conduire avec circonspection, non comme des insensés, mais comme des sages ; rachetez le temps, car les jours sont mauvais. C'est pourquoi ne soyez pas inconsidérés, mais comprenez quelle est la volonté du Seigneur. »*

Dans *Éphésiens 5 :14* nous lisons, « *C'est pour cela qu'il est dit : Réveille-toi, toi qui dors.* » Êtes-vous spirituellement éveillé ou endormi ? On n'est pas en ordre si on est inconscients.  « *Relève-toi d'entre les morts, Et Christ t'éclairera. Prenez donc garde de vous conduire avec circonspection, non comme des insensés, mais comme des sages.* » On est sage lorsqu'on met sa journée entre les mains du Seigneur et on attend à ce que le Seigneur nous guide. La sagesse dirige si on Le recherche chaque jour de la vie.

« *Rachetez le temps, car les jours sont mauvais.* » Regardez la phrase suivante : « *C'est pourquoi ne soyez pas inconsidérés, mais comprenez quelle est la volonté du Seigneur.* » Dans sa lettre à l'Église d'Éphèse, l'apôtre Paul déclare clairement que nous pouvons comprendre ce qu'est la volonté du Seigneur pour notre vie. Chaque jour, nous devons prendre l'habitude de confier notre vie à Dieu, Lui confier notre journée en disant : *''Père, ce n'est pas mon programme. Mais le tien. Montre-moi aujourd'hui, ce qu'est ta volonté pour ma vie. Père, je veux que tu soustraies de ce jour, tout ce dont je n'ai pas besoin dans ma vie aujourd'hui.''* Vous pouvez vous lever le matin et prier en disant : *''Père aujourd'hui, là où Satan m'a tendu de piège pour me faire trébucher ou me plonger dans l'anxiété, s'il te plaît épargne-le de moi. Je me soumets à toi afin que tu guides mes pas.''*

Quand vous confiez votre journée au Seigneur et que vous n'avez pas tout exécuté sur votre programme, il n'y a pas lieu de pleurer et de gémir à ce sujet. Vous ne devriez pas. Vous avez demandé au Seigneur d'enlever tout ce qui est inutile, alors remerciez-le. Ce que vous devriez faire, c'est sourire et dire : ''Louange à toi Seigneur !'' Cela apporte une liberté dans votre vie.

## ***Satan veut vous dévorer :***

> Psaumes 50 :22-23 Louis Segond (LSG) « *Prenez-y donc garde, vous qui oubliez Dieu, De peur que je ne déchire, sans que personne délivre. Celui qui offre pour sacrifice des actions de grâces me glorifie, Et à celui qui veille sur sa voie Je ferai voir le salut de Dieu »*

Psaumes 50 :22-23 dit : « *Prenez-y donc garde, vous qui oubliez Dieu* » Avez-vous jamais oublier Dieu ? Vous ne pouvez jamais oublier quelqu'un que vous n'aviez jamais connu ; n'est-ce pas ? Certains d'entre nous connaissent Dieu, mais nous l'oublions parfois.

« *Prenez-y donc garde* » En d'autres termes, pensez-y. « *Prenez-y donc garde, vous qui oubliez Dieu, De peur que je ne déchire, sans que personne délivre. Celui qui offre pour sacrifice des actions de grâces me glorifie, Et à celui qui veille sur sa voie ... »* Que veut dire ceci : « *… celui qui offre pour sacrifice des actions de grâces me glorifie, Et à celui qui veille sur sa voie… »* ?

Qu'est-ce que le salut veut dire ? C'est la délivrance. Dieu a-t-il besoin de vous délivrer ? Regardons de quoi il s'agit quand la Bible dit : '' *De peur que je ne déchire.*'' Si vous vous référez à l'hébreu pour chercher le terme « déchirer », il renvoie à une grappe de raisins. Qu'est-ce que vous devez faire avant de manger des raisins ? Vous devez d'abord l'arracher de la grappe.

Quand votre vie n'est pas en ordre, vous n'êtes pas sous la protection de Dieu. Satan peut facilement vous enlever si vous vous séparez de la volonté de Dieu et des gens qui font la volonté de Dieu. Il veut vous dévorer. Il veut vous déchirer en morceaux, or il ne peut que le faire si vous n'êtes pas sous l'ordre de Dieu. Si vous n'êtes pas sous la protection divine, Satan a l'occasion de vous vaincre. Et peu importe si vous êtes chrétien ou non. Voyez-vous ?

Quiconque choisit de sortir de l'ordre de Dieu se retire de son abri et choisit de marcher selon sa propre façon. Dans votre pensée charnelle, vous avez donné à Satan la permission de vous déchirer en morceaux et de vous manger. *'Déchirer en morceaux'* signifie en fait déchirer quelque chose dans le but d'approvisionner en nourriture. Satan vous arrache de la présence de Dieu pour profiter de vous. Il veut faire de vous son déjeuner. Voici ce que les Écritures en disent :

> 1 Pierre 5 :8 Louis Segond (LSG) *« Soyez sobres, veillez. Votre adversaire, le diable, rôde comme un lion rugissant, cherchant qui il dévorera. »*

1 Pierre 5 8 dit : « *Soyez sobres.* » Êtes-vous retenu ? Êtes-vous posé aujourd'hui ? Croyez-vous que ce dont on parle est un conte de fées ? Vous devez être sobre. Vous devez être éveillé. Comprenez que vous avez un ennemi et ce n'est pas une comédie.

La Bible dit : « *Soyez sobres, veillez. Votre adversaire…* » Quel adversaire ? Avez-vous un adversaire ? « *… Votre adversaire, le diable, rôde comme un lion rugissant, cherchant qui il dévorera* ». La raison pour laquelle le temps est au futur est important. Parce que Satan doit dire *''puis-je''* ?

Satan ne peut pas vous dévorer à moins que vous ne le lui permettiez. Vous lui donnez la permission lorsque vous sortez de la couverture du Dieu. Si vous guidez vos propres pas et que vous ne permettez pas à Dieu diriger vos pas, alors vous êtes sorti de sa protection. Satan peut venir et il peut vous déchirer en morceaux. Avez-vous déjà été déchiré en morceaux par le diable ?

Soyez ravi de ce que Dieu ait un plan. Il a un but. Il a un gouvernement. Soumettons-nous à son gouvernement. En d'autres termes, faisons les choses à la façon de Dieu.

## *<u>Dérobez-vous Dieu ?</u>*

Analysons le mot *"dévorer"*. L'Esprit Saint veut vous instruire dans le domaine de la dîme. Satan dévore vos finances parce que vous n'êtes pas sous le Gouvernement de Dieu. Si vous ne donnez pas la dîme et que vous n'avez pas de problèmes financiers, il est facile de penser comme : *"Eh bien, je ne donne pas la dîme mais il ne me dévore pas parce que j'ai beaucoup d'argent."* Alors je dois vous dire que si vous ne donnez pas la dîme, Satan a la permission de vous dévorer dans d'autres domaines que vos finances.

Savez-vous que si vous être riche sans que votre famille n'arrive à s'entendre, vous n'êtes pas riche ? N'est-ce pas ? Comprenez-vous que vous pouvez avoir tout l'argent dont vous avez besoin et que vous avez des enfants qui se dirigent vers l'enfer, vous n'êtes pas riche ? Vous êtes alors sous une malédiction. Savez-vous que si vous ne donnez pas la dîme et que vous vous dites que vous avez beaucoup d'argent, sans être en mesure d'obtenir des réponses à vos prières, vous n'êtes pas riche ?

La Bible dit que si vous ne donnez pas la dîme, vous êtes sous une malédiction. Vous n'êtes pas sous le gouvernement de Dieu et Satan a la permission de vous dévorer. Lisons les Écritures pour le confirmer cela :

> Malachie 3 :9-12 Louis Segond (LSG) *« Vous êtes frappés par la malédiction, Et vous me trompez, La nation tout entière ! Apportez à la maison du trésor toutes les dîmes, Afin qu'il y ait de la nourriture dans ma maison ; Mettez-moi de la sorte à l'épreuve, Dit l'Éternel des armées. Et vous verrez si je n'ouvre*

> pas pour vous les écluses des cieux, Si je ne répands pas sur vous la bénédiction en abondance. Pour vous je menacerai celui qui dévore, Et il ne vous détruira pas les fruits de la terre, Et la vigne ne sera pas stérile dans vos campagnes, Dit l'Éternel des armées. Toutes les nations vous diront heureux, Car vous serez un pays de délices, Dit l'Éternel des armées. »

Malachie 3 :9-12 « *Vous êtes frappés par la malédiction, Et vous me trompez, La nation tout entière !* » Croyez-vous cette affirmation ? Je ne comprends pas les chrétiens. Les enquêtes statistiques indiquent que plus de 80% des personnes qui se disent chrétiennes dans nos églises aujourd'hui ne donnent pas la dîme. Nous sommes frappés par une malédiction si nous ne rendons pas au Créateur, un dixième de ce que Dieu nous a déjà donné. Y a-t-il encore la crainte de Dieu ? Les gens ne croient pas en la Bible. Ils ne peuvent pas ; mais ils vous diront le contraire. Ils ne peuvent pas croire en la Bible s'ils ne donnent pas la dîme parce que les Écritures disent, " *Vous êtes frappés par la malédiction, Et vous me trompez, La nation tout entière !* » Pensez-vous que Dieu vous observe, lorsque vous le dérobez ?

« *Apportez à la maison du trésor toutes les dîmes, Afin qu'il y ait de la nourriture dans ma maison ; Mettez-moi de la sorte à l'épreuve, Dit l'Éternel des armées. Et vous verrez si je n'ouvre pas pour vous les écluses des cieux, Si je ne répands pas sur vous la bénédiction en abondance.* »

Et puis regardez ce qui suit : «. *Pour vous je menacerai...* » QUI ? *Celui qui dévore.* Qui est le dévoreur ? Satan. « . *Pour vous je menacerai celui qui dévore, Et il ne vous détruira pas les fruits de la terre.* » Je vais faire une autre déclaration. Si vous ne donnez pas la dîme, si vous ne donnez pas dix pour cent de votre revenu brut à Dieu, vous n'êtes pas sous le gouvernement de Dieu : point ! Vous ne l'êtes pas. Vous pouvez dire que vous l'êtes mais vous ne l'êtes pas. Vous vous trompez vous-même.

La façon dont vous dépensez votre argent révèle qui vous êtes. Si vous ne pouvez pas donner dix pour cent de votre revenu à Dieu et vivre des 90 pour cent, vous avez un problème ! Vous pouvez professer que vous êtes sous son gouvernement, vous pouvez dire : *"Oh, je l'aime."* Mais vos actions disent « le contraire ».

J'ai de bonnes nouvelles pour vous parce que je veux vous voir béni. Si vous commencez à donner la dîme à Dieu dans votre église qui vous nourrit spirituellement, Dieu vous prospérera. Priez et dites : *"Bien, Seigneur, je me repens pour ne pas avoir donné la dîme. Je n'ai pas été fidèle dans la dîme et je sais que je t'ai dérobé."* Il suffit de le lui dire. Dites-lui que vous êtes désolé et demandez-lui de vous pardonner puis acceptez de recommencer à mettre les choses à l'ordre. Si vous faites cela, je crois que vous allez recevoir des bénédictions de Dieu de façon immédiate. La dîme devrait être la première partie de votre revenu. Le premier rachète l'ensemble.

Donner la dîme à Dieu avec foi et motivée par l'amour prospèrera vos finances. Il vous bénira aussi dans d'autres domaines de votre vie. Avez-vous des enfants qui ne vivent pas pour Dieu ? Commencez à donner la dîme pour voir si Dieu n'ouvrirait pas les exclusses des cieux et verser des bénédictions sur vous dans ce domaine !

Saints de Dieu, nous devons mettre les choses de Dieu en priorité parce que la qualité de notre vie est importante. Les écluses des cieux vous sont-elles fermées parce que vous refusez de donner la dîme ? Si vous ne donnez pas la dîme, repentez-vous ! Pour voir s'il ne vous ouvrirait pas les exclusses des cieux. Ne le fera-t-il pas ? Si, Il le fera. Il veut vous bénir. Il veut arranger les choses pour vous. Il veut que vous vous positionniez sous son gouvernement.

## *<u>Nous nous dévorons les uns les autres :</u>*

Satan nous utilise comme un vaisseau pour se dévorer les uns les autres. On se mord. Avez-vous déjà été avec des enfants du préscolaire ? Qu'est-ce qu'ils font les uns aux autres quand ils se mettent en colère les uns contre les autres ? Ne se mordent-ils pas ? Vous savez que nous avons des enseignants dans les garderies qui vous diront : *"En fait, vous savez ? Celle-ci mord ou bien celui-ci mord."* Nos actions nous définissent.

Les adultes mordent d'une manière plus sophistiquée. Nous mordons en utilisant des mots tranchants pour se déchirer les uns les autres. Nous le faisons aussi dans le dos de l'autre. Nous ne mordons pas littéralement le dos du prochain mais dans le domaine spirituel, nous mordons l'âme des gens. Nous nous faisons du mal parce qu'on vit dans le désordre. Nous sommes hors d'ordre dans nos relations. S'il y a des conflits dans l'église, s'il y a de la tension et que des choses ne vont pas bien, c'est parce que nous sommes une panne quelque part. Nous avons besoin de mettre les choses en ordre et Dieu nous donnera des instructions sur la façon de les faire. Recevez cette Parole et appliquez-la dans votre propre vie et le Seigneur s'opérera à travers vous pour vous aider à remettre vos relations dans l'ordre divin.

Peut-on prier pour cela ? *"Père, je te remercie de ce que tu veuilles être en charge de ma journée parce que tu connais mieux que moi. Pardonne-moi d'avoir marché selon la chair. Au nom de Jésus, je veux écouter Ta voix. Je comprends que l'Esprit Saint demeure en moi et qu'Il me guide parce que je suis ton fils (ou ta fille), alors Seigneur, enseigne-moi à écouter Ta voix. Père, je me tournerai vers Toi et je soupirerai entendre Ta voix chaque jour, au nom de Jésus. Amen."*

# Chapitre Six

## *La loi de l'amour* :

Il est maintenant temps de mettre de l'ordre dans nos relations avec les gens. Il y a un ordre divin que nous devons suivre afin de nous entendre avec les gens : alors explorons d'abord les relations au sein de l'Église.

Avons-nous déjà eu des problèmes à nous entendre avec les gens de notre l'église ? Ce n'est bien de prétendre que nous n'avons aucun problème au sein de l'église. Nous déclarons souvent que nous sommes des chrétiens, des saints, tout va parfaitement bien. Mais nous savons que ce n'est pas toujours vrai. Il y existe des conflits interpersonnels. Des situations surgissent dans l'église, auxquelles nous devons faire face. Souvent, nous nions qu'il n'y a aucun problème ou prétendons que tout va bien. On est très doués pour nier les réalités.

Que se passe-t-il vraiment quand on nie les faits ? Les circonstances s'améliorent-elles ? Non. En fait, les choses vont de mal en pis. Le problème s'aggrave et puis la division s'intensifie. C'est pourquoi les Écritures nous donnent des lignes directrices sur la façon dont nous devrions nous traiter les uns les autres.

> Galates 5 :14-16 Louis Segond (LSG) *« Car toute la loi est accomplie dans une seule parole, dans celle-ci : Tu aimeras ton prochain comme toi-même. Mais si vous vous mordez et vous dévorez les uns les autres, prenez garde que vous ne soyez détruits les uns par les autres. Je dis donc : Marchez selon l'Esprit, et vous n'accomplirez pas les désirs de la chair. »*

J'ai commencé ce dernier chapitre avec des Écritures qui disent que nous devons nous aimer les uns les autres comme soi-même. *« Car toute la loi est accomplie dans une seule parole, dans celle-ci : Tu aimeras ton prochain comme toi-même. Mais si vous vous mordez et vous dévorez les uns les autres, prenez garde que vous ne soyez détruits les uns par les autres. Je dis donc : Marchez selon l'Esprit, et vous n'accomplirez pas les désirs de la chair. »*

Le problème, c'est qu'on ne s'aime pas. Si vous ne vous aimez pas, cela suppose que vous ne croyez pas vraiment aux bénédictions que Dieu a sur votre vie. Vous ne croyez pas que la faveur de Dieu est sur vous et que Dieu vous aime, a un but merveilleux pour votre vie et veut vous bénir. Surtout que vous ne vous aimez pas, ce serait encore plus dur d'aimer les autres.

Si vous êtes une personne qui critique les autres, vous critiquez-vous, vous-même aussi de la même façon ? Peut-être, vous vous dites des choses négatives : si cela ressemble à quelque chose que vous faites alors c'est une indication qu'il y a quelque chose qui va mal dans votre vie et vous devez l'exposer au Seigneur. Supposons que vous ayez quelques problèmes à vous aimer, à aimer qui vous êtes et à aimer la personne à laquelle Dieu vous a destinée.

Vous devez à un moment de votre vie, accepter et croire que Dieu vous a acceptés en tant que son bien-aimé. Vous êtes le bien-aimé de Jésus et Il est aussi votre bien-aimé. Demandez à Dieu de vous donner la paix intérieure en vous-même et en Lui. Dieu. Vous devez arriver à un point dans votre vie où il faut s'accepter malgré vos imperfections et vos limitations. Chaque être humain a des faiblesses.

C'est une bonne chose d'être faible. Sinon, vous n'auriez pas besoin du Corps du Christ. Ce en quoi vous êtes faible, est le point fort de quelqu'un d'autre. Nous devons accepter cette réalité. Là où vous êtes fort, quelqu'un d'autre est faible. Nous avons besoin les uns des autres sachant que nous devons nous connecter les uns avec les autres dans l'église. On n'a pas besoin de s'isoler. Jetons un coup d'œil sérieux à l'idée de l'isolement :

Il y a beaucoup de gens qui veulent se séparer de leur assemblée chrétienne. Les gens veulent vivre une vie séparée pour diverses raisons. Il y a de fortes chances que quelqu'un ait des blessures affectives dans sa congrégation locale ou blesse quelqu'un qu'il aime. Les gens se sentent souvent offensés par les uns et les autres puis quittent le corps de l'église.

Avez-vous déjà été témoin de cette situation dans votre église ou peut-être dans l'église de quelqu'un d'autre ? Vous avez eu un pasteur dans votre église que vous avez tellement aimé. Vous aviez eu une bonne image de lui et de sa famille mais à cause de certains problèmes dans l'église d'autres personnes ne l'aimaient pas autant. Des médisances s'ensuivirent avec d'autres questions très désagréables et finalement le pasteur démissionna. Le leadership spirituel a fait des erreurs et n'a pas réussi à y apporter la correction appropriée et l'église a continué avec ses activités hebdomadaires. Certaines personnes ont complètement quitté votre congrégation lorsque le pasteur était parti. La raison pour laquelle ils ont abandonné, c'est qu'ils ont été blessés par le traitement subi par le pasteur. Ils ont été blessés parce que le pasteur a été très mal traité.

## *L'Ordre dans les relations :*

Les problèmes relationnels sont inévitables et nous devons l'accepter. La Bible nous donne des instructions sur la façon de gérer ces problèmes. Si nous marchons selon l'Esprit Saint et que nous obéissons à la Parole de Dieu, les choses s'arrangeront à la fin. Mais nous devons le faire selon les principes de Dieu.

Ces principes sont non seulement efficaces dans la gestion d'une Assemblée mais également utiles dans toutes les relations humaines. Quand vous avez un problème avec quelqu'un et qu'il y a quelque chose qui vous ronge, la meilleure chose à faire est d'aller voir la personne. Qu'en pensez-vous ? Mais il faut aller vers la personne de la bonne façon.

Tout d'abord, si vous avez offensé quelqu'un, si vous avez vraiment péché dans votre cœur, si vous avez calomnié une personne ou agi mal envers celle-ci et que l'Esprit de Dieu vous condamne, si surtout vous savez que vous avez fait du mal, que devriez-vous faire ? Je n'ai pas besoin de vous le dire. Vous devriez aller vers la personne et lui dire : *"Je sais que je vous ai fait du mal, pardonnez-moi. Je m'excuse."* Des choses comme ça arrivent. Il peut vous arriver de vous fâcher avec les gens mais vous devez marcher selon l'Esprit et non selon la chair. Si quelqu'un vous fatigue, vous n'avez pas le droit de blesser la personne. Il faut plutôt prier en ces termes : *"Père, aide-moi. Aide-moi à être patient. Seigneur, donne-moi la grâce de faire face à cette situation."*

Mais si vous ne faites pas cela et que vous avez blessé et fait de mal à la personne, alors vous devenez celui qui a besoin d'aller régler la situation en disant par exemple : *"Pardonne-moi"*. Apprenez à dire : *"Je suis désolé d'avoir perdu mon sang-froid"* ou *"Je m'excuse pour la façon dont j'ai agi envers vous, j'ai eu tort"*. Vous n'avez pas besoin que la personne vienne à vous. Vous devez y retourner régler les choses correctement. Cela devrait être une réaction évidente.

> Matthieu 8 :15-17 (Version courant) « *Si ton frère se rend coupable à ton égard, va le trouver seul à seul et montre-lui sa faute. S'il t'écoute, tu auras gagné ton frère. Mais s'il refuse de t'écouter, prends une ou deux autres personnes avec toi, afin que, comme le dit l'Écriture, "toute affaire soit réglée sur le témoignage de deux ou trois personnes." Mais s'il refuse de les écouter, dis-le à l'Église ; et s'il refuse d'écouter l'Église, considère-le comme un incroyant ou un collecteur d'impôts.* »

Mais d'autres situations moins évidentes peuvent se reproduire dans l'église selon la Bible. Matthieu 18 :15 dit : « *Si ton frère se rend coupable à ton égard* » il s'agit maintenant d'un frère. Cela signifie un autre croyant. Il ne s'agit pas des gens du monde. Si vous avez un emploi dans lequel vous travaillez avec des inconvertis alors ces instructions ne s'appliquent pas à eux, n'est-ce pas ? Elles parlent de la façon dont Dieu fait les choses. Le monde peut vous faire du mal. Il va vous rejeter. Il dira des choses horribles sur vous. Il vous maltraitera. Le monde vous fera ce qu'il veut mais votre réponse est de le pardonner et de tout mettre dans les mains de Dieu. Permettez à Dieu de s'en charger de la personne et Il le fera. Mais dans l'église, si quelque chose va mal, il y a des directives que l'Esprit Saint a fixées pour nous et à suivre. Maintenant, analysez ceci :

« *Si ton frère se rend coupable à ton égard* » analysez le terme « *se rendre coupable* ». C'est un terme intéressant. Vous et moi devrions avoir certaines limites dans cette vie. Avez-vous des limites dans votre vie ? Certaines choses de la vie doivent vous être du domaine privé tandis que d'autres peuvent être accessibles au public. Si quelqu'un vient à vous avec une affaire personnelle c'est-à-dire privée, vous devriez le mettre totalement en confiance. Comprenez-vous ce que je veux dire ? Vous devriez avoir des limites dans votre vie.

Supposons qu'il y ait une propriété qui a une ligne de démarcation et un panneau qui dit : *« Pas d'intrusion »*. Cela signifie que vous ne devez pas franchir cette ligne. C'est une limite. Si vous franchissez cette limite, il y a une intrusion et violation de la vie privée de cette personne.

C'est de la même manière que la Bible se réfère au péché. Parfois, nous allons trop loin avec les gens ou les situations. En avons-nous déjà dit de trop ? Nous devons faire usage de la sagesse dans nos relations avec les gens et établir des paramètres qu'il faut. Les choses peuvent devenir incontrôlables quand les gens utilisent des mots qui ne sont pas forcément nécessaires : une intrusion peut avoir lieu. Vous pouvez franchir les limites de la vie d'une personne, lesquelles ne sont pas normales à franchir. Dans l'église si quelqu'un franchit une de vos limites sans votre autorisation, informez-le. Allez-y avec une attitude de réconciliation plutôt que d'accusation.

Parfois, dans les relations, les hommes dépassent les limites. Les femmes peuvent aussi dépasser les bornes. C'est un péché. Dans la vie d'une église, si vous avez un homme qui est à une position d'autorité, ayant des gens sous sa responsabilité, si cette personne n'a pas l'esprit qu'il faut, elle utiliserait son pouvoir et son influence pour piétiner d'autres personnes. Parfois aussi dans le domaine sexuel. Il y a eu des cas où des leaders spirituels ont agressé sexuellement des gens de leur congrégation. Les frontières franchies de cette façon, entraînent de graves conséquences pour les gens de la congrégation.

Regardons ce qui peut arriver à une jeune fille ou un garçon dont les pasteurs ou d'autres dirigeants ont franchi les limites. Quand les jeunes entrent dans la maison de l'église n'est-ce pas pour eux un lieu de sécurité ? Elle devrait en être parce qu'une vraie congrégation chrétienne est un sanctuaire. Dieu connecte le solitaire avec Sa famille. C'est pourquoi le leadership spirituel doit s'occuper de chaque personne de l'église avec tendresse et amour. Lorsqu'un individu en autorité harcèle sexuellement une autre personne, et en particulier un enfant, celui-ci cause une dévastation émotionnelle et spirituelle chez cet enfant. La victime serait absolument réservée. Habituellement, elle quitte totalement l'église et s'adonne à la promiscuité. Plus tard, elle peut se remémorer des faits et dire : *"Je veux retourner à l'église mais je ne peux pas y retourner parce que j'en ai peur sachant que la même situation pourrait se reproduire."* C'était un exemple d'intrusion sexuelle.

Il existe d'autres façons dont les gens peuvent utiliser leur pouvoir ou influence pour faire intrusion dans votre vie en vous manipulant. Ils peuvent vous dire des choses susceptibles de vous faire réellement peur dans la vie. Avez-vous déjà entendu cette déclaration : *"Si vous ne faites pas cela, Dieu va vous punir ?"* Quand elle vient d'une autorité, n'est-ce pas une intrusion ? Nous devons être très prudents et éveillés devant des situations comme celle-là. Dans nos relations interpersonnelles, nous devons nous assurer que nous respectons les limites des uns et des autres.

« *Si ton frère se rend coupable à ton égard...* » Si quelqu'un se rend coupable à votre égard, vous a fait du mal, vous a offensé d'une certaine façon, que devriez-vous faire ? Permettez-moi tout d'abord de vous dire ce que vous ne devriez pas faire. Vous ne devriez pas aller dire aux autres comment cette personne vous a offensé. Malheureusement, c'est ce que nous faisons dans l'église ! Quand quelqu'un offense son prochain, ce dernier va retrouver quelqu'un d'autre à qui raconter cette offense. Oui, c'est ce qui se passe. Si je suis offensé par une transgression, je prends mon téléphone, j'appelle une amie pour lui dire par exemple : *"Sais-tu ce que celui-ci ou celle-là m'a dite ? Ceci et cela etc..."* Et l'amie répond : *"Oh, non ! Je n'arrive pas à croire qu'elle ait fait ça."* Qu'est-ce que je viens de faire alors ? Mon amie qui ne savait rien de ce problème vient d'être au courant de la situation. Je viens de lui faire part de la situation et parce qu'elle m'aime, très probablement qu'est-ce qu'elle va faire ? Elle va aussi se sentir offensée par mon offenseur. Qu'est-ce que je viens de faire ? Je viens de créer une division dans le corps du Christ ! En conséquence, cette division peut devenir plus grande. On irait chercher nos amis communs et tout leur raconter. Cette situation serait à la une et savez-vous ce qui va se passer ensuite ? Cette affaire va se propager et entrainerait une grande division.

Écoutez, saints de Dieu : cela arrive tout le temps dans des églises. Pourquoi est-ce que j'enseigne sur ce sujet ? Je veux voir le réveil éclore dans l'église. Je veux voir le Royaume de Dieu s'établir et se manifester dans l'église, ce qui ne passera jamais si nous ne devenons pas un. Si nous ne sommes pas dans l'unité, l'onction ne sera pas présente. Et c'est comme ça que le diable fonctionne. Il a pour objectif de diviser l'Église, bloquer l'onction et arrêter la puissance de Dieu.

Alors, sommes-nous plus intelligents que le diable ? Nous devons être plus intelligents que lui. Il y a un moyen permettant de faire face aux intrusions. Voici ce qu'il faut faire : « *Si ton frère se rend coupable à ton égard, va le trouver seul à seul et montre-lui sa faute.* » Allons-nous obéir à aux Écritures ? Si quelqu'un vous a fait quelque chose qui vous dérange et vous irrite ou si vous pensez que quelqu'un a fait quelque chose pour vous énerver, il suffit d'aller vers cette personne et de lui en parler. N'allez pas le dire à votre meilleur ami à l'église. Ou en parler à celui-ci ou celui-là. Vous pouvez penser qu'agir de la sorte n'aurait pas de graves conséquences, puisque ce serait juste lui ou elle. Mais cette action peut avoir une grande importance. Elle peut apporter la division parce que l'affaire se propagerait. Elle irait d'une personne à la suivante et de cette dernière à une autre.

Vous venez d'entendre ce message et vous en êtes maintenant responsable. Vous allez avoir l'occasion de marcher selon la Parole parce qu'il y aura un test. Allez-vous réussir ou échouer ? Devant le test, votre chair aura envie de retrouver quelqu'un pour écouter votre souci. Votre chair voudra quelqu'un pour vous caresser et soulager vos blessures sentimentales en disant : *''Je n'arrive pas à croire qu'il ou elle vous ait fait cela.''* Mais est-ce que cette action est biblique ? Est-ce compatible avec l'Esprit Saint ? Non. C'est juste mieux d'aller vers cette personne et d'en parler.

« *... va le trouver seul à seul et montre-lui sa faute...* » La raison pour laquelle il faut aller parler directement à la personne est que dans 9 cas sur 10, cette personne ne sait probablement même pas de quoi vous parlez. Combien de personnes d'entre vous savent que parfois nos sentiments vont trop loin ? Nous sommes parfois si sensibles que quelqu'un peut nous dire ou faire quelque chose à laquelle il n'a jamais pensé, des faits n'ayant aucune action préméditée envers nous. La façon dont on interprète ce que quelqu'un nous a dit n'est pas toujours du tout son intention.

Quand on grandit un peu et qu'on mûrit dans le Seigneur, on s'aperçoit que c'est notre vaine imagination qui nous parle et du coup, on apprend à l'ignorer. C'est vraiment la meilleure chose à faire. Mais si elle vous ronge et que vous n'êtes pas sûr, puis vous êtes allé voir le Seigneur et que vous avez prié à ce sujet, alors vous devez retourner vers cette personne et lui dire : *''Regarde, s'il te plait. Quand tu as dit ça ou fait ceci ou cela, avais-tu l'intention de ceci ou cela ? Ce fait m'a dérangé.''*

Et si cette personne dit : *''Non. Ce n'est pas ce que je disais''* Ou, *''Non. Ce n'était pas ce que je voulais dire''*. Qu'allez-vous faire alors ? Allez-vous croire cette personne ou allez-vous toujours maintenir ce que vous pensez ? Parfois voici les réponses de certaines présumés *''Non. Ce n'est pas ce que je disais''* Ou, *''Non. Ce n'était pas ce que je voulais dire''* mais celui qui se sent offensé va encore maintenir ce qu'elle pensait préalablement.

S'il y a un problème et que vous êtes allé vers la personne et il vous dit : *''Je suis désolé que vous l'ayez pris de cette façon. Je ne le pensais pas comme ça. Pardonne-moi. Nous allons améliorer cela.''* Alors à ce moment-là, vous devriez juste être en mesure de dire : *''Bien sûr, c'est parfait !''* et continuer sur vos activités. Le plus souvent, quand les gens sont dans ces cas, ils ne savent rien de ce que vous dites et/ou n'en ont aucune idée.

Mais maintenant, supposons que vous avez été blessé et que vous êtes allé vers le coupable pour faire amende honorable et il ou elle refuse de se réconcilier avec vous. Vous êtes allé vers l'individu dans un esprit de réconciliation et il ou elle continue à vous confronter pour la même affaire. À ce moment-là, les Écritures vous disent de faire autre chose.

Elles disent : « *S'il t'écoute, tu auras gagné ton frère.* » Donc, la première étape est juste d'aller en privé à cette personne et de le régler entre vous. Si vous vous le réglez entre vous, vous avez gagné un frère, un ami. Mais si cette personne ne vous a pas écouté et continue à vous accuser, ou quel que soit le problème, vous devez considérer une autre étape.

« *Mais s'il refuse de t'écouter, prends une ou deux autres personnes avec toi ...* » Très intéressant ici. Nous pouvons mal interpréter les Écritures. Regardez ceci : « *Mais s'il refuse de t'écouter, prends une ou deux autres personnes avec toi, afin que, comme le dit l'Écriture, "toute affaire soit réglée sur le témoignage de deux ou trois personnes.''...* » Ce dont il parle, c'est que si la personne refuse de faire amende honorable et de se réconcilier avec vous selon la parole de Dieu, il faudrait prendre une ou deux personnes sages avec vous pour en parler à nouveau avec la personne. Ces gens iront avec vous certes, pas en tant que ceux qui sont de votre côté, mais pour diriger la conversation afin d'aboutir à l'unité tout en se basant sur la parole de Dieu. Si vous avez un cœur pur, vous préférerez la réconciliation (avec votre frère ou votre sœur) aux conflits continus. Est-ce que cela rend les choses un peu plus difficiles ?

Si vous m'avez fait du tort d'une façon ou d'une autre et que je vous approche, et que vous refusez de me comprendre, je dois passer à un autre niveau non pas parce que j'ai besoin d'avoir raison, mais parce que je veux faire la paix avec vous. Jésus a dit d'amener un ou deux témoins afin qu'ils puissent témoigner de mes efforts consistant à faire les choses de la bonne manière. Est-ce que les tribunaux de nos gouvernements humains d'aujourd'hui autorisent-ils le ouï-dire dans une salle d'audience ? Les déclarations du genre : *''voici ce que celui-ci ou celui-là a dit. Ou bien permettez-moi de vous parler de ceci''* ? Non, ils ne le font pas.

Ne croyez pas que quelqu'un est mauvais à travers ce que vous entendez des autres parce que les gens vous diront ce qu'ils veulent que vous entendiez. Ils ne vous exposeront pas toute la conversation. Ils sortiront tel ou tel fait de son contexte afin que vous pensiez mal de votre prochain. N'est-ce que pas ? Quiconque ayant travaillé avec les gens sait de quoi je parle ici. Vous devez recueillir toute la conversation en intégralité. Vous avez besoin d'écouter le ton de la voix. Il faut tout mettre dans son contexte. Il faut l'entendre soi-même. C'est pourquoi les Écritures disent qu'il faut prendre un ou deux témoins avec soi dans l'attente de résoudre le différend. Tout en faisant un véritable effort pour régler les choses, si la personne ne veut pas vous comprendre, vous avez un témoin ou deux qui peuvent se porter garant de la façon dont la conversation se déroulerait. Maintenant, nous allons aborder le cas le plus délicat :

Les croyants suivent rarement les instructions de Jésus dans leurs communautés de foi. La plupart déclarent et continuent de dire : *"il a dit"* ou *"elle a dit"*. En déclarant ces phrases, quelle est l'erreur grave qu'on commet, mesdames et messieurs ? On aggrave la situation et le problème prend de l'ampleur.

Si vous êtes vraiment sérieux au sujet des relations et que vous voulez vous réconcilier avec votre prochain, ne laissez pas tomber vos démarches au niveau d'une conversation privée, où vous n'aviez pas pu parvenir à une résolution du problème. Une personne impartiale qui marche selon la Parole de Dieu peut aider à parvenir à une résolution du différend. Habituellement, à ce deuxième niveau, les gens se comprennent correctement. Mais vous savez que certaines personnes ne se comprendraient point. Quelle est alors la prochaine étape ?

« *Mais s'il refuse de t'écouter, prends une ou deux autres personnes avec toi, afin que, comme le dit l'Écriture, "toute affaire soit réglée sur le témoignage de deux ou trois personnes." Mais s'il refuse de les écouter, dis-le à l'Église ; et s'il refuse d'écouter l'Église, considère-le comme un incroyant ou un collecteur d'impôts.* »

La troisième étape est que vous le disiez au comité de l'église. Il ne faut pas répandre l'affaire dans tout le Corps du Christ. Il ne faut en parler qu'aux leaders appropriés de l'Église, ayant la crainte de Dieu et la sagesse : ceux qui sauront quoi faire. C'est là que votre ou vos témoins seront utiles pour mettre fin à l'affaire. Devant les dirigeants de l'église, ces témoins se présenteront pour exposer ce qu'ils ont expérimenté en disant : *"Voici ce qui est arrivé : ce que nous avons vu de nos propres yeux."* Ils confirmeront votre témoignage.

*"... toute affaire soit réglée sur le témoignage de deux ou trois personnes."* Maintenant, si cette personne ne veut toujours pas se repentir et faire les choses à bon escient, alors les Écritures disent que l'église devrait la rejeter.

Avez-vous déjà été dans une église où les gens ont été rejetés à cause de leur comportement ? C'est une situation rare. Ce n'est pas courant mais il devrait y avoir des moments où la direction prenne des mesures spécifiques pour excommunier quiconque refuse d'obéir à la parole de Dieu. En d'autres mots, si les gens refusent volontairement de se repentir, ils devraient être excommuniés de l'église.

## *<u>Distinction entre un péché public et un péché privé</u>* :

On ne demande jamais à un membre de quitter une église sur la base d'ouï-dire ou de commérages, n'est-ce pas ? Sur la base des « on dit ». Je veux faire une distinction ici. Il y a des péchés qui sont très privés qu'on ne voit jamais, n'est-ce pas ? Mais y en a certains péchés qui sont extrêmement publics dont tout le monde en a connaissance ; non seulement les membres de l'église, mais aussi les gens du dehors de la communauté chrétienne. Par exemple, une personne occupant un poste important dans votre église qui vit dans le péché public apporte une offense à l'Évangile. Si cette personne refuse de se repentir, l'Église a besoin d'excommunier cette personne. Un péché public impénitent envoie le mauvais message aux âmes perdues. Le leadership doit intervenir à ce stade, d'une manière douce pour demander à la personne de quitter la congrégation. Dans certains cas, la personne peut y retourner si elle se repent.

Le cas d'un péché privé est différent. Combien de personnes d'entre nous savent que nous avons tous péché dans nos cœurs ? Il y est présent mais invisible. J'espère que nous avons affaire à ce genre de chose.

Quel est l'exemple d'un péché public que le leadership ne peut se permettre d'ignorer ? Les dirigeants de l'Église qui se vautrent dans un péché flagrant dont ils refusent de se repentir doivent y être tenus responsables. Un ancien, un diacre ou dirigeant de jeunesse qui blasphème, boit, mène une vie de débauche, s'adonne aux jeux d'argent, va dans les boîtes de nuit : quel genre de témoin est-ce pour un monde perdu et mourant ? Nous ne pouvons pas fermer les yeux là-dessus !

Voici un autre exemple. Vous avez un pasteur qui extorque de l'argent ou qui a une liaison avec quelqu'un dans l'église. Que Dieu nous éloigne de cette situation. Cela ne s'est-il jamais produit dans le passé ? Des mesures immédiates doivent être prises pour que cette personne démissionne. Cela doit être fait de façon publique. Le comité doit demander à cette personne de quitter la congrégation pour protéger le corps. Toute personne qui se vautre dans le péché sexuel et qui continue de diriger une église verrait aussi d'innombrables membres de cette congrégation dans l'immoralité sexuelle.

> 1 Corinthiens 14 :40 Louis Segond (LSG) *« Mais que tout se fasse avec bienséance et avec ordre »*

Nous n'aimons pas faire face à ces situations mais qu'en est-il de l'ordre divin ? L'ordre divin stipule : « *Que tout se fasse avec bienséance et avec ordre.* » Sommes-nous assez grands pour gérer une telle situation, Église de Dieu ?

Si vous êtes sérieux dans votre marche avec Dieu et vous voulez aller plus loin avec Lui, plus vous avancez, plus vous avez le devoir d'être responsable. En d'autres termes, Dieu va s'attendre à beaucoup plus de vous. Son attente envers vous grandit avec la taille de ce qu'Il vous confie. Les Écritures disent que le Seigneur (et son peuple) exige beaucoup à tous ceux à qui Il donne beaucoup.

> Luc 12 :48 Louis Segond (LSG*) « ... On demandera beaucoup à qui l'on a beaucoup donné, et on exigera davantage de celui à qui l'on a beaucoup confié. »*

En tant qu'église, nous voulons que votre corps grandisse et atteigne la maturité. Nous devons être responsables de ce que nous savons. Bien que ce ne soit pas agréable, nous devons gérer ce type de situation quand il se présente. Devions-nous le nier ou s'en occuper ? Nous devons nous en occuper si nous voulons remettre les choses dans l'ordre divin. Si nous sortons de l'ordre divin, nous risquons de perdre la bénédiction de Dieu. Je voudrais que vous le sachiez.

## ***L'ordre divin apporte la faveur de Dieu :***

Si vous voulez la faveur de Dieu dans votre vie, alors mettez-y de l'ordre. Il y a des choses que nous ignorons complètement au sujet des Saintes Écritures. On les lit mais nous nous disons que certaines parties ne s'appliquent pas à nous personnellement. Or on se demande pourquoi la faveur de Dieu n'est pas sur notre vie ? C'est parce que vous n'êtes pas obéissant à Sa Parole. La faveur de Dieu ne peut pas être sur votre église si elle n'est pas dans l'ordre divin. C'est carrément impossible.

Quand la faveur de Dieu est sur un groupe de chrétiens, Dieu commence à s'opérer de façon significative et il y a des démonstrations de la puissance de son Esprit. Vous serez témoins des miracles extraordinaires et de la manifestation des dons de l'Esprit Saint. Les gens deviennent enthousiastes envers Dieu et expérimentent le revêtement de la puissance de Dieu. Si cette puissance n'est pas destinée à être gérée de façon appropriée, alors le Seigneur serait stupide de nous l'attribuer, n'est-ce pas ?

Si nous voulons expérimenter le réveil et désirons que de plus grands prodiges se reproduisent, ne devons-nous pas être prêts à en rendre compte ? « *On demandera beaucoup à qui l'on a beaucoup donné, et on exigera davantage de celui à qui l'on a beaucoup confié.* » C'est pourquoi nous devons gérer nos relations interpersonnelles de la bonne manière.

Je tiens à insister à nouveau sur ce fait : vous et moi ne devrions pas avoir le luxe de se vexer pour nos amis et les membres de nos familles. Vous ne devriez pas non plus être offensé pour la cause d'une autre personne, même si c'est votre enfant. Si quelqu'un va à vous et dit : *''savez-vous ce que celui-ci ou celle-là m'a fait ?''* Savez-vous ce qui devrait être votre réponse ? La seule réponse que vous devriez avoir est : *''c'est mieux d'aller à cette personne et en parler directement avec elle.''* Si la situation concerne votre enfant et un membre adulte de la congrégation, vous devez aller en parler à la personne avec un esprit de réconciliation et de paix. Si la personne a quelque chose contre le pasteur, dites-lui : *''Je comprends, mais vous devez aller au pasteur et parler du sujet avec lui."* C'est ce que vous devriez leur dire s'ils ont quelque chose contre le pasteur. Mais si quelqu'un vient vous dire : *"eh bien, je ne sais pas pourquoi l'église marche-t-elle comme ça ou pourquoi l'église fait-elle ceci ou cela ?"* Si vous ne pouvez pas lui donner une réponse sage, dirigez-le à quelqu'un qui peut l'aider. Ne laissez pas les gens se plaindre à vous au sujet des autres. Si vous autorisez ce genre de discours, vous souillerez votre esprit. Il y a des canaux à parcourir, ceux mis en place par les Écritures pour maintenir l'unité. L'unité est essentielle pour que l'onction puisse continuer à œuvrer dans votre vie et celle des autres. Faire toutes choses décemment et dans l'ordre apportera beaucoup de bénédictions au corps du Christ.

## *Discernement et confirmation :*

Retournons dans l'Ancien Testament pour voir comment les situations graves ont été traitées. Étudions leurs lignes directrices.

> Deutéronome 19 15-21 Louis Segond (LSG) ? « *Un seul témoin ne suffira pas contre un homme pour constater un crime ou un péché, quel qu'il soit ; un fait ne pourra s'établir que sur la déposition de deux ou de trois témoins. Lorsqu'un faux témoin s'élèvera contre quelqu'un pour l'accuser d'un crime, les deux hommes en contestation comparaîtront devant l'Éternel, devant les sacrificateurs et les juges alors en fonctions. Les juges feront avec soin des recherches. Le témoin est-il un faux témoin, a-t-il fait contre son frère une fausse déposition, alors vous le traiterez comme il avait dessein de traiter son frère. Tu ôteras ainsi le mal du milieu de toi. Les autres entendront et craindront, et l'on ne commettra plus un acte aussi criminel au milieu de toi. Tu ne jetteras aucun regard de pitié : œil pour œil, dent pour dent, main pour main, pied pour pied.* »

Les leaders spirituels ont besoin du discernement et de la sagesse dans le Corps du Christ. Savez-vous que vous ne pouvez pas toujours croire tout ce que vous entendez ? Selon Ésaïe, le serviteur du Seigneur ne juge pas par ce qu'il entend de ses oreilles ou par ce qu'il voit de ses yeux (Ésaïe 11 :3). Lorsque vous avez des situations où le récit d'une personne diffère d'un autre, juger l'affaire de façon juste par le Saint Esprit est crucial.

« *Un seul témoin ne suffira pas contre un homme pour constater un crime ou un péché, quel qu'il soit.* » C'est très bien. La Bible dit que même un témoin ne suffit pas pour accuser un homme de tout crime ou d'infraction qu'il a pu commettre. Deux ou trois témoins sont requis. La Bible dit : « ... *un fait ne pourra s'établir que sur la déposition de deux ou de trois témoins.* »

Vous pouvez l'appliquer de plusieurs façons. Avez-vous déjà pensé avoir entendu la voix de Dieu dans votre cœur ? J'espère que votre réponse est « oui » parce que le peuple de Dieu devrait être en mesure d'entendre la voix de Dieu. Quand vous pensez entendre la voix de Dieu et que vous croyez avoir reçu un message ou une instruction dans votre esprit, pourquoi ne pas demander de confirmation au Seigneur ? La Bible ne dit-elle pas que tout soit établi par deux ou trois témoins ?

Dites au Seigneur : ''*Seigneur, j'ai besoin de confirmation dans cette histoire.*'' En d'autres termes, demandez à l'Esprit Saint de témoigner. Ne réagissez pas impulsivement pour faire des choses quand vous pensez avoir entendu Dieu. Même si vous pensez que vous l'avez entendu correctement et de façon sûre, il est toujours préférable d'attendre un autre témoin. Croyez-vous que le Seigneur soit capable de vous donner un autre témoignage ? Maintes et plusieurs fois, Il confirmera ce qu'il a dit. Parfois, les chrétiens qui sont très zélés pour Dieu et qui sont remplis de l'Esprit Saint, ayant une énergie sans bornes, en particulier les nouveaux convertis et les chrétiens immatures, se créent des ennuis à cet effet. Ils entendent une voix et pensent que c'est Dieu puis foncent À TOUTE ALLURE pour créer des problèmes. Même si vous marchez avec le Seigneur depuis de nombreuses années, il est préférable pour vous de Lui dire : ''*Seigneur, j'aimerais que chacune de tes Paroles soient confirmées par un ou deux témoins.*'' La confirmation est une bonne chose. Non seulement dans le domaine naturel, mais aussi dans le domaine spirituel.

Connaissez-vous un impulsif ? Si c'est vous-même, vous devez vous corriger à cet effet. Ne soyez point impulsif. Je n'ai pas dit : ''*Ne soyez pas rapide.*'' Il y a une différence entre être rapide et être impulsif. Une personne impulsive agit sans réfléchir à ce qu'elle fait ou à ce que le résultat pourrait être. C'est un zélé de trop : '*Je dois le faire !*' dit-il. Elle ne s'arrête pas pour poser des questions ou pour étudier la situation : elle se précipite comme un taureau d'un magasin de porcelaine. C'est à quoi ressemble être impulsif.

Beaucoup de gens ont du zèle pour Dieu. J'aime les gens qui n'ont pas honte du Seigneur et qui sont solides dans le partage de leur témoignage en Dieu. Ils sont énergiques et radicaux pour Christ mais parfois ces mêmes personnes peuvent être impulsives. Il serait nécessaire que le comité de l'église de ces dernières les maîtrise dans leur processus de maturité.

Quand vous pensez que vous avez une bonne idée pour Dieu ou que vous croyez que Dieu vous a révélé de faire quelque chose, demandez de la confirmation aux autres : ceux qui à votre connaissance, sont dirigés par l'Esprit du Seigneur. Obtenez un témoin. Je le fais parfois. Je dirai : *"Je sens dans mon esprit que nous devons le faire et ainsi."* Et d'autres personnes qui sont là disent : *"Oui, je ressens la même chose. Je suis d'accord avec cela."* Si j'obtiens un accord, je vais de l'avant. L'un des plus grands témoins que Dieu me donne est sa parole écrite. Quoi que je reçoive par l'Esprit, Sa Parole confirme. J'attends, s'il n'y a pas d'accord sur certaines choses. Même si le Seigneur me l'a dit de le faire, ce serait pour un temps différent. Discernez ce que dit l'Esprit du Seigneur. Soyez posé et apprenez à écouter votre homme spirituel.

La Bible dit : « *Un seul témoin ne suffira pas contre un homme pour constater un crime ou un péché, quel qu'il soit ; un fait ne pourra s'établir que sur la déposition de deux ou de trois témoins. Lorsqu'un faux témoin s'élèvera contre quelqu'un pour l'accuser d'un crime, les deux hommes en contestation comparaîtront devant l'Éternel, devant les sacrificateurs et les juges alors en fonctions. Les juges feront avec soin des recherches. Le témoin est-il un faux témoin, a-t-il fait contre son frère une fausse déposition, alors vous le traiterez comme il avait dessein de traiter son frère.* » Ceux qui sont conduits pat l'Esprit évaluent toutes choses.

## *<u>Les faux témoins</u>* :

Est-il vrai que dans l'église d'aujourd'hui, vous pouvez avoir des gens qui donnent de faux témoins contre les autres ? Pourquoi une personne donnerait-elle un faux témoignage contre quelqu'un d'autre ? La jalousie est une des raisons. Les jaloux peuvent apporter un faux témoignage contre un frère ou une sœur. Les gens qui veulent diviser les relations apporteront un faux témoignage contre vous afin de rompre votre connexion avec une autre personne. Ils peuvent fabriquer un mensonge ou changer tout simplement quelque chose dit d'une autre manière afin qu'il semble être tourné contre la personne. C'est comme ça que l'ennemi travaille pour apporter la désunion. J'ai appris dans mon ministère que quand une accusation est portée, il faut rassembler toutes les parties impliquées pour saisir toute la vérité.

Les faux témoins commencent les faits par ce qui est vrai mais ils ne vous diront pas toute la vérité. Un bon menteur vous dit une partie de la vérité mais pas la totalité. Ensuite, il peut y ajouter, associer des insinuations, le langage corporels et les attitudes qui ne faisaient pas partie de la conversation réelle. Mais parce qu'il a commencé son histoire avec la vérité, tout peut vous sembler juste. C'est comme ça qu'un faux témoin fonctionne. Il pourrait voir ou entendre quelque chose et aller dans le dos de la personne vers un autre individu et en parler mal. Mais une fois là-bas, il n'exposerait pas toute la vérité.

Si vous êtes victime de telles absurdités, apportez-les vers le leader ayant un discernement objectif. La situation devrait être portée devant un juge. Vous devez raconter votre histoire, le témoin doit raconter son histoire : habituellement le faux témoin ne voudra même pas venir parce qu'il sait qu'il a tort. Dans certains cas, le faux témoin vient. Il raconterait sa version de l'histoire et les juges, ceux qui entendent Dieu analyseront toute la situation en se servant du discernement pour découvrir ce qu'est la vraie vérité. Parfois, le Saint-Esprit leur donnera une question à poser qui les aidera à détecter la vérité. Vous me comprenez ?

Attention ! Ne digérez pas tout ce que les gens professent en fin de compte comme vérité parce qu'elle peut être manipulée à leurs propres fins. Faites preuve de discernement dans tout ce que vous entendez et accordez toujours le bénéfice du doute.

Les gens viennent parfois me voir avec des déclarations, qu'ils affirment que quelqu'un d'autre a dites. Quand j'entends quelque chose sur quelqu'un d'autre, répond par exemple en disant : *"Oh, ok. Peut-être je vois ! Mais je vais donner à cette personne le bénéfice du doute."*, sauf si c'est une situation désastreuse nécessitant une enquête. La plupart des choses que j'entends dans l'église est une mesquinerie. Elles ne représentent vraiment pas grand-chose.

Mais voyez-vous maintenant qu'il est possible de prendre une affaire insignifiante, l'amplifier et en faire un problème délicat ? Cela se passe lorsque nous commençons à nous vexer les uns pour les autres. En plus ceci arrive lorsque nous commençons à valoriser des commérages et à juger les gens sur la base des médisances au lieu d'aller vers l'Esprit Saint et en lui disant : *''Père, que toi seul me montre ce qui s'est vraiment passé.''*

Avez-vous déjà appris à le faire ? Allez-vous vers le Saint-Esprit et priez-lui en disant : *''Saint Esprit, peux-tu me révéler la profondeur du sujet ?''* Souvent, les faits sont plus profonds que ce qu'ils présentent à la première vue. Il y a toujours quelque chose en deçà. Parfois, j'observe les gens et je me dis : *''Je n'arrive pas à pas comprendre cette personne ou bien pourquoi cette personne fait-elle cela ou agit-elle de cette façon ?''* Je me pose ces questions en analysant juste cette dernière par ce qui est visible à la surface. Ensuite, quand j'y vais plus loin et que je prie en disant : ''*Saint-Esprit j'ai besoin de la révélation,''* j'obtiens une meilleure compréhension. Nous avons besoin du discernement.

« *Un seul témoin ne suffira pas contre un homme pour constater un crime ou un péché, quel qu'il soit ; un fait ne pourra s'établir que sur la déposition de deux ou de trois témoins.* » En d'autres mots, si vous avez deux ou trois personnes qui viennent à vous à propos de la même situation, cela pourrait justifier l'ouverture d'une enquête plus approfondie.

« *Lorsqu'un faux témoin s'élèvera contre quelqu'un pour l'accuser d'un crime, les deux hommes en contestation comparaîtront devant l'Éternel...* » Qu'est-ce que cela signifie ? Doivent-ils se tenir en présence du Seigneur ? En d'autres termes, vous devez apporter le différend au Seigneur. Il faut l'apporter à l'Esprit Saint. Vous ne devriez pas l'apporter à votre raisonnement humain. Vous devez aller voir le Seigneur pour comprendre la situation, ce qui se passe vraiment.

« *... devant les sacrificateurs et les juges alors en fonctions. Les juges feront avec soin des recherches. Le témoin est-il un faux* *témoin…* » : cela pourrait être le cas. Un faux témoin peut donner un faux témoignage contre son frère. « *Les juges feront avec soin des recherches. Le témoin est-il un faux témoin, a-t-il fait contre son frère une fausse déposition, alors vous le traiterez comme il avait dessein de traiter son frère.* » C'est sérieux

*Deutéronome 19 : 21 (LSG)* « *Tu ne jetteras aucun regard de pitié : œil pour œil, dent pour dent, main pour main, pied pour pied.* » Il y a de verset complémentaire dans le Nouveau Testament qui traite le cas des gens qui apportent des litiges dans l'église. Le Nouveau Testament dit la même chose. *Tite 10 et 11 Louis Segond (LSG)* « *Éloigne de toi, après un premier et un second avertissement, celui qui provoque des divisions, sachant qu'un homme de cette espèce est perverti, et qu'il pèche, en se condamnant lui-même.* »

Si quelqu'un crée des conflits dans votre église, il ou elle est un faux témoin. S'il y a une personne qui essaie d'apporter de la discorde parmi les frères, vous devez éviter cette personne. Vous n'avez pas besoin d'être copain-copain avec cette personne parce qu'elle est dirigée par un esprit maléfique. Vous pourriez penser que ''*Oh, mais cette personne est si douce !*'' Combien de personnes d'entre vous savent qu'on peut être doux à l'extérieur mais amer à l'intérieur ?

Avez-vous déjà pris un morceau de fruit qui avait l'air bien à l'extérieur mais quand on le mord, était amer à l'intérieur ou n'était pas bon ou bien pourri ?

Faites attention à ça. Les gens qui donnent de faux témoignages apportent la division dans l'église. Le diable est un menteur. Un esprit d'erreur guide de telles personnes. Vous devriez fuir cet esprit.

Pourquoi voudrions-nous éviter que les gens attisent la division ? Nous devrions agir de la sorte pour leur faire savoir que vous savez que ce qu'ils font est mal : ''*je vois comment vous manipulez les situations et je veux me retirer de votre influence.*'' C'est ce que nous devons faire en tant que corps du Christ pour mettre les choses en ordre. C'est une situation rare mais je crois que ça arrive dans l'église. Nous avons besoin d'avoir des yeux pour voir ce que le Seigneur veut nous montrer.

## *Les dirigeants qui craignent Dieu sont des bergers :*

Le comité de votre église est un représentant du Christ. Dieu envoie des gens authentiques pour veiller sur son corps avec une perspective axée sur le service. Ils doivent être humbles. Ils ne doivent pas occuper ces fonctions pour des fins égoïstes ou cupides.

> *1 Pierre 5:1-5 Louis Segond (LSG) « Voici les exhortations que j'adresse aux anciens qui sont parmi vous, moi ancien comme eux, témoin des souffrances de Christ, et participant de la gloire qui doit être manifestée: Paissez le troupeau de Dieu qui est sous votre garde, non par contrainte, mais volontairement, selon Dieu; non pour un gain sordide, mais avec dévouement non comme dominant sur ceux qui vous sont échus en partage, mais en étant les modèles du troupeau. Et lorsque le souverain pasteur paraîtra, vous obtiendrez la couronne incorruptible de la gloire. De mêmes, vous qui êtes jeunes, soyez soumis aux anciens. Et tous, dans vos rapports mutuels, revêtez-vous d'humilité ; car Dieu résiste aux orgueilleux, Mais il fait grâce aux humbles. »*

Vous devez faire attention concernant celui que vous choisissez comme votre pasteur. La chose la plus dangereuse dans une église est d'avoir un leadership immature ou faux. C'est important d'être sous la direction des sages et des justes. La direction et la conduite du Saint-Esprit sont le seul moyen nous permettant d'avoir le bon leadership.

Si vos dirigeants n'ont pas eu le baptême du Saint-Esprit et ne sont pas revêtus de sa puissance qui opère en eux, votre Église ne fonctionnera jamais selon l'Esprit Saint. Vous vous dites : *"eh bien, j'ai eu le baptême du Saint-Esprit malgré que mon pasteur ne l'ait pas eu."* Vous l'avez peut-être reçu, mais je parle de votre église de façon collective. L'onction coule du haut vers le bas : du sacrificateur (Apôtre, Prophète, Évangéliste, Pasteur, Enseignant) au peuple. Vous pourriez vous dire : *"Eh bien, elle dit cela juste que parce qu'elle est aussi un serviteur de Dieu."* Mais non ! Je n'ai aucune arrière-pensée ou rien à y gagner. Je vous aime et je veux voir le corps du Christ grandir. Je vous le dis, pour avoir une église remplie du Saint-Esprit, il faudrait commencer par des leaders ayant la plénitude du Saint-Esprit. Vous ne l'aurez point si votre pasteur n'a pas sa plénitude. La qualité de vos dirigeants est très cruciale. Vous devez prier pour eux tous les jours. Vous devez prier pour les gens qui opèrent sous l'inspiration du Saint-Esprit non seulement parce qu'ils en ont besoin mais aussi parce que leur ministère vous affecte.

*1 Pierre 5 :1-5 Louis Segond (LSG) « Voici les exhortations que j'adresse aux anciens qui sont parmi vous… »* Il s'agit des leaders spirituels. Des gens qui ont fait leurs preuves. Les gens qui sont dans le ministère pour la cause de Dieu, n'ayant pas d'arrière-pensée et qui n'y sont pas pour leur gain personnel. Ils ne sont pas dans le ministère pour plaire aux hommes mais pour plaire à Dieu. Certaines personnes optent pour le ministère juste pour que leurs besoins individuels soient satisfaits. Certaines personnes ont le besoin d'être nécessaires. Donc, ils satisfassent leur besoin en allant dans un ministère d'aide. Mais cela ne peut pas assouvir leur besoin parce que les gens vont toujours leur montrer qu'ils n'ont pas besoin d'eux. Or si vous n'arrivez pas à les supporter, vous risquez de vite quitter le ministère.

Il faut avoir dans le ministère, des gens qui savent qu'ils sont là parce que Dieu les a appelés à cet effet. Ils sont des envoyés. Ils doivent savoir qu'ils représentent le Seigneur. Ils ne doivent pas chercher à répondre à leurs propres besoins. Ils doivent représenter le Seigneur.

« *Voici les exhortations que j'adresse aux anciens qui sont parmi vous, moi ancien comme eux, témoin des souffrances de Christ …* » c'est Pierre qui parle ici en disant : « *… et participant de la gloire qui doit être manifestée…* » En voici l'exigence : « *…Paissez le troupeau de Dieu qui est sous votre garde…* » Paissez-les. Nourrissez-les. C'est une fonction fondamentale et essentielle d'un intendant. « *Paissez le troupeau de Dieu qui est sous votre garde, non par contrainte, mais volontairement, selon Dieu ; non pour un gain sordide…* » En d'autres termes, ne faites pas le ministère pour de l'argent ! « *… non pour un gain sordide, mais* *avec dévouement non comme dominant sur ceux qui vous sont échus en partage, mais en étant les modèles du troupeau ... »*

Les leaders de l'église doivent aspirer nourrir le troupeau et voir les gens grandir puis atteindre la maturité. Les leaders serviteurs veillent sur les âmes du peuple de Dieu. ''Comment X va-t-il ? Comment Y va-t-elle ?'' Le leader veille continuellement. L'esprit de discernement lui permet de reconnaitre si telle ou telle personne grandit dans le Seigneur. Il peut le voir. Mais c'est aussi le cas dans toute situation contraire. Le leader compatissant ferait aussi la remarque en disant : *''quelque chose ne va pas bien. Quelque chose ne marche pas bien ici. Je vois que celle-ci se retire.''* Et ce n'est pas quelque chose qui se fait en se basant sur l'extérieur. C'est un témoignage intérieur qui convainc que quelque chose ne va pas bien, surtout parce que Dieu donne le discernement aux dirigeants. Ils veillent sur vous parce qu'ils vous aiment et leur premier but est de vous voir briller. Ils sont les plus heureux quand ils vous voient grandir en Dieu de façon spectaculaire. C'est ça, être une sentinelle. Ils aspirent à ce que vous mûrissiez et grandissiez en Dieu : ils aiment faire tout en Dieu pour que cela se réalise.

La prochaine exigence est qu'ils doivent être un exemple pour le troupeau. Si vos dirigeant vous enseignent une chose et font le contraire, ils ne sont pas des exemples. Qu'est-ce que cela signifie ? Ils doivent faire d'abord ce qu'ils disent avant de l'enseigner. Les enseignants devraient appliquer avant d'instruire. Pas l'inverse.

Dieu envoie les dirigeants pour garder l'Église dans son ensemble. Il faut d'abord soumettre tout ce que l'Esprit Saint pourrait vous dire de faire dans l'Église à sa direction avant de l'exécuter. Quand vous croyez que le Seigneur vous conduit à faire quelque chose dans l'église, il est sage pour vous de venir vers la tête et de dire : *''s'il vous plait, regardez, je crois que le Seigneur me dit de faire ceci. Qu'est-ce que vous en pensez ?''* C'est une question d'ordre divin. Si vous croyez que le Seigneur vous dit de faire quelque chose, ne devriez-vous pas avoir une confirmation ? Quel genre de confirmation serait-il si vous alliez vers votre comité lui dire : *"je veux faire cela ? Qu'est-ce que vous en pensez"* ? *Voulez-vous bien le superviser avec moi ?"* Et s'il répondait : *"Absolument, oui !"* Comment vous sentiriez-vous ? Ne seriez-vous pas totalement libre de faire cela ? Cela deviendrait un accord. D'ailleurs c'est excellent d'opérer avec le soutien et l'approbation de ses dirigeants. Il vous met dans l'ordre divin et il y a une bénédiction et une onction qui se repose sur vous.

Mais que faire si vous êtes allé vers un comité qui vous répond en ces termes : *"Nous pensons que c'est une excellente idée mais nous ne pensons pas que le moment y est approprié"* ? Que seriez-vous prêt à faire ? Seriez-vous prêt à respecter cette décision et à l'obéir ? Je pense qu'il serait bon d'attendre. Il est important dans une église, de suivre le protocole approprié. En fait, c'est essentiel. Ne vous mettez pas au-dessus du leadership de l'église. Je veux que les choses soient faites sous la direction normale, et vous ? Je veux être sous les leaders et sous la bénédiction du comité ecclésiastique.

Que faire si votre pasteur n'est pas rempli du Saint-Esprit ou n'est pas un bon exemple pour le troupeau ? Ou s'il ne comprend pas comment vous marchez selon l'Esprit ? Dans ce cas, vous êtes dans une situation difficile. Donc, quand vous avez une idée brillante et que l'Esprit Saint vous dit de faire quelque chose de spécial, si vous apportez cela à une direction qui ne marche pas selon l'Esprit, elle pourrait dire : *"Non. Nous ne pensons pas que vous devriez faire cela."*

Qu'allez-vous faire dans cette situation ? Disons que vous vous sentez très fortement, et vous êtes dirigé de l'Esprit. Vous ressentez dans votre esprit que le Seigneur vous a dit de faire la chose, mais votre leadership insiste : *"Non."* Qu'est-ce que vous feriez alors ?

Qu'allez-vous faire dans cette situation ? Disons que vous êtes très convaincu par la direction du Saint-Esprit. Vous savez dans votre esprit que le Seigneur vous a dit de faire cette mission mais votre leadership dit toujours : *"Non."* Qu'allez-vous faire alors ?

Savez-vous ce qu'il faut faire de mieux ? Rien. Ne vous explosez pas de colère en disant : *"Je ferai de toute façon ce que Dieu m'a dit."* Vous devriez prier et vous savez-vous ce qui va se passer ? Dieu fera en sorte que vous fassiez sa mission. Il le fera parce qu'il est notre avocat. Il est notre conseiller. Ce ne serait pas immédiat mais ce serait chose faite.

Pensez à ces choses. Réfléchissez-y et méditez-les, parce que si nous voulons faire les choses dans l'ordre, c'est de cette façon dont nous devons les faire. Je pense qu'un leader qui marche vraiment selon l'Esprit de Dieu, voudrait que son troupeau aille et fasse. Ils voudront bénir ce qu'il fait et travailler avec le troupeau. Ils n'aiment pas lui imposer leur autorité. Ils n'ont jamais voulu le dominer. Ils optent vraiment pour le leadership serviteur.

> 1 Pierre 5 : 5 « *De mêmes, vous qui êtes jeunes, soyez soumis aux anciens. Et tous, dans vos rapports mutuels, revêtez-vous d'humilité ; car Dieu résiste aux orgueilleux, Mais il fait grâce aux humbles.* »

1 Pierre 5 :5 dit : « « *De mêmes, vous qui êtes jeunes* » En fait cette expression ne s'adresse pas nécessairement aux jeunes. Elle pourrait faire référence à ceux qui sont plus jeunes dans les choses spirituelles. Elle n'implique pas nécessairement depuis quand on a reçu Christ. Peut-être, vous êtes chrétien depuis longtemps mais votre processus de maturité vient de commencer. Donc elle parle du monde spirituel.

« *De mêmes, vous qui êtes jeunes, soyez soumis aux anciens...* » Le concept *ANCIEN*, fait référence aux gens qui marchaient dans les choses spirituelles plus longtemps, BEAUCOUP plus longtemps. « *Et tous, dans vos rapports mutuels, revêtez-vous d'humilité.* » Maintenant, en voici une autre chose. On est censés être soumis l'un à l'autre. Je suis censé être soumis à vous et vous êtes censé être soumis à moi. On est tous censés se revêtir d'humilité. En d'autres termes, nous ne sommes pas censés toujours faire les choses à notre façon, n'est-ce pas ? Toujours vouloir faire les choses à sa façon est une forme de contrôle.

« *De mêmes, vous qui êtes jeunes, soyez soumis aux anciens. Et tous, dans vos rapports mutuels, revêtez-vous d'humilité ; car Dieu résiste aux orgueilleux, Mais il fait grâce aux humbles.* » L'humilité est une attitude gagnante. « *Dieu résiste aux orgueilleux, Mais il fait grâce aux humbles.* »

> Hébreux 13 :17 Louis Segond (LSG) « *Obéissez à vos conducteurs et ayez pour eux de la déférence, car ils veillent sur vos âmes comme devant en rendre compte ; qu'il en soit ainsi, afin qu'ils le fassent avec joie, et non en gémissant, ce qui vous ne serait d'aucun avantage.* »

Regarde ceci. Dans Hébreux 13 :17, les Écritures disent : « *Obéissez à vos conducteurs et ayez pour eux de la déférence...* » La déférence implique d'être prêt à les respecter et de ne pas être rebelle. Soyons disposés et coopératifs : être prêt à faire ce qu'ils nous disent. Toutefois, ceci s'applique aux vrais leaders spirituels, ceux-là même qui sont sous la direction de Dieu. Nous ne parlons pas de ceux qui ne sont pas dirigés par Dieu.

« *Car ils veillent sur vos âmes.* » Dieu leurs a ordonnés de veiller sur vos âmes. Et qu'est-ce qui leur arrivera ? « *... comme devant en rendre compte.* » N'est-ce pas une question sérieuse ?

Dieu les jugera sur la façon dont ils exécuteront leur mission. C'est très crucial et vous devez penser à cela comme une chose importante. Voyez-vous ? « *Qu'il en soit ainsi, afin qu'ils le fassent avec joie, et non en gémissant, ce qui vous ne serait d'aucun avantage.* »

Comprenez-vous cette dernière partie ? Lisez-la encore. « *... ce qui vous ne serait d'aucun avantage.* » Donc si vous êtes insoumis, vous poussez vos leaders à se décourager mais au même moment, vous payerez aussi les frais. Est-ce une situation gagnant-gagnant ? Non. Personne n'y gagne. Le comité est perdant ainsi que le peuple. Mais nous devrions être dans une situation gagnant-gagnant.

> 1 Thessaloniciens 5 :12-13 Louis Segond (LSG) *« Nous vous prions, frères, d'avoir de la considération pour ceux qui travaillent parmi vous, qui vous dirigent dans le Seigneur, et qui vous exhortent. Ayez pour eux beaucoup d'affection, à cause de leur œuvre. Soyez en paix entre vous. »*

Dans l'optique de ce qui concerne le leadership spirituel, *1 Thessaloniciens 5 :12-13* dit : « *Nous vous prions, frères, d'avoir de la considération pour ceux qui travaillent parmi vous, qui vous dirigent dans le Seigneur, et qui vous exhortent.* » En d'autres termes, ceux qui vous encouragent et vous enseignent. « *Ayez pour eux beaucoup d'affection, à cause de leur œuvre. Soyez en paix entre vous.* »

> 1 Timothée 5 :17 Louis Segond (LSG) *« Que les anciens qui dirigent bien soient jugés dignes d'un double honneur, surtout ceux qui travaillent à la prédication et à l'enseignement. »*

C'est ainsi que les Écritures disent qu'on mette les choses en ordre dans l'Église.

En conclusion, rappelons-nous de notre devise : Mais que tout se fasse avec bienséance et avec ordre. *1 Corinthiens 14 :40 Louis Segond (LSG) « Mais que tout se fasse avec bienséance et avec ordre. »*

## *Prions :*

Père, nous tes remercions pour ta Parole. Nous te remercions parce qu'étant TA Parole, elle est la vérité et la sagesse. Seigneur, nous voulons que tu nous donnes une plus grande grâce pour comprendre Ta Parole et la mettre en action dans nos vies. Père, il y a souvent des zones d'ombre dans nos vies que nous n'arrivons pas à voir. Elles nous sont cachées. Seigneur, nous l'admettons aujourd'hui père et nous te demandons pardon. Mais nous croyons que tu le permets afin de nous révéler une plus grande lumière. C'est pourquoi, Père, nous te demandons maintenant de nous aider à marcher dans ta plus grande lumière, dans notre vie personnelle, en matière d'ordre divin.